# COGNITIVE CAPITALISM

# 認知資本主義

## 21世紀のポリティカル・エコノミー

山本泰三 編
内藤敦之／立見淳哉／須田文明
横田宏樹／村越一夫／今岡由季恵
北川亘太／植村 新／春日 匠
中山智香子／松井朋子／川邉 雄 著



ナカニシヤ出版

目次

目　次

コラム

# 序論

山本泰三　*YAMAMOTO Taizo*

「人間は、もっとも重要な原材料であるという自分の性質をもはや隠さない」　M・ハイデッガー

「わたしたちの生が多様なのは　誰かに〝活用〟されるためではない」　東京レインボープライド２０１５パレードにおけるプラカード

## 一　はじめに

景気回復への期待がほかのあらゆる懸案を圧倒し、時の政権の高支持率を維持する、といった局面が起こることがある。「経済」は、喫緊の問題とみなされている。このことの意味は十分に考える必要があるはずだ。二〇一二年の末から、大胆な「金融緩和」を眼目とした日本の経済政策には大きな関心が寄せられた。そこに至る過中の議論において、日本経済の問題は、日銀の失策による不況として要約されたかのようだった。数年を経て再確認されたのは、ある施策についての是非は状況認識のあり方に依存するほかはない、ということである[1]。ある状況の不確定性は、さまざまな過去の堆積とその布置のもとで生起する。そこには年輪ばかりではなく断裂も刻まれているだろう。おそらくわたしたちは、異なる次元で問題を立てざるを得ない。

（1）いわゆるアベノミクスについて本書で直接取り扱うことはできないが、第一章の分析は示唆的であろう。さしあたり、二〇一四年八月時点での分析として服部（二〇一四）を参照。内閣府によれば、二〇一四年度の日本の実質GDP成長率は前年比マイナス一・〇％（確報）。

二〇〇七‐八年のサブプライム危機・リーマンショックに端を発する世界不況は、「一〇〇年に一度」の危機と騒がれた。その後も危機の火種が、とくに欧州ではくすぶり続けたわけだが、世界の政治経済は、この出来事によって方向転換しただろうか。二〇〇八年が記憶されるべき年となったことは間違いない。しかしあの「金融危機」はむしろ、それ以前とそれ以後を通じてわたしたちの日々の暮らしに大きく影を落とす、一貫した趨勢の一側面をあらわにするものであったように思われる。

本書は、認知資本主義という仮説を導入し、かつさまざまなトピックを認知資本主義の枠組みと関連づけて分析することで、現代の世界を理解するための有り得べき視点を提供することを目指すものである。Y・ムーリエ＝ブータンやC・ヴェルチェッローネらによれば、認知資本主義とは、商人的資本主義および産業資本主義の時代を経て一九九〇年代に姿を見せ始めた、第三のタイプの資本主義である。ムーリエ＝ブータンおよびC・マラッツィは以下のように述べている。

「認知資本主義は知識によって知識を、生きているものによって生きているものを生産する」。(Moulier-Boutang 2008)

「変貌を遂げた価値増殖プロセスは、もはや価値の抽出が財・サービス生産という委託地に限定されているとは見なさず、工場の鉄柵を越えて拡大し、資本が流通する領域、すなわち財とサービスが交換される領域に直接入ってゆく。つまり価値を抽出するプロセスが、再生産と分配の領域にまで拡大している」。(マラッツィ二〇一〇b)

はじめに、必ずしもわかりやすいとはいえないこれらの文言を解きほぐしつつ、認知資本主義論の概念的構成を敷衍しよう。

## 二　資本蓄積の変質

認知資本主義論は、「知識社会」や「クリエイティブ経済」などといった観点に近い面がある。一般にグローバリゼーションという言葉で指し示される情勢において重視されるべき特質を、これらは問うものであろう。しかし認知資本主義という仮説の構えについては、まず以下の点に留意すべきである。すなわちそれは、ある時期を単線的な時間の流れからただたんに切り取る、あるいは時間の矢の先端というだけの理由で現状に関心を払う、といったものではない。近代以降の社会・経済システムを資本主義という枠組みによって理解し、その資本主義の構成、性質の重大な変化に着目することで、現代を歴史的に位置づけようしているのである。

市場経済という観念からは十分に汲み出せない含意を、ボルタンスキーとシャペロ（二〇一三）による資本主義の簡便な定義から読み取ることができる。「資本主義とは、形式上は平和的な手段による、資本の無際限な蓄積という要求である」。ここでいう蓄積とは、収益を資本の循環に再び投じ、資本をより大きくしようとする過程を意味する。資本蓄積は、ミクロ的にもマクロ的にも、資本主義のダイナミズムの源泉である（生産の拡大、市場の開拓、研究開発、成長と危機……）。蓄積の継続によって資本は維持されるのだとすれば、その限りで資本を、自己を拡大していこうとする主体として捉えてもよいだろう[2]。資本主義が社会的なシステムであるならば、それは生産活動を巻き込まなければならず、ゆえに人間の労働がどのように制御されるのかはこの「要求」における中心的な問題の一つとなっている。

資本の蓄積は、人間の労働やさまざまな資源の動員であり、蓄積の実現はさらに多くの資源や労働の動員を可能にするだろう。だから資本蓄積は権力の蓄積でもある。またそれは熾烈な市場競争と市場支配の過程である。資本は自己を拡大し続けようとする運動であるから、その展開は他の社会過程や慣行・集団などと齟齬を引き起こし、あるいはぶつからざるを得ず、自己の内部にも労使関係などの軋轢を抱え込む（これらには、前近代的なものとの摩擦もあるが、近代そのものが孕む複数の異質な「近代化」の間の争いも大きい）。それらの葛藤が明確な敵対的関係を形作ることも珍しくないが、資本主義の発展の中ではそれらのコンフリクト・争議が制度化されることが重要な意義をもってくる——制度が出し抜かれること、制度が壊れることも含めて。ともあれ諸制度の布置がもたらす枠組みにおいて蓄積は進行し、その動態は何らかのパターンを示す。この蓄積のパターン（レジーム）は特定の時期・地域によって異なっており、資本主義は多様なあり方を示す。生産の変化、社会的コンフリクトの展開および制度の変化などの複合的な効果によって、資本主義は歴史的に変化してきた。

認知資本主義論は、蓄積において知・イメージ・ネットワーク・組織能力などのような無形のもの、あるいは「非物質的なもの」の意義が増大している[3]という点によって、資本主義の現代的な趨勢を特徴づけるわけである。

（2）貨幣の概念に基づく資本の概念の説明としては、さしあたり山本（二〇一三）を参照。

先述のように、ムーリエ＝ブータンはこれを知と生の生産として要約した。知識の重要性はイノベーションの必要性と関係しているが、イノベーションへの強迫は、かつてのような連続的な成長の見通しが失われたことの裏返しである。

　もちろん知識は、「もの」の生産に活用されてきた。そして知識の生産において、道具や設備も重要な役割を果たしてきた。とはいえ、知識というものを、それに関わる物的手段・メディアとまったく同一視してよいというわけではない。また、第三次産業の比重の増大はいうまでもないが、工業製品の場合でも、それは「もの」というよりは記号として、そしてサービスと組み合わされたビジネスモデルの一構成要素として、現れるようになっている。対企業サービスの伸長も著しい。イノベーションをめぐる近年の論議では、技術のみならず、ソフト・イノベーション、マーケティング・イノベーション、サービス部門のイノベーションが強調される。ゆえに、知識によって知識は生み出される、という様相が際立ってくることになる。

　知を、誰がいかに占有し利用するのかは、さまざまな力関係、および収益の実現と分配の機序に直接かかわる問題である。科学的・専門的知識の形成と管理は、従前から政策的に推進されているが、生産のグローバル化が進展し世界の相互依存が深まり価値連鎖（バリューチェーン）が複雑化する情勢において、ますます政治的に重点が置かれる分野となってきた。おまけに、知識の生産は「個人から集団へ、単独の研究機関から複数のそれへ、国内を視野に入れたものから国際的なそれへとシフトしている」（ＯＥＣＤ二〇一二）。国際的な共同研究や、科学技術人材の国際移動が増加し、職業・企業・産業部門を超えて行われる「頭脳循環」が語られている。

　ただし、認知資本主義論でいう「知識」は、専門的知識のようなものだけに限定されない、広い意味をもつと考えなければならない（Lucarelli & Vercellone 2013）。それは、現場で見出されたコツ、会話の中でふと閃いたアイデア、口承されてきた薬草の処方、顧客の多様な意見、ある分野に通暁している人物の連絡先、コミュニティにおける作法、交通手段の利用法、あるいは料理の味わい方かもしれない。このような知は、さまざまな程度の広さにおいて分有、共有されており、分有・共有されることによって存在できる。知識それ自体という次元を語ることが可能なのは、明示化・形式化され流通可能となっている知識の形態に限られる。むしろ知識と生活・生命はそもそも密接につながっていたのであり、だからこそ「知識による知識の生産」と「生による生の生産」は結びつけられることができる。このような生産の変容を準備したのは、直接的には福祉国家が促進した集合的サービス、とりわけ教育の普及であるが、戦後資本主義の成長と危機に関わる、社会的コンフリクトおよび新たな主体性の発展については後述する。また、医療や健康産業、バイオテクノロジーが今後の有望な分野と目されていることも、知と生と資本の現代的関係を如実に示している。

## 三　包摂される知と生

なぜそれが認知資本主義と呼ばれるのか。知識そのものや情報通信技術が今日の世界の重要な前提となっていることはもちろんだが、客体としての知識や情報技術は、じっさいにそれをさまざまに用い加工する、人間の生きた労働、そして人間に体化された生きた知識によって現実に機能することができる。すなわち知識や情報は人間の認知能力にこそ依存している。「最近のテクノロジーは技能を判断で置き換える」（B・イーノ。原（二〇一四）より）。いまや情報は希少であるどころか圧倒的に過剰というべきであり、むしろその情報へ向けられる注意が希少なのである。現代の資本主義においてもっぱら動員されるのは、このような認知的な活動一般だといえよう——それが労働であれ消費であれ。「（一九六〇年代と一九九〇年代のあいだにおける）資本主義の精神の変容と、それとほぼ同時期に起こった、脳構造に向けられた眼差しの変化とのあいだにある対応関係を、どうして問わないでいられるだろうか」（マラブー二〇〇五）。ごくおおざっぱに認知科学の展開を参照するならば、認知という問題設定は、狭義の知覚にとどまらず、情報の入力と出力の間で起こる内的過程を捉えようとするところから始まっている。五感はもちろんのこと、思考、記憶、言語活動、意識下の知覚、感情が焦点となるが、そこからコミュニケーション、さらに意味の解釈、知識の社会的生産、審美的判断などに至る諸活動へと問題は広がっていくことになる。実のところ、それは個体の心理あるいは内的な過程にとどまるものではない。

こうして労働は、個別の技能や作業ではなく、種としての人間の一般的能力の発揮となる。とりわけそれは、言語を典型とする人間の認知能力である。労働の変容は、

（3）OECD（二〇一二）によれば、フィンランド、オランダ、スウェーデン、イギリス、アメリカなどでは、無形資産への投資が物的資本への投資を上回った。イノベーションは研究開発（R＆D）に投資しただけでは結果が出ず、ソフトウェア、人材、新たな組織構造などといった補完的資産が必要だとOECDは指摘する。

フレキシビリティとコミュニケーションという二点から捉えられるだろう。オートメーション、そして近年の生産システムのさらなる高度化は、物質的生産に直接必要な労働量の着実な減少をもたらしている。そして少品種大量生産が行き詰まったことで、労働内容においても雇用形態においてもフレキシビリティが要請され、コミュニケーションが重視される。消費が多様化し、商品・サービスを構成する「意味」が主要な使用価値となるに至り、労働における非物質的な属性が前景化したともいえよう。この状況において情報伝達は新たな意義をもち、コミュニケーション自体がフレキシブルでなければならない。コミュニケーション的な労働は、知や感情や人間関係の形成などと深く結びついている活動なので、その過程は社会的資源全般に依存している。またその性質上、労働のリズムは著しく不均質となり、勤務時間内に労働が完結しないことも珍しくない。いわゆる知的労働の場合は典型的だが、生活と労働の区別が曖昧になるということが、非物質的労働と呼ばれる現代の労働の特徴といえる[4]。ここで、労働の自律・自由の拡大と、その苛酷さ・搾取の強化という両面が同時に嵩じているという点を見逃すことはできない。一方で、商品・サービスの知的価値、象徴的・審美的な質、真正性（本物らしさ）、それがもたらす情動的・身体的経験などが重要になったということは、顧客が意味を読み取り、利用・体験・評価し、ときに表現するという積極的な関与がなければ、商品は商品として成り立たないということでもある。消費、サービスの享受は、非物質的な生産の一部を担う。

　認知という概念は、現代において知と生の重なり合う様態を示すかのようだ。フマガッリらにおいて認知資本主義という語は、生資本主義 biocapitalism・生経済 bioeconomy などの語と並べて用いられることが多い。ここでの「生」という接頭辞は、M・フーコーの生権力・生政治の概念に由来するとみてよいだろう。ただし認知資本主義論の文脈を考えるならば、フーコーの議論自体よりもフーコーの影響を受けたネグリらにおける生政治の概念の用法を参照することが近道と思われる。資本制的生産の発展は、労働過程を解体し再編成して資本の循環の内に価値増殖過程として組み込んでゆく。これは実質的包摂と呼ばれる過程だが、現代においてそれは人間の生・社会の総体が資本に包摂されるまでに至った、とネグリは論じる。工場＝社会、あるいは「もはや外部はない」？　権力の変質、すなわち生権力は、この実質的包摂の深化を意味している。それは人間の生の全体を資本が制圧する事態であり、同時に、人間の生が直接に生産力となったこととしても把握される。遍在する情報環境の中で生活の全体が営まれるかにみえる今日、わたしたちの買い物、SNSでの言動、一挙手一投足はことごとくデータとして残される（アサンジ他 二〇一三、マイヤー＝ショーンベルガー＆クキエ 二〇一三、バウマン＆ライアン 二〇一三）。それらの膨大な集積は、収益を生む新たな資源として垂涎の的となっているわけである。監禁的空間に基づく規律型権力から、開かれた環境における恒常的な管理の権力へ。

人間の生をめぐるこのような状況を、J・クレーリーは卓抜なイメージで描写している。

「真夜中に突然に、一列の投光照明のスイッチが入り、おそらく何らかの緊急事態に反応したかに見えるのだが、それでも、その照明はけっして消灯されることがなく、いつもそうであるかのように馴れ親しんでしまっている状態である。この惑星は、ノン・ストップの労働現場か、いつも開店中のショッピングモールとして再考されるようになる」。（クレーリー 二〇一五）

## 四　コモン、レント、金融化

生活、生命の領域、「人間による人間の生産」（ボワイエ 二〇〇七）が主要な問題になるということは、工場や企業の外部あるいは上流へと焦点が移行することを意味する。知、文化的なもの、ネットワークなどが価値の源泉として重要になるとしても、それらは必然的に狭義の経済領域をはみ出している。それらは「無形」であり、原材料や固定設備といった有形の資産のように物的な数量として存在しているわけではない。そして非物質的生産においては、投入と産出の間に安定した関係を前提することができず、企業が無形の資産を完全に占有することもまた不可能である（あいまいな所有権、スピルオーバーなど）。無形資産、人的資本、文化あるいはクリエイティブ産業の重要性をさかんに強調する文献（レブ 二〇〇二、OECD 一九九九、二〇一二、UNCTAD 二〇一四など）がそろって、これらの測定に原理的な困難があることを認め、にもかかわらずこれらを測定する枠組みは必要であり構築可能であると強く訴えているさまは、実に印象的である。知的財産、会計基準、ISO（国際標準化機構）によ

（4）この点に関わって、ネグリらによって労働の尺度の危機が主張されることになる。これは直接的には古典派経済学の系譜における価値論にとっての問題だが、そこにとどまる論点ではない。

る国際規格など、規格化・標準化という世界的・全般的傾向は、無形の価値を算定可能な形態に還元し、格付けし、市場取引が可能なものにしようとする力そのものである（主にデジタルデータという意味での「情報」とは、技術的に一元的に処理可能なものとされた知の標準規格のことだ）。だが物量的・客観的な基準がないところにルールをつくるのだから、そのプロセスには規範的価値をめぐる争いの余地があるだろう。さきほど「外部はない」という言述を引いたが、一方で資本主義は価値の源泉を求めて、懸命にその外部へと手を伸ばし、生を捕獲しようと試みているかのようなのだ。

その外部は、しかし日常性あるいは生活世界にとっては自明の（ただし自明であるがゆえにあまり意識されないかもしれない）土台であろう。

「わたしたちは言語やシンボルやアイデア、共有された関係性といったものを基盤にしてのみコミュニケーションを行うことができるが、その結果、また新しい〈共〉的な言語やシンボルやアイデア、関係性が生み出される」。（ネグリ&ハート 二〇〇五）。

〈共〉、あるいはコモン［common］とは、言語や習慣のような、共有された社会的資源や関係性をさす。たとえば新発見、組織上の慣行、人的資源（レブ 二〇〇二）、あるいは人的資本、組織資本、関係資本（Bounfour 2005）などを、資本化されたコモンとみなすことはできるだろう。とはいえコモンは、ある意味で潜在的なものであって、そもそも私企業の枠に収まるのはごく一部でしかない。〈共〉は「公」や「私」と完全に分離されてはいないけれど、両者には決して収まりきらず、その間にある領域である[5]。私的に、すなわち排他的に言語が所有されてしまうなら、多数の人間に対して言語が閉ざされ、けっきょく言語は言語でなくなってしまう。また言語が公的に所有され、法的あるいは行政的な管理に服することも、自由な言語表現を妨げ、言語を死に至らしめるだろう。つまり言語は、共有されることによって機能しうるものとなり、共有が広がることで一層その力を増大させるわけだ（ネットワーク外部性）。

このような事物が持続的に共有されているものとなっていれば、それがコモンの空間である。ここまでの叙述で「非物質的なもの」あるいは知と生の重なり合いと呼んできたことがら、あるいは文化、人間関係、そしてそれらの形成・学習・継承・拡散を可能にする諸条件、とくに教育をめぐる諸制度、都市や地域といった環境（そして土地などの自然環境、あらゆる自然の賜物）によって、コモンは織り成される。そこは異質なものの出会いの場、新たな知や生が創出される場であろう。非物質的生産とは、このコモンに基づいてコモンの中でなされ、そしてコモンを生産することだというのだから、これは認知資本主義にとって最も重要な資源ということになる。それは地域、都市、産業、コミュニティ、サイバースペースなど、さまざまな空間スケールにおいて見出される。収益を追求する資本主義企業としては、このような「外部性」をいかに内部化するかということが重要になってくる。アーカイヴの大規模なデジタル化の進行とそれをめぐる駆け引きをここで想起することもできよう。

　コモンの概念は、知のネットワーク、ネグリらが論じる一般的知性という概念の拡張としても解釈できると思われる。マルクスは『経済学批判要綱』（マルクス 一九八一―一九九七）において、固定資本には科学技術が体化していると捉え、これを一般的知性とよんだ。すなわち知識は科学という歴史的形態をへて個人から分離し、機械装置という客観的な姿をとり、社会的な生産力となるのである。認知資本主義論ではこの一般的知性を、固定資本ではなく、分散した知、すなわち情報環境に基づく人間能力のネットワーク化において集団的に共有・分有される知として捉える。それは一面では「群知性」、「集合知」、「集団的知性」とよばれる考え方に近い。

「近年の人工知能や計算方法の研究者は、集権的コントロールや大域モデルの準備なしに集団的・分散的に問題を解決する処理方式のことを群知性と呼んでいる。彼らは、これまでの人工知能研究の問題の一部は、知性を個別の頭脳に宿るものと考えていたことにあるとし、知性とはもともと社会的なものだと主張する。〔…〕群がりとしてのシロアリは集権的なコントロールなしにひとつの知性システムを形成する。群がりの知性は基本的にコミュニケーションにもとづいているのだ」。（ネグリ＆ハート 二〇〇五）

　ここでいう一般的知性の概念は、知が特定のセクターに占有されるのではなく「一般的」なものとなった状況を指し示しているとみなしてもよい。

　こうしてみると、現代の認知資本主義的な蓄積においては、非物質的労働の自律性をいかに取り込むか、コモンの知性をいかに醸成し引き出すかが大きな問題となると考えることができる。あからさまな例が、クラウドソーシングであろう。その場合、生産そのものを指揮することよりも、何らかの資源・技術・権利などの占有に基づき、遠隔的に支配を及ぼし、利益を獲得しようとする

（5）海妻（二〇一三）は、認知資本主義論の安易な適用を戒め、コモンにかかわる論点として家族という問題系の重要性を指摘している。本書で積極的に論じることはできなかったが、第九章では第三世界における家族システムについてふれられている。

傾向が見出される（垂直統合型企業組織からネットワーク型組織へのシフトは、工場というヒエラルキー構造が確立される前に一般的なモデルであった前貸問屋制を連想させる）。ヴェルチェッローネ（二〇一〇）などは、「利潤」というカテゴリーが「レント rent」――古典的にはこれは「地代」であった――というカテゴリーと次第に不分明になっていく、利潤が、レント化すると指摘している。このレント化という傾向は、知的所有権の問題に典型的に現われているが[6]、いわゆる金融化の問題にもつながっている。

経済・社会への金融の影響力が顕著に強まっていること、およびその不安定性は、現代の世界を考えるうえで決して外せないトピックであろう（アリギ 二〇〇九、オルレアン 二〇〇一、ドーア 二〇一一 他）。さしあたりここでは金融化を、国際金融の肥大、銀行信用から証券市場などの金融取引へのシフト、家計貯蓄の投資へのシフトといった傾向としてまとめておく。金融化についてはさまざまな立場からすでに多くの研究がなされているが、認知資本主義論においては「新たな価値生産プロセスと対称をなす資本の蓄積形態」（マラッツィ 二〇一〇b）と捉えることができる。すなわち、たんに実体経済からの逸脱や暴走として金融化を理解するだけでは不十分なのだ。まず、金融は非物質的・認知的な産業部門の典型であり、金融の巨大化はそれ自体が認知資本主義という趨勢の一部をなしている。次に、非物質的な生産活動を評価・測定することの困難ゆえ、金融的資本は短期的な投資行動から収益を得ようとするのだが、ともかくも金融市場が認知資本主義のパフォーマンスに評価を与えファイナンスする役割を担うことになる。そして金融的な評価の一般化は、翻って、生権力としての金融、金融による統治という次元へと進んでいく。それは直接にはコーポレート・ガバナンスだが[7]、さまざまな装置（年金、奨学金など）を通じての労働－人間の統治、そして主権国家や国際政治のレベルにまで座を占めるものとなった。認知資本主義論に基づいて、金融化と認知資本主義の構造的な関係が示され、そこから現代の社会・経済システムにおける金融化の意味を問うことが可能になる（本書第一章、第十章）。

## 五　問題の形跡

ここまで、認知資本主義論を構成する基本概念をみてきた。では、このような諸契機は、どのように形づくられてきたのか。この論点は、現代社会についての他の見方と比して認知資本主義という仮説の特徴をより明らかにするだろう。新しい時代の到来を言いつのることに、さしたる意味はない。いかなる視角によって、いかなる視野が開かれることになるのかが問題である。

すでにふれたように、認知資本主義論が問題にしようとしている状況は、ＯＥＣＤなどのいうknowledge-based economy、あるいは知識の経済学といった議論と無関係ではない。しかしながらルカレッリとヴェルチェッローネ（Lucarelli & Vercellone 2013）によれば、これらは満足のいくものではない。資本主義の歴史的変化とその社会的要因を十分に考慮せず、高度な専門知識の重要性および無形資本の漸進的な増加と情報技術の漸進的な発展（そして両者の「幸福な出会い」）を、企業のＲ＆Ｄや知識産業や研究機関とのかかわりで指摘するのみだからである。

UNCTAD（二〇一四）のいうクリエイティブ経済という議論についても、同様の欠落を指摘できる。クリエイティブ経済の概念は、発展途上国のために提案されている持続可能な開発戦略という性格をもつが、じっさいのところ、欧米の「クリエイティブ都市」を主要なモデルとしているスローガンといえる。UNCTADは、文化、科学、経済のいずれも「拡張された」創造性概念をベースにしており、文化と経済は相互促進的であると主張する。文化的なものの経済への影響を前面に打ち出している点は重要であろう。興味深いことに、UNCTAD（二〇一四）は「文化産業」概念のサーベイのなかで、一九四七年に出版されたホルクハイマーとアドルノの『啓蒙の弁証法』（ホルクハイマー＆アドルノ 一九九〇）を参照する。ところが、現代では文化産業をたんに文化的製品・サービスを生み出す産業とする見解が一般的であり、その後、狭義の芸術

（6）この点について、企業の戦略は分岐しうる。一方では知的所有権に基づいて市場を支配しレント的な収益を確保しようとするもの。他方では、むしろ知のオープン化こそが社会的には有益であり、社会的イノベーションにビジネスの活路を見出そうとするもの。ＤＩＹや共有の精神に基づく後者をメイソン（二〇一二）は「パンク資本主義」と呼ぶ。関連する動きとして、著作権が文化的活動を阻害するという観点から、さまざまな手法（クリエイティブ・コモンズなど）を通じて創作と共有の文化を推進しようとする「フリーカルチャー」運動がある（チェン 二〇一二）。また、知的財産権の強化に反対しインターネットの自由を主張し、欧州議会などで議席を有する政党である海賊党も注目される（浜本 二〇一三）。

（7）「企業、特に株式を公開している企業の重役は、経営権をもつ株主から早く成果を上げること、変革をもたらし改善を行うことを求められます。技術開発には五年、一〇年、一五年とかかりますが、投資家はそれを待ってはくれません。その点、ダイソンの株主はわたし一人ですから恵まれています。他者の評価を気にする必要がないのです。いくらでも研究開発に投資し、待つことができます」ダイソン創業者のＪ・ダイソンの発言。*WIRED Japan* vol.3, 2012.

を超えてメディア・ファッション・ソフトウェアなどを含む「クリエイティブ産業」というカテゴリー（これがクリエイティブ経済の中心となる）に移行したとされている。ホルクハイマーとアドルノにおいて文化産業は、西洋近代という野蛮を体現するものとして容赦なく批判されているのだから、経済の一部としての文化の役割を称揚するクリエイティブ経済の立場とは根本的に相容れない。アドルノにとって、いわば、芸術の領域に対する資本主義的技術と商業的利益の侵略の結果としてのキッチュ――「カタルシスのパロディ」――を供給するのが文化産業であり、「気晴らし」への大衆の欲求自体が資本主義の産物なのである。このような文化産業の概念が、現代のクリエイティブ経済へとスムーズに進化することはありえないはずだが、その点に関する説明は見あたらない。

芸術を自律的な領域として捉えることは、美的概念としてのモダン（近代性 modernity）を特徴づけるものだが、それはブルジョワ文明の実利的なモダン、ようするに資本主義との対立的（かつアンビバレント）な関係におけるあり方だったとされる（カリネスク 一九八九）。近代という観念は、直線的で必ず前方へ流れるという時間意識の枠のもとで成立する。しかし資本主義という近代性の、客体化され測定可能な売買される時間に対して、文化におけるモダニズムは、「ブルジョワの鼻を明かす」、個人的・瞬間的・想像的・内面的な時間を志向するものだった。ところが反ブルジョワ的モダニズムは、その広範囲にわたる受容とその後の陳腐化によって枯渇し、同時に節制と合理性を重んじるブルジョワ的生活という観念もしだいに擁護されなくなっていく、というのだ。「ポストモダニズム的気質は、かつてファンタジーや想像のなかで演じられていたことが、生活のなかでも実践されることを要求する。芸術と生活の区別はいまや存在しない」。カリネスクが引用するD・ベルの著作は、一九七六年に出版されたものである。

資本主義の歴史的変化を問うわたしたちにとっては、むしろ以下の叙述が目を引く。「今日われわれが直面しているのは、文化と社会構造との根本的な分裂である。〔…〕より直接的な社会革命への道を開く可能性を宿した分裂」。「一方で、企業は、個人に対し、もっとも粗雑な意味での組織人間となるよう、精一杯働き、キャリアを追求し、満足の引き延ばしを受け入れるよう求める。にもかかわらず企業は、その製品と広告によって、快楽、一時的享楽、弛緩、解放を促進する。これでは人は昼のあいだは「まじめ人間」で、夜になると「遊び人」とならなければならない」。（ベル 一九七六）

これは過渡期の、時代の狭間の証言のように思われる。なにしろ、ビジネスは自己表現であり、労働は遊びであり、

「戦え！　自由のために。」と転職サイトの広告が号令し、ベルが見た「分裂」があたかも揚棄されたかのような言説が踊るのが、二一世紀という現在地なのだから。やや先走って述べると、第二次大戦後の「資本主義の黄金時代」が激しく揺さぶられることになった出来事、そのシークエンス、危機と反動と再構成の紆余曲折こそが、ここで浮かび上がってきた時代精神の転変を駆動した。この論点に戻ろう。

## 六　フォーディズムの危機と新たな主体性

生産および生産の社会関係の変容を知識‐権力関係の歴史的動態から捉えるという観点から、ヴェルチェッローネ（二〇一一）は資本主義の長期的歴史を以下の三つに区分する。まず、形式的包摂の段階（一六‐一八C）。これは前貸制に基づく、商人的・金融的な蓄積メカニズムである。この段階では生産の主導権は手工業者および労働者の側にある。次に実質的包摂の段階であるが、これはいわゆる産業資本主義に相当し、産業革命にはじまり二〇世紀中葉において完成をみる生産システムといえる。これは生産現場から知を剥奪し、複雑労働を単純労働へと還元し、知識は固定資本とヒエラルキー型企業組織に体化される（テイラー主義が典型。詳しくは本書第二章）。そして第三が「一般的知性」の段階、すなわち認知資本主義である。ここでは生産における認知的次元の重要性が回帰し、非物質的労働が拡張するのだが、同時に商人的・金融的メカニズムが再び優勢となる。現代の分散的知性、あるいは「脳の協働」（ラッツァラート二〇〇八）とは、生きた知識に依拠する自律的な協働である。こうして資本による労働の包摂は、ある意味で再び「形式的」なものとなる。

以上のような図式化によってヴェルチェッローネは現代資本主義の特異性を位置づけ、現代の諸問題を分析するための視座を得ている。これはかなり長期の歴史的パースペクティブにおける仮説だという点に注意が必要である。とはいえ、これまでみてきたような諸傾向は多方面で持続的に広がり強まっている。今後これが新たな段階と呼びうる一つの体制の形成に至るのかどうかは別にして、「趨勢」としての認知資本主義という仮説を立てることは現時点で可能だろう。

問題なのは、認知資本主義の諸契機がいかにして形成されてきたのか、である。ヴェルチェッローネの示した資本主義の段階はさらに細かく区分できるが、ここでは産業資本主義の最後のターム、いわゆるフォーディズムとその瓦解を注視しなければならない。フォーディズムという用語は、フランスで生まれた経済学であるレギユラシオン・アプローチ（アグリエッタ二〇〇〇、ボワイエ一九九〇、山田一九九三他）によるものである。第二次世界大戦後の資本主義を分析するにあたって、レギュラシオン学派は、資本蓄積によって方向づけられる経済成長のパターンと経済システムを構成する諸制度との関係に着目した。戦後アメリカの資本主義は、おおまかにいえば大量生産‐大量消費の循環によって長期の安定した成長を実現したわけだが、そこでは生産性上昇の範囲内で賃金が上昇していたことが鍵の一つとなっている（詳しい分析は本書第一章にて）。これを支えたのは、労使の団体交渉という制度形態に基づく分配である。フォード社において、機械化とテイラー主義的な労働編成によって大量生産のアメリカ的方式が確立し、かつ大幅な賃上げが行われたこと、これを戦後資本主義のモデルとみなし、レギュラシオン派はフォーディズムと名づけたわけである。このフォーディズムという成長体制は、厳密にはアメリカおよびフランスでのみ成立していたことが明らかにされており、またそもそも一国の経済発展を説明するための枠組みである。とはいえ、フォーディズムの動向を通じて戦後世界の政治経済を部分的に捉えることは可能である。第二次大戦後の世界においてアメリカの経済力は圧倒的だったし、西側諸国の盟主として絶大な影響力を誇っていた、というだけではない。フォーディズムを構成する貨幣・金融面の制度形態である固定為替相場制（ブレトン・ウッズ体制）は、金‐ドル交換の保証によって成り立つものであった。そしてドルが基軸通貨たりうるためには、アメリカ経済が安定的に成長を続けることで輸入需要が維持され、世界経済にドルが注入されなければならなかった（猪木二〇〇九）。かくしてフォーディズムを中軸とする戦後資本主義において生産力は空前の発展を遂げ、先進国において所得の増大は経済格差を縮小させ、福祉国家は著しく伸張した。

一九六〇年代後半からしだいにフォーディズムは行き詰まり、七〇年代に入って明確に破綻する。一九七一年の金‐ドル交換停止（ニクソン・ショック）は、アメリカの威信の凋落を示すとともに、金融のグローバリゼーションを本格化させることになる重大な制度変化であった。また二度のオイルショックの後、アメリカの成熟産業などは、南の諸国へ生産移転を始めた。フォーディズムが行き詰まった原因としては、市場の飽和（とくに耐久消費財）、システムの硬直性、インフレ傾向、欠勤やストライキの増加などの労使コンフリクト、アメリカのヘゲモニー喪失などが挙げられている。これらの要因を新たな資本主義への萌芽という視角から連関させて理解しようとするならば、一九六八という数字が象徴する社会的・政治的・文化的激動に中心的な意義を与えなければならない。[8] すなわち、ヴェトナム反戦運動、公民権運動、第二波フェミニズム、学生運動、カウンターカルチャーの高揚、「プラハの春」といったシークエンスのなかで同時代の労働運動も活発化しており、これらが第二次大戦後の世界システムを大きく揺さぶった。ヴェトナム介入の泥沼化がアメリカを圧迫し、石油ショックが「資本主義の黄金時代」にとどめを刺したということを考えると、この激動は帝国主義の遺産の上に成り立っていた国際体制への反抗でもあったことが示唆される(西川 二〇一四)。またフォーディズムの内部を考えると、経済成長の安定的な持続とは資本主義の一貫した拡大、いわば実質的包摂の深化である。人口の大きな割合が賃金労働者へと継続的に転化し、賃金上昇と「アメリカン・ウェイ・オブ・ライフ」の普及によって労働者の生活条件が商品経済へ全面的に組み込まれていくことは、社会と人間にこれまでにない類いの緊張を強い、また不均等な近代化のもたらす齟齬を亢進するものだっただろう。ベルの直面した「分裂」もその一つといえる。

戦後の発展のなかで潜勢的に累加していった葛藤は、別々の事象が共鳴し連結する状況を出現させたことになる。一連の動きは、ヴェトナムの抵抗がそうだったように、いずれも非定型的であって、従来の制度化された争議の回路を経ず(山猫ストのごとく)、むしろその外側で展開する。またそれらは官僚的組織への批判、反権威主義といった特徴をもち、旧左翼への批判も重要なモチーフとなっている(アリギ他 一九九八)。いみじくもボルタンスキーとシャペロは、芸術家的批判という概念によって六八年を分析している。これらの運動は分配上の要求という以上に、自由、自律、解放、多様性を希求するものだったからだ。このような新たな主体性こそが、ネグリらのいうマルチチュードであろう。

(8) ネグリらのこのような見解には、イタリアにおける政治的経験が大きく影響していることは確かであるが、ボルタンスキーとシャペロ(二〇一三)においても、資本主義に対する批判が資本主義のダイナミズムの源泉であるという観点が強調されている。労働者・学生による空前の規模のゼネストが行われた六八年のパリ五月革命は、認知資本主義論とボルタンスキー&シャペロの両者にとって特段の意味をもつ出来事である。また世界システム論による分析のなかでも、一九六八年や一八四八年の反システム運動に大きな意義が与えられている(アリギ他 一九九八)。

## 七　「社会などというものはない」

資本主義は葛藤や批判を糧にして変貌する。認知資本主義は、一九六〇-七〇年代の社会変動、抵抗、多形的な欲望、新たな主体性に資本主義が適応することから形成された。それが生産と組織のフレキシブル化、労働の人間化、個性的なライフスタイルの消費、等々である。進取の経営者はしだいに問題の性質を理解し、懐柔に転じる。カウンターカルチャーを通過した新世代の企業家たちもやがて頭角を現すことになる。しかしその適応は、ただの譲歩ではなかった。雇用は不安定化し、万事がマーケティングや投資として語られ、セーフティネットは破られていく。「社会などというものはない」という台詞に集約される、はなはだしく攻撃的な反動、「反革命」（ヴィルノ 一九九七）が展開されるのである。権力ブロックの担い手としてはスタグフレーションから脱して状況を打開する必要があったが、それは権力ブロックの組み替え、ヘゲモニーの建て直し、国家の役割の再定義によってなされることになった。政府は経済に介入すべきではない、自由な市場競争に任せるのがもっとも効率的だ、という政策思想――いわゆる新自由主義《ネオリベラリズム》については多くの研究があり（ハーヴェイ 二〇〇七、フーコー 二〇〇八、酒井 二〇〇一、中山 二〇一三、若森 二〇一三、服部 二〇一三他）、ここで屋上屋を架すべきことはない。その役回りをかいつまんで検討しておきたい。

言うまでもないことではあるが、新自由主義が目指したのはフォーディズムの防衛や再興ではなかった、という点を確認しておこう。英米ではおおむね八〇年代に、労働組合への攻撃、福祉予算のカット、完全雇用政策の放棄、金融自由化、規制緩和、民営化などの政策が強行されたのだが、それは危機をいっそう加速し、死に体となっていた戦後資本主義を解体しようとするものである。そして「市場メカニズムの円滑な機能を妨げる障害物を取り除く」と説明される「改革」とは、たんに規制を緩和するのではなく、ビジネスの自由という至上の規範的観念に侍るような新たなルールや制度の設定、制度配置の再構築を、国家が主導するということである。教育や福祉など社会的な部門の縮小や民営化は、けっきょくコモンの接収と払い下げ、そして切り捨てを意味するだろう。また、新保守主義との親近性から窺われるように、新自由主義の台頭にはイデオロギー的な逆攻勢という性格も色濃く滲んでいるが、それは旧来の社会体制への批判をアピールすることで六八年のエネルギーを馴致し換骨奪胎し、新たな資本主義とその精神（ボルタンスキー＆シャペロ 二〇一三、バーブルック＆キャメロン 一九九八）の形成に寄与した。

危機、反動、再構成の紆余曲折を経て認知資本主義が形成されてきたプロセスは、「一九六八」と新自由主義の対照によって理解されるだろう。ここではシンプルな構図を示すために派手なトピックを取り上げるかたちになったが、サッチャーや五月革命といった事件だけが問題なのではない。九〇年代以降も、サパティスタの蜂起と自治、シアトルの反WTO闘争、アラブの春〜ウォール街占拠運動など大きな出来事が起こり、また新たなスタイルの多様な運動が展開されているが（毛利 二〇〇三他）、さまざまなレベルのさまざまな局面でせめぎ合いがあり漏出線が走っているということを忘れてはならない。

新自由主義あるいはワシントン・コンセンサスがもたらしたもの、経済格差や不安定性の拡大、金融危機といった帰結は広く認識されるに至っており、新自由主義がそのままのかたちで支持されることはかなり少なくなったように思われる（むろん、日本にも二周遅れの政治勢力は存在する）。とはいえそれはグローバリゼーションおよび新たな資本主義の方向性に重大な影響を与えてきた。かつ、その影響の仕方も一様ではない（アメリカ・イギリス以外の諸国では、時期的なズレとともに、施策の程度も均一とはいえない。チリは七〇年代から新自由主義の実験場となっていた）。これは、認知資本主義を趨勢として理解するという本書の方法論的立場ともかかわっている。

## 八　具体的分析のために

認知資本主義の徴表は、主としていわゆる先進国における経験から見出されてきたのだが、それはグローバルな趨勢とみなすことができる。これは先述したように、認知資本主義を、一つの体制をなす歴史的段階として現時点で同定することにはこだわらない、および資本主義の多様な形態に無視し得ない影響を与える全般的な圧力として捉える、という二点を意味する。BRICsに代表される新興国の発展がいまや世界経済を支えているが、新興国への生産のシフトは、すでに述べたような危機と反動、そして情報環境の高度化とともに進行したのであって、一九世紀の工業化とまったく同一視するわけにはいかない。たとえば、二〇〇八年に世界全体での携帯電話契約者数は四〇億に達し、途上国がそのうちの三分の二を占める。ブロードバンド市場は新興国で急速に成長している（UNCTAD 二〇一四）。また、知のグローバルな捕獲は、九〇年代から第三世界においても進行している（第九章）。それゆえ、程度に大きな差はありつつも、認知資本主義は先進国だけに関わる問題ではないと考えてよいだろう。[9]

資本主義が唯一の「グローバル・スタンダード」に収斂していくという主張に対しては、資本主義は多様であるということを実証する研究成果が有力な反論をおこなってきた（ホール＆ソスキス二〇〇七、アマーブル二〇〇五、山田二〇〇八他。アジアについては、植村他二〇一四）。わたしたちはそれらの成果に基づき、異なる国や地域の歴史的文脈が多様な資本主義を形づくっているということを理解できる。ただし、国ごとの資本主義の形態が各々の初期条件によって完全に決定されると考えることは不可能である。資本主義はそもそも世界スケールで作動する過程だったのであり、各国経済は孤立して存在しているわけではない。フォーディズムの瓦解以降、従来の空間的枠組みが大きく揺らぎ、一国単位とは異なる空間スケールの意義が増していることも重要である。さまざまな資本主義はそれぞれの歴史的文脈において経路依存的に発展・衰退していくが、そこにはグローバルな趨勢も変化の要因として作用している。これによってそれぞれの文脈のもとでハイブリッド化が起こる。このように認識することで、認知資本主義の仮説を具体的な分析に用いることができると考えられる。

ここで認知資本主義の趨勢と日本資本主義の関係についてかんたんにふれておくべきだろう。マラッツィ（二〇〇九）はコリア（一九九二）を参照しつつ、トヨタの生産システム、とりわけその労働のあり方をポスト・フォーディズムのプロトタイプとして位置づけている。それは非物質的労働や認知的分業の萌芽であり、リーン生産方式としてアメリカ・ヨーロッパでも研究、導入されていった。石油ショックから比較的すみやかに立ち直った日本経済は一九八〇年代に全盛期を迎えており、新自由主義が大鉈を振るっていたアングロサクソン、高い失業率に苦しんでいたヨーロッパとは対照的だったといってよいだろう。だが一九九〇年代から、「ニュー・エコノミー」のアメリカが上昇の気運に乗る一方で、バブル崩壊後の日本資本主義は長期の低迷に陥り、今度は日本的経営の側が修正を迫られることになる。いわゆる「構造改革」は、日本経済を変化させなかったわけではない。「金融ビッグバン」が叫ばれ、日経連の『新時代の「日本的経営」』は雇用関係に外的フレキシビリティを導入することを提言した。日本的な生産システムの内的フレキシビリティは安定的な雇用に支えられていたという側面もあり、これらの改革は経済格差の拡大をもたらしただけでなく、日本的な生産システムの特性を掘り崩す方向にも作用しただろう。ある意味で日本は認知資本主義のルーツの一つだったともいえそうなのだが（労働と生活の区別が曖昧！）、しかしその認知資本主義、すなわち現代の構造的な趨勢のもつ意味について、日本では十分認識されていないように思われる[10]。

資本主義は、かつての粗暴さとは異なる面をみせようとしているとしても、いまや「エコ」への配慮は企業価値にとってプラスになると広く認められ、経済成長は自然環境にとっても社会にとっても「持続可能」なものでなければならないとされる。しかし、そのような留保がどこまで本気のものなのかは、やや疑わしくもある。「フラット化」していく巨大多国籍企業が押し広げていく「ネットワーク」は、当然のこととして、圧倒的な力のヒエラルキーに基づく。新たな深刻さをともなって、格差、貧困が、経済問題の中心に再浮上している。現代の貧困や社会的排除と連なる問題として、搾取という概念があらためて検討されるべき状況になっている(Moulier-Boutang 2008, ボルタンスキー＆シャペロ 二〇一三、山本・北川 二〇一六)。現代の世界では「洗練と野蛮が同時にあらわれている」(八木 二〇〇六)。認知資本主義は、両義的なのだ。いったい何のための「人間による人間の生産」なのか、それが問われるべきである。

わたしたちが生きる現在を理解しようとしても、現在の政治的狂騒が、かえってこの現在を遠ざけ、見えなくさせてしまうという恐れ。必要なのは、分析のための枠組み、その叩き台、言わば、少しばかりの迂回であるはずだ。こうして認知資本主義論に取り組むに際して、わたしたちは政治経済学(社会経済学、political economy)の伝統にその手がかりを求めた。政治経済学は、近代的な統治という問題系において「経済、political economy」という対象が見出されることと相即して成立した。それはやがて近代の自己認識の学として発展していくことにな

(9) インドのIT企業に関する徳丸(二〇一三)の分析は示唆的である。インドについてはラジャン(二〇一一)も参照。
(10) とくに教育に関わる政策においてその傾向が顕著ではないだろうか。「改革」によって仮に短期的な成果が出たとしても、長い時間によってしか涵養され得なかった無形の富は窒息させられることになるだろう。認知資本主義的な趨勢をふまえて政策的オルタナティブを考えようとするならば、北欧における「ニュー・エコノミー」と新たな福祉政策の結合は注目されてよい(クリステンスン 二〇一五、二〇一六)。またEUでは、柔軟性と安全性の組み合わせ、いわゆるフレキシキュリティ flexicurity という概念に基づく雇用戦略が推奨されており、実態はともかく、無制限なフレキシブル化の危険性は少なくとも認識されている(若森 二〇一三)。賛否はさまざまであろうが、社会・経済の変化についての認識、政策のベースとなっている社会像、政策形成に関わる諸主体とそれらのコンフリクトなどから学ぶべきことは多い。非物質的労働の増大は雇用が多様化する傾向を強めるが、労働側の力が弱められた状況では、労働分配率の悪化、格差の拡大、社会不安をもたらす。これは狭義の経済パフォーマンスにとってもマイナスに作用する。生活の不安定はコモンを害することにもなる。ゆえに柔軟性だけではなく、安定性を担保する制度が求められる。この文脈からベーシック・インカムを捉えることもできる(コラム2参照)。

る。アダム・スミスにおいて、政治経済学はたんなる弁護論ではなく、複合的な問題領域をマクロかつミクロな政治との関係とともに、批判的に分析する学であった。

## 九　本書の構成

以下の諸章では、認知資本主義の理論的問題、および認知資本主義をめぐるさまざまなトピックの分析が行われる。各章の内容を紹介しよう。

第一章では、まず認知資本主義論の全体像のコンパクトな紹介がなされ、認知資本主義のマクロ経済レジームとその安定性が検討される。そのうえで認知資本主義論の観点から金融化が考察されている。ここでいうマクロ経済レジームとは、一国レベルでの経済成長のパターン（短期的な景気変動とは区別される）とそのメカニズムを指す。認知資本主義には好循環の可能性も存在するとはいえ、基本的には不安定なレジームであることが明らかにされている。

第二章では、非物質的労働の概念を中心に、認知資本主義の趨勢にかかわる労働の構造的変化が考察されている。現代の労働は、人間の一般的な認知能力の使役となり、分業のあり方も大きく変容する。それは賃金労働という概念の歴史的な動揺でもあり、しだいに労働力が人的資本という概念によって分割統治されていく傾向が説明されている。

第三章では、経済地理学・産業集積論の観点から、認知資本主義論において重視されている都市という空間的次元、そこでの知識創造やイノベーションが考察される。柔軟な専門化論から近年の創造都市論をへて、A・スコットは認知資本主義に近い議論をおこなっていることが示されている。また、ボルタンスキーらやルフェーブルを手掛かりに、資本主義の新たな精神と都市空間の関係、その批判的分析の方向性が示唆されている。

第四章では、近年のフランスの社会経済学の展開をふまえ、協働やコモンの指摘にとどまらず、事物の役割を導入して非物質的蓄積が分析される。とくにコモンにおける真正性の格付け・規格化をめぐって、複数のアクターが事物を介して折衝することを通じて無形の価値がいかに構築されているかが論じられている。認知資本主義論においては情報通信分野が取り上げられることが多いが、ここではワインおよび有機農業の事例が検討される。

第五章では、企業研究においてクローズアップされてきた多様性という観点から、企業の組織能力の分析枠組みが提示され、トヨタとホンダの比較がなされている。とくに動態能力という概念に基づくことで、同じ日本の自動車産業のなかでのイノベーションのタイプの違いが明らかにされている。認知資本主義論では企業の外部が強調されがちだが、第三章の議論に依拠するならば、認知的距離という観点によって都市レベルと企業レベルの特性の差異を捉えることができるように思われる。

　第六章では、一九九〇年代以降に普及したコーチングという手法が、ポジティブシンキングあるいは自己啓発といったビジネス言説を象徴する事例とされ、認知資本主義の労務管理として考察されている。コーチングは主体化の装置として捉えることが可能だが、それは一九世紀のニューソート運動から発し、現在のエビデンス・ベーストという形へと変化してきた。しかしコーチングの効果とその測定は微妙な問題を孕んでいることが示されている。

　第七章では、日本のクリエイター労働の現状とそれに従事する人々の意識、そしてクリエイターやその周辺の人々によって形成されてきた大阪における地域コミュニティについて、聞き取り調査に基づき考察されている。ここで取り上げられた大阪西区新町の状況は、固まったものではなく現在も流動的、とのことである。その意味でも、労働の変容によって組織の枠に収まらず生きる人々の声を捉えたスナップショットとなっている。

　第八章では、ドイツの産業別労働組合であるＩＧ《イーゲー》メタル（IG Metall）が資本主義の変化をどのように捉え、その理解に基づいてどのように戦略を変化させていったのかが考察される。組合員の減少という危機に直面したＩＧメタルは、認知資本主義論に近い現状認識をまとめたうえで、アメリカ流の組織化戦術を導入するなどの方策によって組織のあり方を再解釈し、活性化させたということが明らかにされている。

　第九章では、知のグローバリゼーションというべき状況が、知的財産を重視するアメリカのプロパテント政策への転換、それと結びついた大学における研究の変容、第三世界の伝統的な知の多国籍企業による特許化とコントロールといった動向を通じて考察されている。ヴェールホフの継続的本源的蓄積の概念によって、資本主義がその外部をいかに利用して知を収奪するのかが明らかにされ、このような状況と学問研究のつながりが問い直されている。

　第十章では、オルレアンのいう集団的信念の概念を軸にしつつ、認知資本主義があらためて金融の観点から理論的に捉え直される。そして現代の金融化の要因の一つとして、国家による統治の外側で流通したオフショア通貨であるユーロダラーが分析されている。そのうえで、ハイエクによる貨幣の脱国有化論が、いうなれば金融化の反映、金融によるグローバルな統治が引き起こす危機（を認識することの失敗）の思想的症候として読解されている。

本書を編むにあたって、多くの方々のご助力を賜った。深く感謝申し上げたい。とくにナカニシヤ出版編集部の米谷龍幸氏には、たいへんお世話になった。氏がいなければ、この本の企画はそもそもありえなかった。

### 【文献表記について】

本書では、引用・参照した外国語文献の日本語訳が存在する場合、文献表においては原著の情報は略し、翻訳書の情報のみを記載する。本文中の表記（著者名、出版年）もそれに従う。

### 【引用・参考文献】


アグリエッタ・M／若森章孝・大田一廣・山田鋭夫・海老塚明［訳］（二〇〇〇）『増補新版　資本主義のレギュラシオン理論―政治経済学の革新』大村書店

アサンジ・J他／松田和也［訳］（二〇一三）『サイファーパンク―インターネットの自由と未来』青土社

アダ・J／清水耕一・坂口明義［訳］（二〇〇六）『経済のグローバル化とは何か』ナカニシヤ出版

アマーブル・B／山田鋭夫・原田裕治他［訳］（二〇〇五）『五つの資本主義―グローバリズム時代における社会経済システムの多様性』藤原書店

アリギ・G／柄谷利恵子・境井孝行・永田尚見［訳］（二〇〇九）『長い二〇世紀―資本、権力、そして現代の系譜』作品社

アリギ・G、ホプキンス・T・K＆ウォーラーステイン・I／太田仁樹［訳］（一九九八）『反システム運動』大村書店

市田良彦（二〇一四）『存在論的政治―反乱・主体化・階級闘争』航思社

猪木武徳（二〇〇九）『戦後世界経済史―自由と平等の視点から』中央公論新社

ヴィルノ・P／酒井隆史［訳］（一九九七）「君は反革命をおぼえているか？」『現代思想』二五（五）、二五三―六九

ヴィルノ・P／廣瀬　純［訳］（二〇〇四）『マルチチュードの文法―現代的な生活形式を分析するために』月曜社

ヴィルノ・P／柱本元彦［訳］（二〇〇八）『ポスト・フォーディズムの資本主義―社会科学と「ヒューマン・ネイチャー」』人文書院

ウェブスター・F／田畑暁生［訳］（二〇〇一）『「情報社会」を読む』青土社

植村博恭・宇仁宏幸・磯谷明徳・山田鋭夫［編］（二〇一四）『転換期のアジア資本主義』藤原書店

ヴェルチェッローネ・C（二〇一〇）「価値法則と利潤のレント化」フマガッリ・A＆メッザードラ・S［編］／朝比奈佳尉・長谷川若枝［訳］『金融危機をめぐる10のテーゼ―金融市場・社会闘争・政治的シナリオ』以文社

ヴェルチェッローネ・C／沖　公祐［訳］（二〇一一）「形式的包摂から一般的知性へ―認知資本主義テーゼのマルクス主義的読解のための諸要素」『現代思想』三九（三）、五〇―六九

海妻径子（二〇一三）「認知資本主義は婚姻制度を必要とするか―ポスト・フォーディズムにおける蓄積・消費・労働力

再生産とジェンダー」『現代思想』四一（一二）、八二-九三
小倉利丸（一九八五）『支配の「経済学」』れんが書房新社
オルレアン・A／坂口明義・清水和巳［訳］（二〇〇一）『金融の権力』藤原書店
カー・N・G／村上　彩［訳］（二〇〇八）『クラウド化する世界―ビジネスモデル構築の大転換』翔泳社
ガードナー・H／佐伯　胖・海保博之［監訳］（一九八七）『認知革命―知の科学の誕生と展開』産業図書
ガタリ・F／杉村昌昭［訳］（一九八八）『分子革命―欲望社会のミクロ分析』法政大学出版局
カリネスク・M／富山英俊・栂　正行［訳］（一九八九）『モダンの五つの顔―モダン・アヴァンギャルド・デカダンス・キッチュ・ポストモダン』せりか書房
クリステンスン・P・H／北川亘太・山本泰三［訳］（二〇一五、二〇一六）「挑戦支援型福祉国家の発展に向けて―試行錯誤をいとわない経済活動を支えるために」『四天王寺大学紀要』六三・六四
クレーリー・J／石谷治寛［訳］（二〇一五）『24／7―眠らない社会』NTT出版
コリア・B／花田昌宣・斉藤悦則［訳］（一九九二）『逆転の思考―日本企業の労働と組織』藤原書店
斉藤日出治（二〇一〇）『グローバル化を超える市民社会』新泉社
酒井隆史（二〇〇一）『自由論―現在性の系譜学』青土社
佐々木夏子（二〇〇九）「認知資本主義」VOL collective［編］『VOL lexicon』以文社、一三〇-一
佐々木正人（一九九四）『アフォーダンス―新しい認知の理論』岩波書店
下條信輔（一九九六）『サブリミナル・マインド―潜在的人間観のゆくえ』中央公論新社
下條信輔（一九九九）『意識とは何だろうか―脳の来歴、知覚の錯誤』講談社
下條信輔（二〇〇八）『サブリミナル・インパクト―情動と潜在認知の現代』筑摩書房
ダベンポート・T・H＆ベック・J・C／高梨智弘・岡田依里［訳］（二〇〇五）『アテンション！―経営とビジネスのあたらしい視点』シュプリンガーフェアラーク東京
チェン・D（二〇一二）『フリーカルチャーをつくるためのガイドブック―クリエイティブ・コモンズによる創造の循環』フィルムアート社
ドゥルーズ・G／宮林　寛［訳］（二〇〇七）「追伸―管理社会について」『記号と事件』河出書房新社
ドーア・R（二〇一一）『金融が乗っ取る世界経済―21世紀の憂鬱』中央公論新社
徳丸宜穂（二〇一二）「新興国知識集約型産業における知識と人材のマネジメント―インドIT産業における産業クラスターと企業」『経済科学』六〇（四）、一二九-四九
中山智香子（二〇一三）『経済ジェノサイド―フリードマンと世界経済の半世紀』平凡社
西川　潤（二〇一四）『新・世界経済入門』岩波書店
西部　忠（二〇一四）「情報化とサービス化の複合傾向としての脱工業化」『知識共創』四
ネグリ・A／清水和巳・小倉利丸・大町慎浩・香内　力［訳］

（二〇〇三）『マルクスを超えるマルクス―『経済学批判要綱』研究』作品社
ネグリ・A&ヴェルチェッローネ・C／長原 豊［訳］（二〇一一）「認知資本主義における〈資本―労働〉関係」『現代思想』三九（三）、四〇-九
ネグリ・A&ハート・M／水嶋一憲・酒井隆史・浜 邦彦・吉田俊実［訳］（二〇〇三）『帝国―グローバル化の世界秩序とマルチチュードの可能性』以文社
ネグリ・A&ハート・M／水嶋一憲・市田良彦［監修］幾島幸子［訳］（二〇〇五）『マルチチュード―「帝国」時代の戦争と民主主義［上］［下］』日本放送出版協会
ネグリ・A&ハート・M／水嶋一憲［監訳］幾島幸子・古賀祥子［訳］（二〇一二）『コモンウェルス―「帝国」を超える革命論［上］［下］』日本放送出版協会
ハーヴェイ・D／森田成也・木下ちがや・大屋定晴・中村好孝［訳］（二〇〇七）『新自由主義―その歴史的展開と現在』作品社
バーブルック・R&キャメロン・A／篠儀直子［訳］（一九九八）「カリフォルニアン・イデオロギー」『10+1』一三、一五三-六六
ハイデッガー・M／関口 浩［訳］（二〇〇九）「形而上学の超克」『技術への問い』平凡社
バウマン・Z&ライアン・D／伊藤 茂［訳］（二〇一三）『私たちが、すすんで監視し、監視される、この世界について―リキッド・サーベイランスをめぐる7章』青土社
服部茂幸（二〇一三）『新自由主義の帰結―なぜ世界経済は停滞するのか』岩波書店
服部茂幸（二〇一四）『アベノミクスの終焉』岩波書店
浜本隆志（二〇一三）『海賊党の思想―フリーダウンロードと液体民主主義』白水社
原 雅明（二〇一四）「ラップトップの政策環境が強いる〝何を選択するか〟」『ミュージック・マガジン』四六（一四）
半田正樹（二〇〇七）「〈情報化〉を視軸に現代資本主義をみる」『季刊経済理論』四四（二）、五-一七
フーコー・M／田村 俶［訳］（一九七七）『監獄の誕生―監視と処罰』新潮社
フーコー・M／渡辺守章［訳］（一九八六）『知への意志』新潮社
フーコー・M／高桑和巳［訳］（二〇〇七）『安全・領土・人口―コレージュ・ド・フランス講義1977-1978年度』筑摩書房
フーコー・M／慎改康之［訳］（二〇〇八）『生政治の誕生―コレージュ・ド・フランス講義1978-1979年度』筑摩書房
プチ・P／平野泰朗［訳］（一九九一）『低成長下のサービス経済』藤原書店
フマガッリ・A／柴田 努［訳］「バイオ資本主義とベーシック・インカム」『現代思想』三八（八）、九五-一〇九
フマガッリ・A&メッザードラ・S［編］／朝比奈佳尉・長谷川若枝［訳］（二〇一〇）『金融危機をめぐる10のテーゼ―金融市場・社会闘争・政治的シナリオ』以文社
フマガッリ・A&ルカレッリ・S／木下ちがや［訳］（二〇〇七b）「認知資本主義下におけるベーシック・インカムと対抗権力」『VOL』二、三八-五一

ベラルディ・F／廣瀬 純・北川眞也［訳］（二〇一〇）『NO FUTURE—イタリア・アウトノミア運動史』洛北出版
ベラルディ・F／櫻田和也［訳］（二〇〇九）『プレカリアートの詩—記号資本主義の精神病理学』河出書房新社
ベル・D／林 雄二郎［訳］（一九七六）『資本主義の文化的矛盾』講談社
ホール・P&ソスキス・D／安孫子誠男・宇仁宏幸・遠山弘徳・藤田菜々子・山田鋭夫［訳］（二〇〇七）『資本主義の多様性』ナカニシヤ出版
ホルクハイマー・M&アドルノ・T／徳永 恂［訳］（一九九〇）『啓蒙の弁証法—哲学的断想』岩波書店
ボルタンスキー・L&シャペロ・E／三浦直希・海老塚 明・川野英二・白鳥義彦・須田文明・立見淳哉［訳］（二〇一三）『資本主義の新たな精神』［上・下］ナカニシヤ出版
ボワイエ・R／山田鋭夫［訳］（一九九〇）『レギュラシオン理論—危機に挑む経済学』藤原書店
ボワイエ・R／中原隆幸・新井美佐子［訳］（二〇〇七）『ニュー・エコノミーの研究—21世紀型経済成長とは何か』藤原書店
マイヤー＝ショーンベルガー・V&クキエ・K／斎藤栄一郎［訳］（二〇一三）『ビッグデータの正体—情報の産業革命が世界のすべてを変える』講談社
マラッツィ・C／多賀健太郎［訳］（二〇〇九）『現代経済の大転換—コミュニケーションが仕事になるとき』青土社
マラッツィ・C／柱本元彦［訳］（二〇一〇a）『資本と言語—ニューエコノミーのサイクルと危機』人文書院
マラッツィ・C（二〇一〇b）「金融資本主義の暴力」、フマガッリ・A&メッザードラ・S［編］／朝比奈佳尉・長谷川若枝［訳］『金融危機をめぐる10のテーゼ』以文社
マラブー・C／桑田光平・増田文一朗［訳］（二〇〇五）『わたしたちの脳をどうするか—ニューロサイエンスとグローバル資本主義』春秋社
マルクス・K／資本論草稿集翻訳委員会［訳］（一九八一-一九九七）『マルクス資本論草稿集 1857-58の経済学草稿Ⅰ・Ⅱ』大月書店
メイソン・M／玉川千絵子・鈴木沓子・鳴戸麻子・八田真行［訳］（二〇一二）『海賊のジレンマ—ユースカルチャーがいかにして新しい資本主義をつくったか』フィルムアート社
毛利嘉孝（二〇〇三）『文化＝政治』月曜社
八木紀一郎（二〇〇六）『社会経済学—資本主義を知る』名古屋大学出版会
山田鋭夫（一九九三）『レギュラシオン理論—経済学の再生』講談社
山田鋭夫（二〇〇八）『さまざまな資本主義—比較資本主義分析』藤原書店
山本泰三（二〇一一）「コミュニケーションの動員—認知資本主義論についてのノート」『季報唯物論研究』一一六
山本泰三（二〇一三）「貨幣というメディア」遠藤英樹・松本健太郎・江藤茂博［編］『メディア文化論』ナカニシヤ出版
山本泰三（二〇一六）「貨幣の非物質化—クレジットカードと認知資本主義」松本健太郎［編］『理論で読むメディア文化』新曜社
山本泰三・北川亘太（二〇一六）「A・ネグリにおける価値と

労働―予備的検討」進化経済学会第二〇回大会報告
山森 亮（二〇〇九）『ベーシック・インカム入門―無条件給付の基本所得を考える』光文社
ラジャン・K・S／塚原東吾［訳］（二〇一一）『バイオ・キャピタル―ポストゲノム時代の資本主義』青土社
ラッツァラート・M／村澤真保呂・中倉智徳［訳］（二〇〇八）『出来事のポリティクス―知‐政治と新たな協働』洛北出版
ラッツァラート・M／杉村昌昭［訳］（二〇一二）『〈借金人間〉製造工場―〝負債〟の政治経済学』作品社
ラッツァラート・M／杉村昌昭・松田正貴［訳］（二〇一五）『記号と機械―反資本主義新論』共和国
ルラーニ・E／田崎慎吾［訳］（二〇〇一）「知識資本主義―デジャヴか?」『現代思想』二九（一）、一四二‐七
レブ・B／広瀬義州・桜井久勝［訳］（二〇〇二）『ブランドの経営と会計―インタンジブルズ』東洋経済新報社
若森章孝（二〇一三）『新自由主義・国家・フレキシキュリティの最前線―グローバル化時代の政治経済学』晃洋書房
OECD／水元豊文［訳］（一九九九）『知を計る―知識経済のための人的資本会計』インフラックスコム
OECD／高橋しのぶ［訳］（二〇一二）『OECD科学技術・産業スコアボード2011年版』明石書店
UNCTAD（国連貿易開発会議）／明石芳彦・中本 悟・小長谷一之・久末弥生［訳］（二〇一四）『クリエイティブ経済』ナカニシヤ出版
Bounfour A. (2005). Modeling and reporting intangibles in the knowledge economy: A European perspective, presented for RIETI Conference on Corporate Value Creation Through the Strengthening of Intellectual Asset Management, Tokyo, 30 November 2005.
Fumagalli A. & Lucarelli S. (2007). A model of Cognitive Capitalism: a preliminary analysis, *European Journal of Economic and Social Systems*, **20** (1) 117–33.
Fumagalli A. & Lucarelli S. (2010). Cognitive Capitalism as a Financial Economy of Production, in A. Fumagalli, C. Vercellone and V. Cvijanovic´ (eds.), *Cognitive Capitalism and its Reflections in South-Eastern Europe*, Peter Lang.
Lotringer S. & Marazzi C. (ed.) (2007). *Autonomia: Post-political politics. Semiotext* (e).
Lucarelli S. & Vercellone C. (2013). The thesis of Cognitive Capitalism. New research perspectives. An introduction. *Knowledge Cultures*, **1**(4), 15-27.
Moulier-Boutang Y. (2008). *Le capitalisme cognitif: La nouvelle grande transformation*, Paris: Éditions Amsterdam.
Virno P. & Hardt M. (ed.) (1996). *Radical thought in Italy*, University of Minnesota Press.
Yamamoto T. (2013). Cognitive Capitalism and The New Spirit of Capitalism: An attempt of brief comparison, presented for the European Association for Evolutionary Political Economy 2013 Conference at University of Paris 13.

## 【コラム1】認知資本主義の論者たちとその周辺、日本への紹介

山本泰三

認知資本主義（英：cognitive capitalism, 仏：capitalisme cognitif, 伊：capitalismo cognitivo）を論じるY・ムーリエ＝ブータン、A・フマガッリ、C・ヴェルチェッローネ、C・マラッツィ、M・ラッツァラートらは、おおむねフランスの思想誌である『マルチチュード』（*Multitudes*）周辺の人脈であるとみてよいだろう。『前未来』（*Futur Antérieur*）誌を前身として二〇〇〇年に創刊された『マルチチュード』誌の基本的な性格は、イタリアのラディカルな左派の運動であったオペライスモやアウトノミアの系譜と、近代哲学や近代社会を根底から問い直したフランスのポスト構造主義（G・ドゥルーズ、M・フーコーなど）の合流として理解できる。その動向の中心人物の一人がA・ネグリである。ゆえにネグリ&ハートの著書『帝国』、『マルチチュード』などと認知資本主義論は、同様の諸概念にもとづき構成されている。また、やはりイタリアの運動を経験してきたP・ヴィルノやF・ベラルディなどの仕事も、基本的観点の多くを共有している。もちろん、彼らの主張がまったく同一というわけではない。とくに近年のラッツァラートは認知資本主義論に対して批判的な立場をとっており、その論点は興味深い（とはいえ本書では個々の議論の相違に立ち入ることよりも、認知資本主義論のベースとなっている問題意識を受け止めてわたしたちの文脈に持ち込むことを優先している）。認知資本主義論のはじまりについては本書第一章に詳しい。

日本語訳で登場した最初期の認知資本主義論の文献は、ルラーニ（二〇〇一）およびルラーニとコルサーニ（二〇〇一）だと思われるが、そこではcapitalisme cognitifが「知識資本主義」と訳されている。ネグリ『帝国をめぐる五つの講義』（二〇〇四）では、「認知的資本主義」という訳語で言及がみられる。フマガッリとルカレッリ（二〇〇七）の翻訳によってまとまったかたちで認知資本主義論が紹介されて以降は、論者たちの書籍や論文が数多く訳されてきた。日本語で読める認知資本主義の論集としては、二〇〇八年の金融危機に際して編まれたフマガッリとメッザードラ（二〇一〇）、および『現代思想』の「特集＝認知資本主義とは何か―転換する世界経済」（二〇一一）がある。また、佐々木（二〇〇九）は認知資本主義のコンパクトな解説を提供している。

本書では、認知資本主義論を検討し現代の社会・経済システムについて考察するにあたり、関連する諸研

究を積極的に援用している。まず、日本でもよく知られるレギュラシオン学派は、とくに経済システムの分析枠組みに関して認知資本主義論に強い影響を与えており、認知資本主義そのものの性格づけにおいてもボワイエ（二〇〇七）がたびたび引用されている。次にコンヴァンシオン理論であるが、とりわけボルタンスキー&シャペロの『資本主義の新たな精神』が示す現代資本主義の像は、視点はやや異なるものの認知資本主義論に親近的であり（本書第三章）、A・オルレアンの金融論はマラッツィらに参照されている（本書第十章）。ほかにもG・アリギの重要な仕事などがあるが、いちはやく近代的権力の変化の兆候を捉え認知資本主義論にインスピレーションを与えた著作として、G・ドゥルーズの「管理社会について」もここで挙げておくべきだろう（ドゥルーズ 二〇〇七）。

【引用・参考文献】

佐々木夏子（二〇〇九）「認知資本主義」VOL collective［編］『VOL lexicon』以文社、一三〇-一
ドゥルーズ・G／宮林 寛［訳］（二〇〇七）「追伸—管理社会について」『記号と事件』河出書房新社
ネグリ・A／小原耕一・吉澤 明［訳］（二〇〇四）『〈帝国〉をめぐる五つの講義』青土社
フマガッリ・A&メッザードラ・S［編］／朝比奈佳尉・長谷川若枝［訳］（二〇一〇）『金融危機をめぐる10のテーゼ—金融市場・社会闘争・政治的シナリオ』以文社
フマガッリ・A&ルカレッリ・S／木下ちがや［訳］（二〇〇七b）「認知資本主義下におけるベーシック・インカムと対抗権力」『VOL』二、三八-五一
ボルタンスキー・L&シャペロ・E／三浦直希・海老塚明・川野英二・白鳥義彦・須田文明・立見淳哉［訳］（二〇一三）『資本主義の新たな精神』［上・下］ナカニシヤ出版
ボワイエ・R／中原隆幸・新井美佐子［訳］（二〇〇七）『ニュー・エコノミーの研究—21世紀型経済成長とは何か』藤原書店
ルラーニ・E／田崎慎吾［訳］（二〇〇一）「知識資本主義—デジャヴか?」『現代思想』二九（一）、一四二-七
ルラーニ・E&コルサーニ・A／長原 豊［訳］（二〇〇一）「知識の生産とポストフォーディズムにおける価値」『現代思想』二九（一）、一四八-五八
『現代思想』第三九巻第三号（2011年3月号）、青土社

# 第一章　認知資本主義
## ——マクロレジームとしての特徴と不安定性[1]

内藤敦之 *NAITO Atsushi*

### 一　はじめに

認知資本主義論は、日本に紹介されてから数年が経過しているが、その重要な特徴や意義は必ずしも十分に理解されているとはいいがたい。その理由の一つは、この理論自体が非常に多くのものを含み、また、さまざまな関連する分析の影響を受けて登場しているからである。実際、主要な構成要素としては、非物質的労働、情報通信技術の発展、グローバリゼーション、経済における知識の重要性、金融化、格差の拡大、ネオ・リベラリズム的政策といったテーマが存在し、他方で、マルチチュード論、進化経済学、レギュラシオン理論、ポスト・ケインジアン理論などの影響を受けている。このように認知資本主義論はさまざまな理論の影響を受けた現代の社会経済システムを記述する枠組として登場しているが、一国ごとのナショナルな枠組を前提とするならば、マクロ経済レジーム（＝体制）としての分析がその中心に位置している。近年の世界的な経済変動、すなわち、二〇〇〇年代の世界的な好景気とリーマン・ショック、その後の世界的な景気後退といった現象を分析するためには、マクロ的なレジーム論の理解が不可欠となっている。これは、近年のレジームがどのようになっているかという点だけでなく、また、マクロレジームとしての不安定性の要因という点の両方を考察しうる枠組であるという意味

（1）本章は、内藤（二〇〇九）とNaito（2013）をもとに、認知資本主義論の概要とその不安定性の分析を行っている。

でもある。そのため、本章においては、この理論の登場してきた背景にふれた上で、特にマクロ経済レジームとしての概要を検討した上で、その特徴としての不安定性に関して分析していく。

構成は以下の通りである。第二節では認知資本主義論の概要をその背景となる議論も含めて明らかにしている。第三節では認知資本主義レジームの不安定性の要因を主にマクロ経済的な面から検討している。第四節では結論を提示する。

## 二　認知資本主義論の概要

認知資本主義論とは何か。さまざまな要素から構成されているが、簡潔な定義としては、「知識経済の視点から資本／労働関係の歴史的発展を再読することを主張する研究課題」(Lucarelli & Vercellone 2013: 15) である。これは、言い換えると、新たな労働、すなわち、非物質的労働の登場によって誕生した新たなマクロ経済レジームを知識及び技術という視点から検討するという試みである。分析の方法としては、レギュラシオン理論のレジーム論を、ネグリ、ハートらのマルチチュード論による非物質的労働の分析によって基礎づけ、さらに知識・技術経済論的視点を導入している。くわしい内容に関してはそれぞれ、検討していくが、先にこの枠組の誕生の経緯について、簡潔にふれておく。

認知資本主義論は、フランスのレギュラシオン理論において、ポスト・フォーディズムの分析として誕生している。具体的には、一九九九年のシンポジウムを元にしたアザイスら (Azais, et al. 2001) に始まり、二〇〇二年にはコルサーニらのマニフェスト (Corsani et al. 2002) が発表されている[2]。このため、中心となる部分はレギュラシオン理論のマクロ経済レジーム論となっている[3]。以下では、マクロ経済レジーム論を中心にムーリエ＝ブータン (Moulier-Boutang 2008)、ルカレッリとフマガッリ (Lucarelli & Fumagalli 2008) に依拠しながら検討していく[4]。しかし、こういった枠組はネグリ、ハートらによる「非物質的労働」、「認知的労働」という概念を中心とする新たな労働に関する分析に基づいているため、最初に、新たな労働について簡潔に検討した上で、マクロ経済レジーム論の概要を説明する。

### 一　新たな労働

認知資本主義論は、すでに述べたように、レギュラシオン理論における新たな試みとして登場したが、一九九〇年代以降形成された新たなレジームへの移行の要因として、非物質的労働に注目するマルチチュード論を導入している。[5]マルチチュード論は経済的な面に限っても、非常に射程が広い議論ではあるが、ここでは新たな労働に関する点のみを扱う。[6]

マルチチュード論においては、労働の変容を非物質的労働という概念を中心に検討している。非物質的労働の定義は、「知識や情報、コミュニケーション、関係性、情緒的反応といった非物質的な生産物を創り出す労働である」（ネグリ&ハート 二〇〇五：上巻一八四）。非物質的労働は二つに分類される。第一に、「問題解決や象徴的・分析的な作業、そして言語的表現といった、主として知的ないしは言語的な労働」である。すなわち、認知的労働である。第二に、「もう一つの主要な形態は、「情動労働」と私たちが呼ぶものである。〔…〕情動労働とは、安心感や幸福感、満足、興奮、情熱といった情動を生み出した

（2）このマニフェストを執筆しているのは、七人であるが、ラッツァラートやムーリエ＝ブータンのように必ずしも、レギュラシオン理論を研究しているのではない人物も含まれている。そのため、理論的にはレギュラシオン理論の分析を中核としているものの、ネグリやハートなどのマルチチュード論を経済レジーム論として展開したとも解釈しうる。なお、ラッツァラートはその後、認知資本主義論を批判するようになり、負債を中心とした議論を展開している（ラッツァラート 二〇一二）。

（3）レギュラシオン理論において認知資本主義論が登場した背景は、以下のように考えられる。レギュラシオン理論は、フォーディズムの分析として登場したが、その後、一方では、国ごとの違いを重視する議論が登場し、いわゆる「資本主義の多様性論」の一つとして展開されるようになる。他方で、ポスト・フォーディズムの分析は、論者によりさまざまであったが、その一つとして認知資本主義論は位置づけられる。しかし、アグリエッタやボワイエなどとの違いは、一種の金融主導型レジームとして位置づける点ではなく、労働の変容を新たなレジームの重要な要因として位置づけている点であろう。けれども、レギュラシオン理論においては、労働のあり方と賃労働関係が最も重要な位置を占めていることを考慮すれば、認知資本主義論はみかけよりもレギュラシオン理論において正統的な地位を占めているとも考えられる。また、マクロレジーム論としては、ボワイエやアグリエッタとも大きな違いは存在しない。なお、レギュラシオン理論の概要及び歴史に関しては山田（二〇〇八）を参照せよ。

（4）認知資本主義論に関する他の文献としては、以下の文献を参照せよ（フマガッリ&ルカレッリ 二〇〇七、Fumagalli & Lucarelli 2007, Lucarelli & Fumagalli 2008, マラッツィ 二〇一〇、フマガッリ&メッザードラ 二〇一〇、Peters & Bulut 2011, Cvijanovic et al. 2010, Lebert 2012）。

（5）マルチチュード論に関しては、ネグリ&ハート（二〇〇三、二〇〇五、二〇一二）、ヴィルノ（二〇〇四）、マラッツィ（二〇一〇）を参照せよ。また、ネグリの議論の要約としては、廣瀬（二〇一三：一二五－一三二）を参照せよ。

り操作したりする労働を指す」（ネグリ&ハート 二〇〇五：上巻一八四、一八五）。すなわち、認知的労働といわゆる感情労働に分けられる。ただし、ここで注意する必要がある。というのは、「非物質的労働を伴う実際の仕事には、ほとんどの場合、この両方の形態が混在している。［…］さらに非物質的労働は必ずといっていいほど、物質的な労働形態と混ざり合う」。（ネグリ&ハート 二〇〇五：上巻一八五、一八六）

このような非物質的労働の特徴は、第一に、労働と余暇の区別が曖昧になっていることである。

「工業労働のパラダイムでは、労働者が生産するのはもっぱら工場での労働時間に限られていた。しかし生産の目的が問題の解決やアイディアまたは関係性の創出ということになると、労働時間は生活時間全体にまで拡大する傾向がある」[7]。（ネグリ&ハート 二〇〇五：上巻一九〇）

第二に、雇用形態が変化するだけでなく、多様化し、さらに就労状態と失業状態の区別も曖昧になる[8]（ネグリ&ハート 二〇〇五：上巻一九〇、二二〇、ラッツァラート 二〇〇八：三〇一）。

## 二　知識の役割と動学的規模の経済：認知資本主義レジームの特徴

認知資本主義の簡潔な定義はすでに紹介したが、ここでは、より詳細な定義を検討する。すなわち、

「認知資本主義は知識によって知識を、生きているものによって生きているものを生産する。それは直ちに生の生産、それゆえ、生生産である。新たな知識の生産は、物質的技術手段には還元されない知識の蓄積に基づいてしかなされ得ない。しかし、それは相互接続されたデジタル・ネットワークに動員される脳の集合的活動からしか生じ得ない。［…］認知資本主義によって特に動員されているものが労働力よりもむしろ発明－能力（invention-power）である限り、認知資本主義は人口の生産を通じて知識と生きているものを生産するように導かれている。この生命の生産は「生生産」と呼ばれうる。この「生生産」の制御を機能とする権力は、「生権力」と呼ばれるであろう。生きているものの知識と生きているものの生産の手段は現代の生産パラダイムの転換の中心である」[9]。（Moulier-Boutang 2008: 93）

以上のように、フーコーの生権力、生政治概念を用いているが、商品の生産ではなく、人間の生自体が生産の対象となる[10]。このように、生命が生産だけでなく、権力

（6）マルチチュード論は、さまざまな要素を含んでいるが、非物質的労働と生政治・生権力論以外で重要であるのは、やはり、マルクスからの影響、すなわち、労働の形式的包摂と実質的包摂の区別、さらに一般的知性概念であろう。マルチチュード論は、非物質的労働が経済学的には中心となる概念であるが、その基礎にあるのはマルクスの労働の形式的包摂と実質的包摂、一般的知性と、フーコーの生権力、生政治という議論である。ネグリの議論はイタリアのマルクス主義の伝統において形成されているが、認知資本主義論においてマルクス経済学の影響をどの程度重視すべきかは、論者によっても異なっている。ここでは、レギュラシオン理論と同様に、労働のありかたを中心に捉える点として、非物質的労働に注目し、また、知識の役割を重視するという点で、一般的知性にふれることにする。また、労働の形式的包摂と実質的包摂に関しては、マルクスの議論とは異なるという指摘も存在する（向井二〇一〇、二八二）。さらに、マルチチュード論における生権力、生政治概念は、フーコーによる使い方とは異なるという意見も存在する（金森二〇一〇、九六-一〇八）。すなわち、ネグリにおいては労働の実質的包摂と生権力、生政治がほぼ同じものとしてみなされている。ここでは、非物質的労働が重要な役割を果たしている状況を記述する概念としてはネグリによって拡張された生権力、生政治を用いることとする。

（7）裁量労働制の拡大はこの点を根拠にしている面も存在する。また、日本の場合は、フォーディズム的なシステムの下においても、いわゆる「トヨティズム」において、工場労働者でも、ＱＣ活動や「改善」に動員されており、この傾向は早くから存在していた。

（8）例えば、「パートタイム労働、不安定で断続的な労働（一部の期間は失業状態にある）、女性の労働、大企業で行われる多種多様な活動、従属労働や独立労働といったものは、もはや多くの場合、明確に区別することのができないものとなり、様々に混ざり合ったものになった」（ラッツァラート二〇〇八：三〇一）。また、労働の多様性により、労働者階級という概念の妥当性は失われ、その結果、いわゆる「産業予備軍」も存在しない。雇用の形態が多様化し、工場労働が中心でなくなっているため、ネグリなどは労働者階級概念は有効性を失ったと考え、その代わりに多様な労働者だけでなく失業者をも含むようなマルチチュード概念を導入している。さらに、非物質的な生産物の場合は、雇用、あるいは明確に就労していなくても生産が可能である。例えば、Linuxなどのオープンソースソフト開発の場合は、実際の労働の形態はさまざまであり、企業に雇用されて開発を行う場合から、無償で自発的に何らかの雇用の傍らで行う場合、さらには学生などが就労せずに行う場合なども存在する。ＣＧＭ（Consumer Generated Media）の場合も同様であるが、これを生み出す労働はほとんどの場合は無償であり、さらに企業が一種の「囲い込み」によってそこから利潤を抽出していることもある。

（9）「発明-能力（invention-power）」はラッツァラート（二〇〇八）に由来する概念である。

（10）知識やコミュニケーションが労働において重要になる結果、労働者も単なる労働力ではなく、「一般的知性」となる。これはマルクスに由来する議論であるが、ネグリとハートは「一般的知性は、蓄積された知、技術、ノウハウによって創造された集団的、社会的知性」（ネグリ＆ハート二〇〇三：四五五）であると定義している。認知資本主義論における議論としては、ヴェルチェッローネ（二〇一一）が存在する。

の対象となっているという点が問題であり、その理由は、非物質的労働が労働の中心となってきていることに求められている。そこで、非物質的労働がどのような役割を果たしているかを検討するためには、マクロ経済における知識とイノヴェーションの機能及び作用についての考察が必要となる。

認知資本主義レジームにおいては、非物質的労働が中心に位置するため、知識が重要となる。例えば、「認知資本主義という言葉は、知識の利用と剰余の蓄積の間のつながりをよりよく捉えている。[…] 蓄積過程の中心は、物質的商品から非物質的商品へと移行している」(Lucarelli & Fumagalli 2008: 77)。すなわち、非物質的労働によって生み出される非物質的商品の一つとして、知識が存在する。知識が重要になったもう一つの理由としては、「非物質的なものの重要性は、新情報通信技術、それゆえ、データのデジタル化に依存している」(Moulier-Boutang 2008: 86) という点である。

他方、現代の経済においては、イノヴェーションの重要性が学術的な分析においてだけでなく、企業経営や国家の政策における重要課題として取りあげられているのはいうまでもないであろう。イノヴェーションにおいては知識が重要な役割を果たしている。すなわち、「産業資本の価値実現において取り込まれた知識と科学は、戦略的な場、すなわち、システムの主導的部分となる。……科学と知識はイノヴェーションの可能性を条件づける」(Moulier-Boutang 2008: 86)。さらに、知識との関係に関しては、「技術進歩は、[…] 新情報通信技術によって特徴づけられる社会技術的システムの形態を取る。知識の専有(情報の獲得よりもはるかに複雑な現象)と技術の使用は技術進歩とイノヴェーションの決定変数である」(Moulier-Boutang 2008: 87)。ここでは、単に知識が技術進歩の基礎にあるというだけでなく、知識の専有がイノヴェーションに影響を与えている点が指摘されているが、後でふれるように知的所有権の問題とも関係し、複雑になっている。

フォーディズムのマクロ経済レジームについては次節でよりくわしく説明するが、そこでは、規模の経済性が大量生産‐大量消費の基礎となっていた。しかし、認知資本主義レジームにおいては、二つの新たな規模の経済が存在する。すなわち、「動学的な学習の経済(経験による学習、利用による学習など)」と「一定の領域に影響し、知識の拡散を増大させうる現存するネットワークと能力に関連する新たな空間の経済」である。動学的な学習の経済は、「情報通信技術の特徴に厳密に依存する」(Lucarelli & Fumagalli 2008: 78)。この二つの新たな規模の経済の両方に知識は関わっているが、情報通信技術の発達も新たな空間とネットワークの経済の前提となっている。というのは、新たな空間の経済における領域は物理的なものだけでなく、情報通信技術の発達によって生み出されたインターネット上に存在するヴァーチャルなネットワークをも意味するからである。

このように知識が新たな規模の経済に影響を与えているが、知識の影響を考えるためには知識の普及を測定する必要が存在する。しかし、知識の普及を直接的に測定することは困難であるため、「知識の有効性（機会）、経済システムにおける利用の広がりと増加（累積性）、知識の私的専有（専有可能性）」といった点から評価する必要がある。これらの四種の要因は、「知識学習過程（λ）とネットワーク経済（k）の両方を」（Lucarelli & Fumagalli 2008: 78）決定する。

「変数λは、累積性、機会、専有可能性の程度に依存する。一般に、機会は期待利潤率（Pe）として定義される。[…] 変数kは所得水準（Y）と正の外部性（E）に依存すると仮定されている。[…] λは知的所有権によって制約される」。（Lucarelli & Fumagalli 2008: 78, 79）

ここまでの議論を知識を中心としたマクロ経済的関係として要約すると以下のようになる。マクロ的な投資は前期の所得によって決定され、知識学習過程（λ）とネットワーク経済（k）は投資によって影響される。ネットワーク経済は所得の増大と外部性の効果によって刺激され、他方で、知識学習過程は期待利潤率の増大によって刺激され、強力な知的所有権によって弱められる。これらの二つの経済による作用は利潤と所得を増大させ、認知資本主義における知識に基づいた好循環を生み出している。

認知資本主義においては、知識に基づく他の重要なマクロ経済的関係が存在する。すなわち、「知識の累積性とその普及の速度は、必然的に規模に関する収穫逓増を意味する」（Lucarelli & Fumagalli 2008: 78）。規模に関する収穫逓増が知識の性質から導かれる認知資本主義の重要な特徴となっている。また、学習とネットワークの経済により、生産性が上昇し、生産性と投資の間には正の相関が存在する。これらの新たな規模の経済は研究開発活動と知識の普及を通じて実現される。ここでは、この過程を動学的なカルドア・フェルドゥーン法則として位置づけている。[11]

(11) カルドア・フェルドゥーン法則は労働生産性と産出量の間の正の相関関係を示している。なお、フェルドゥーンの原著論文の英訳は以下に収められている（McCombie et al. 2002）。

マクロ経済への知識の影響については分析したが、非物質的労働と知識の関係も分析する必要が存在する。認知労働と知識の発達によって、資本と労働の間の伝統的な区別は曖昧になっている（Moulier-Boutang 2008: 89）。知識の生産性を計測するために、認知的投入を四種類に分ける必要がある。「すなわち、ハードウェア（機械）、ソフトウェア（コンピューター過程）、ウェッブウェア（注意と脳の活動）、ネットウェア（コンピューター過程と脳の活動によってシミュレートされたネットワーク）である」[12]（Lucarelli & Fumagalli 2008: 83）。ここで、ウェッブウェアとネットウェアは認知労働に結びついている。くわしい関係を述べると、ウェッブウェアは注意と脳の活動であるが、それと個々の生きた労働によって生商品（living commodity）と知識商品が生み出される[13]。ここでは学習の外部性が作用し、収穫は一定あるいは逓増する。他方、ネットウェア（netware）を投入として認知的で協同的分業でもある集団的な生きた労働によって集団的商品（collective commodity）と知識商品が生産される。ここではネットワーク的な外部性が作用する結果、収穫は逓増する。このように、認知的投入によって生み出される商品の場合、学習とネットワークの外部性によって収穫は逓増する可能性が高く、動学的なカルドア・フェルドゥーン法則が成立することになる。

労働の変容と生産には密接な関係が存在するが、特に、企業と企業間の組織には変化がみられる。この変化は新たな情報通信技術の発展と知識の役割の変化によって生じている。

ポスト・フォーディズムにおいてはフォーディズム的な労働のあり方は変容せざるを得ない。例えば、スミス的な分業は再検討される必要がある。ムーリエ＝ブータンによると、「市場の規模との関連での専門化が、小ロット生産の世界においてその妥当性を失っている。すなわち、「バラエティーの経済」である」[14]（Moulier-Boutang 2008: 87, 88）。小ロット生産は需要の不確実性に対応する方法であり、生産システム全体としては、柔軟で無駄のない（lean）システムが志向されることになる。この新たな生産システムは、特にいわゆるトヨタ生産システムが典型的であるが、新たな情報通信技術を通じて可能となっている。このシステムは需要の不確実性に対応するために発展してきたが、他方で、無駄のない生産は柔軟な雇用を必要とし、後で述べるように、それ自体不安定性の要因となっている[15]。

## 三　フォーディズムのマクロ経済レジーム

認知資本主義のマクロ経済レジームを説明する前に、ポスト・フォーディズムとしての認知資本主義の特徴を分析するために一九五〇、六〇年代のフォーディズムのレジームを説明する必要がある。フォーディズムの特徴は通常、以下のように説明されている。第一に、労働の分業は、構想と実行を分離するテイラー主義に基づいており、生産における組織は階層的なものが主流となっている。第二に、ある特定のマクロ経済学的な関係が存在し、それが労働者への上昇した生産性による利益の分配を通じて有効需要の増大を保証していた点である。このマクロ的な関係は以下で説明する。第三に、標準化された耐久消費財の大量生産と大量消費が蓄積体制を支え、そして団体交渉制度と福祉国家が再分配を維持する制度を構成する（Lucarelli & Fumagalli 2008: 75）。

マクロ経済的連関、あるいはフォーディズムの成長体制は、三種の経路から構成されている（図1-1）。第一のチャンネルにおいては、技術革新による生産性上昇は実質賃金を上昇させ、消費は実質賃金の増大によって刺激される。第二のチャンネルにおいては、増大した消費による投資の拡大は、生産性を上昇させる。他方で、消費の増大によってもたらされた総需要の増大は産出を増やす。第三のチャンネルにおいては、需要の増大は、収穫逓増や規模の経済性により、生産性を向上させる。これはいわゆる大量生産と大量消費を通じての経済成長である。

これらのマクロ的な連関は自動的に成立するものではなく、制度とそれによって規定されて決定される企業や

(12) ムーリエ＝ブータン（Moulier-Boutang 2003: 2008）においては、ウェッブウェア（webware）ではなくウェットウェア（wetware）となっている。また、この分類は、ネルソンとローマー（Nelson & Romer 1998）におけるハードウェア、ソフトウェア、ウェットウェアの三分類にネットウェアを付け加えたものである。そこでは、「ハードウェアは、生産において用いられる全ての非人間的対象、すなわち、設備と建造物のような資本財と土地と原材料のような自然資源の両方を含む。ウェットウェアは、人間の脳の「ウェット」なコンピューターに貯えられたものであり、主流派経済学者が研究してきた人的資源と進化理論家、認知科学者、哲学者が強調してきた暗黙知の両方を含む。対照的に、ソフトウェアは、脳の外部に存在する形態で貯えられうる知識あるいは情報を表す」（Nelson & Romer 1998: 51）と定義されている。

(13) 注意に関しては、ベラルディ（二〇〇九）において批判的な検討が成されている。

(14) バラエティーの経済に関しては、ボワイエ（二〇〇七）を参照せよ。

(15) サブプライム・ローン問題に端を発する景気の悪化に関して、日本では派遣、契約社員などの非正規雇用の削減が問題となったが、特にリーン生産方式を導入している自動車産業などが中心であるのは、この点と密接に関わっている。

労働者などのマクロ的集団の行動によって一定の様式として成り立っている。すなわち、マクロ的なチャンネルは制度やマクロ集団の行動によって常に調整されているのである。フォーディズムの場合、三種のチャンネルのそれぞれにおいて調整が行われている。第一に、生産性上昇に伴って賃金が増大するのは、生産性インデックス賃金として制度化、あるいは慣習化していたからである。この生産性インデックス賃金の背景には、日本の春闘などの団体交渉制度が存在し、労使の間に一定の妥協が成立していたからである。第二に、消費が増大すると、需要が増大し、需要の増大に刺激されて投資が拡大するのは、いわゆる加速度原理型の投資関数のように企業が行動していたからである。第三に需要の増大によって生産が増大するのは収穫逓増や規模の経済性が有効に作用していたからである。

このようなフォーディズムのレジームは比較的安定していたが、一九六〇年代後半から動揺し始め、一九七〇年代初めのニクソン・ショックと石油ショックによって完全に崩壊した。しかし、こういった事象はフォーディズムのレジームが終焉する契機に過ぎず、崩壊の要因としては、「労働組合闘争の増大、耐久消費財市場の飽和、原材料費の上昇」(Lucarelli & Fumagalli 2008: 76) といったものが存在する。

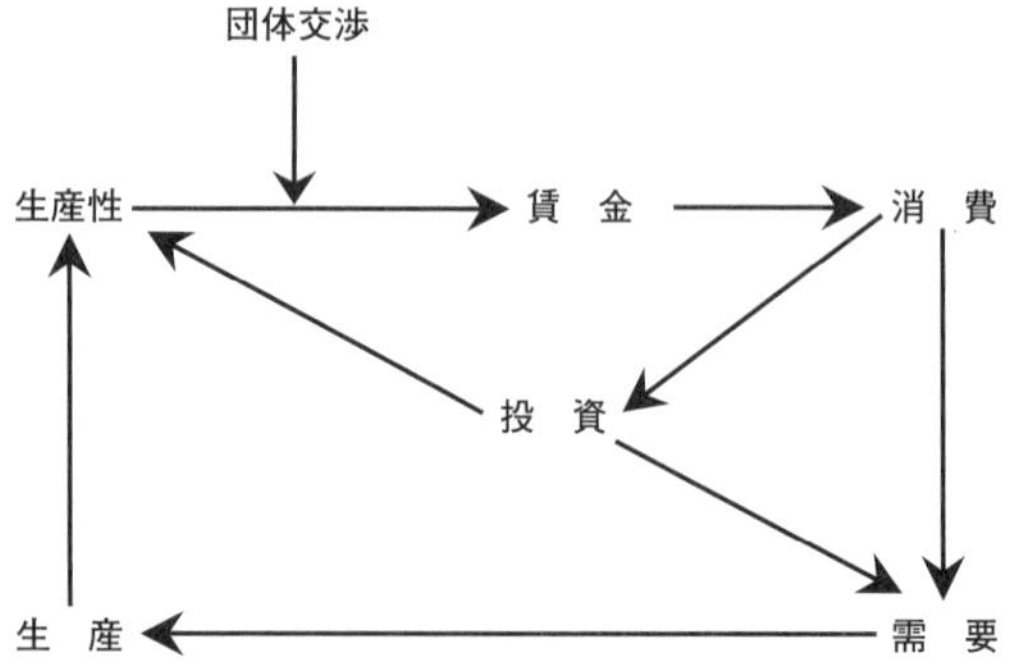


図 1-1　フォーディズム成長体制

## 四　認知資本主義レジーム

フォーディズムの崩壊後は、不安定なレジームのまま、しばらく推移していったが、一九九〇年代以降、新たなレジームと呼びうるものが登場している。さまざまな議論や分析が行われているが、例えば、レギュラシオン理論やポスト・ケインジアンにおいては金融主導型レジームと呼ばれるものが登場している。後で述べるように、金融の役割が増しているのは一九九〇年代以降の特徴であるが、単に金融が重要であるだけでなく、すでにみたように新たな情報通信技術と労働の変容に基づくマクロ経済的な連関が存在しているため、認知資本主義レジームとここでは呼んでいく（図1-2）。

このレジームの特徴は、第一に、非物質的労働と情報通信技術に基づく新たな規模の経済により、生産性が上昇する。ここでは、単に物質的な財だけではなく、非物質的財の生産が行われ、利潤とレントが生み出される(16)。利潤とレントから新たな投資が行われ、投資と動学的な規模の経済により、さらに生産性が上昇する。すなわち、フォーディズムにおけるのと同様に、好循環の可能性が存在している。

第二に、フォーディズムにおいては団体交渉制度に支えられた生産性インデックス賃金が生産性上昇の成果の分配を調整し、マクロ的好循環をもたらす役割を果たし

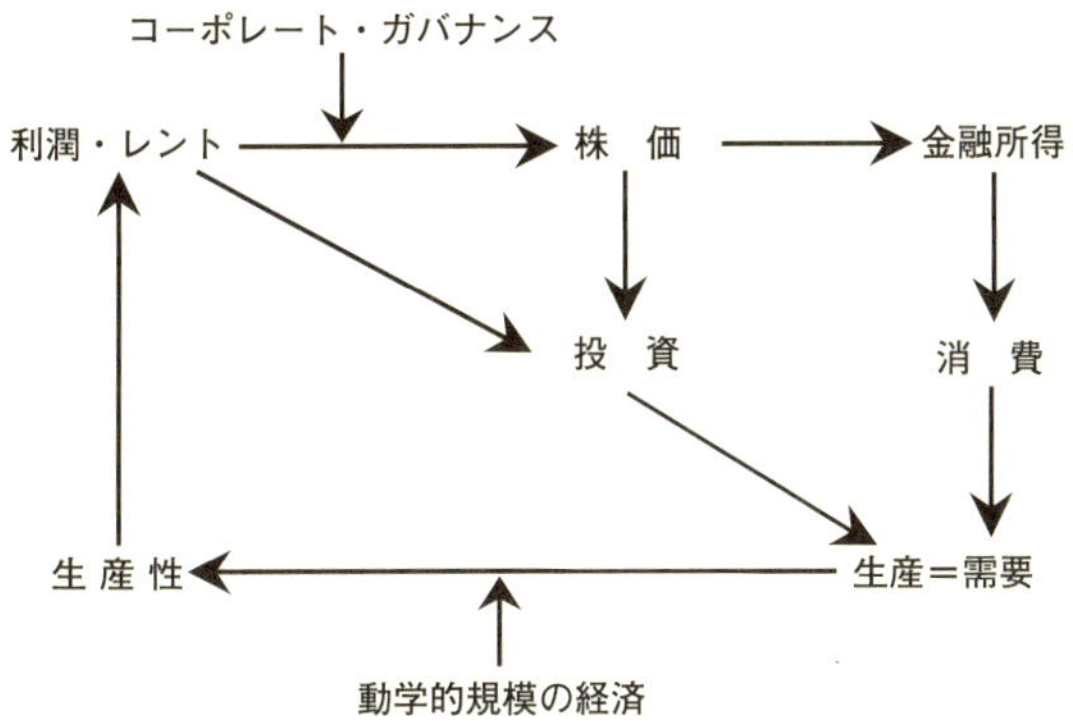


図 1-2　認知資本主義レジーム

ていた。しかし、認知資本主義においては、そのようなメカニズムは存在しない。調整のメカニズムは認知資本主義においては二つ存在する。第一に、コーポレート・ガバナンス、あるいは金融市場からの影響であるが、この点は後で詳細に検討する。第二に、ここでは生産性上昇に影響する点であるが、すなわち、過剰な知的財産権の主張が生産性に及ぼす効果である。

「認知資本主義の新しさは、不公平な所得分配、あるいはより低い所得水準が、知識を生み出す能力を低下させる恐れがある一方で、技術の過剰な専有可能性が知識と学習の普及の低下につながりうるということである」。(Lucarelli & Fumagalli 2008: 86)

不公平な所得分配に関してはこのレジームの不安定性に関するところで詳細に検討するが、他方で、知的財産権の取り扱いは、単に一企業レベルでの利益、競争力の問題に留まらず、一国レベルでのイノヴェーションにも関わる問題となりつつある。

以上のように、認知資本主義レジームにおいても、好循環の可能性は存在し、また、それに影響を及ぼす調整メカニズムについても検討した。しかし、次節で述べるように認知資本主義は本質的に不安定なシステムであり、以下の特徴は不安定性の原因とも成っている。すなわち、金融市場の果たす役割が増大している点である。フォーディズムとは異なり、認知資本主義レジームにおいては、生産性の上昇と賃金上昇の間には安定した関係は存在しないが、不安定な賃金所得と需要を補う役割を果たしている。「金融市場が総需要に対する乗数としての役割を果たし」(Lucarelli & Fumagalli 2008: 82) ている。金融は三種のマクロ経済的な経路において実際に作用している。第一に、資産市場を通じる経路である。例えば、株価や地価の上昇により、金融収益が増大し、その一部は家計の金融所得の増大となる。それによって、家計の消費が刺激され、需要も増大する。[17] 第二に、投資との関係は単純ではない。資産価格の上昇は投資を刺激するが、フォーディズムとは異なり、物的投資は抑制される可能性が存在する。というのは、物的投資からの収益は常に金融収益と比較されるからである。第三に、資産市場を通じた好循環の可能性が存在する。すなわち、資産価格の上昇によって刺激された消費と投資の増大は総需要を増大させ、さらに利潤を増大させる。この利潤の増大により資産価格はさらに上昇する。これが金融市場を通じるマクロ経済連関であり、コーポレート・ガバナンスによって調整されている。これは、資産価格の上昇が金融収益の増大をもたらす点に作用している。すなわち、証券市場の影響力が増大することによって、企業は配当を増大させたり、証券価格が増大するような経営を行うようになってきている。

　このように、認知資本主義レジームにおいては、動学的規模の経済と金融市場によって、好循環の可能性が存在し、実際、二〇〇八年のリーマン・ショック以前に実現していた。しかし、このレジームは本質的に不安定であり、それは金融危機だけでなく、その後の緩慢な景気回復によって示されている。不安定性については次節で詳細に検討するが、不安定性の要因に関してはここで簡潔に述べておく。第一に、労働と雇用の変容、特に非物質的労働の増大は不安定雇用と非正規雇用者の増大をもたらし、フォーディズムの集団交渉の衰退は生産性と賃金の間の安定的な関係を崩壊させている。その結果、生産性の大幅な上昇にもかかわらず、その成果は労働者には分配されず、所得の不平等が拡大傾向にある。そして、賃金は低迷し、消費水準は不安定で低水準となっている。第二に、成長の源泉の一つは資産市場価格の上昇であるが、資産価格インフレーションは恒常的なものではなく、それ自体不安定である。第三に、金融市場はグローバル化により、先進国においては資本移動が自由化されているため、国際金融市場と国内金融市場は連動するようになっている。このため、海外における金融の不安定性は国内経済に直接に影響を及ぼしやすくなっている。第四に、金融所得も賃金所得と同じく、二極化しているため、資産市場が成長している時に、金融所得からの消費需要の増大が小さくなる可能性も存在する。第五に、グローバリゼーションの進展はマクロ経済へ多くの影響を及ぼすようになっている。輸送費用の逓減と情報通信技術の発展によりアウトソーシングと生産のグローバル化が加速化しているが、先進国はBRICsのような新興工業国の高成長率に依存するようになっている。こういった新興国と日本とドイツのような一部の先進国は輸出主導型レジームとなっている[18]。

(16) 認知資本主義においては、単に利潤だけでなく、認知的労働によって生み出された財の一種の囲い込みからレントを獲得する傾向が強まっている。このレントに注目した議論はMarazzi（2011）とヴェルチェッローネ（二〇一〇）が展開しているが、市田他（二〇一二）も同種の議論である。

(17) いわゆる資産効果であり、リーマン・ショック以前のアメリカにおいては強く働いていた。日本においても「アベノミクス」による株価上昇によって観察されている。

## 三　認知資本主義レジームの不安定性

以上のように、認知資本主義レジームの特徴を検討してきたが、すでにある程度、ふれたように、このレジームは本質的に不安定であり、持続可能性にも乏しい。実際、二〇〇八年の金融危機と世界的な景気後退は不安定性を実証しているが、単に金融的に不安定であるだけでなく、その後の景気回復の緩慢さも、日本のように金融部門が比較的健全であった国においても現れている。ここでは、その不安定性をもたらす要因について分析する。不安定性の要因は、すでに現実化しているように、金融的な要因によるものと、景気回復の緩慢さをもたらすものの二種類が存在する。緩慢な景気回復をもたらす最大の要因は需要の弱さであり、さらにその原因は詳細に分析する必要があるが、ある意味では古典的である。それに対して、金融的な要因はその位置づけに関しては検討が必要である。というのは、金融危機自体は、資本主義的なシステムにおいては、繰り返し生じており、その意味ではどのレジームにおいても生じる可能性があるからである。むしろ、今回の金融危機をもたらした背景に注目すべきである。それは、さまざまな要因をともなってはいるが、一般に「金融化」と呼ばれる現象である。金融化は、このレジームが金融主導型の一種であるという点に深く関わっている。金融化現象がどのようにこのレジームに影響しているかを改めて検討する必要がある。このため、この節では、不安定性の要因である需要の弱さと金融化をそれぞれ検討していく。

### 一　需要の弱さ

金融に起因する不安定性を除けば、認知資本主義レジームの不安定性をもたらしているのは、「賃金－生産性ネクサスの欠如」(Lucarelli & Fumagalli 2008: 82) であり、これが需要の弱さの原因でもある。フォーディズムにおいては、生産性の上昇に応じて賃金が上昇する生産性インデックス賃金が制度化、あるいは慣習化しており、家計による安定した消費需要をもたらし、大量生産－大量消費を実現させていた。このいわゆるフォーディズム的妥協が崩壊したことは確かに、認知資本主義の不安定性の大きな要因ではあるが、需要の弱さをもたらしている要因は一つではないため、それぞれ、検討していく。

第一に、耐久消費財の普及や需要の飽和により、単純な大量生産がもはや困難であることは認知資本主義の特徴の一つである。このため、安定した需要が見込まれる状態ではないが、さらに、すでにふれたように、企業組織と雇用もそれに応じて変化している。これが第二の要因となっている。不安定な需要に対応するために、リーン生産方式が普及するだけでなく、フレキシブルな雇用、すなわち、非正規雇用が増大している。非正規雇用は正規雇用よりも低賃金であることが多いため、需要は小さくなるであろう。第三に、所得格差の拡大も需要の低迷の原因である。これは非正規雇用の増大も一因ではあるが、他方で、役員や経営幹部層の報酬の増大も原因となっている。これは賃金システムの問題であるが、認知資本主義においては、生産性を単なる物的なもので測るのは困難であり、また、不確実となっている。他方で、グローバルな競争の激化により、低い報酬は低賃金となって現れる。いずれにせよ、賃金は低く抑えられる傾向が存在する。第四に、賃金所得を補う所得再分配や福祉国家制度は、近年、機能低下しつつある。所得再分配や社会保障は、先進国においては未だに機能しているが、社会保障支出全体はネオリベラリズム的緊縮政策の下で抑制されている。第五に、こういった引き締め政策自体も、需要の弱さの原因となっている。引き締め政策は小さな政府と健全財政を目指す財政面での緊縮政策だけでなく、金融政策においても指向されている。というのは九〇年代以降の金融政策の目的はインフレーションの抑制であった。インフレーション目標政策は世界的に普及しているが、本来、デフレーショナリーな政策であり、完全雇用という目標は実際にはほぼ放棄されている。[19]

このように、認知資本主義レジームにおいては、フォーディズムにおいて存在した制度的要因が崩壊、あるいは弱体化したため、基本的に需要は弱くなっている。それでも、マクロ経済が一定の好循環をみせたのは、需要不足を穴埋めする金融所得と輸出需要が存在するからである。[20] しかし、どちらも金融市場と海外の景気に依存するという意味で不安定であり、レジーム全体としての不安定性は避けられ得ない。

## 二　金融化の役割

金融化は認知資本主義レジームの重要な特徴の一つで

(18) 認知資本主義レジームが金融主導型として厳密に成立していたのはアメリカなどに限定され、日本やドイツなどは輸出主導型と言うべきであろう。この点に関しては、山田（二〇一一：三六‐四三）を参照せよ。

(19) 近年の金融政策の動向とその批判的検討に関しては、以下の文献を参照せよ（Lavoie & Seccareccia 2004, Arestis et al. 2005, Epstein & Yelden 2009a, b, 内藤 二〇一〇、二〇一一b）。インフレーションを志向する最近の金融政策については別途検討すべきであろう。

(20) さらに、経営層への高報酬や金融所得による資産効果も存在する。

あるが、その内容と役割といった点については詳細な分析が必要である。このレジームにおける機能を考察するために、金融化の定義について検討する必要がある。というのは、この言葉の意味は広く、曖昧な点も存在するからである。エプシュタインによると、「金融化は金融的動機、金融市場、金融的な関係者、金融機関の役割が国内経済と国際経済の作用において増大することを意味する」(Epstein 2005: 3)。この定義も幅広いが、少なくとも、量的及び質的の二つの側面が存在する。金融化の量的な面はよく指摘されているが、ミンスキーの金融不安定性仮説によると、金融危機に先行して、金融バブルにともなって、金融面の量的拡大が生じ、金融危機後は、金融危機以前の水準にしばしば回帰する(ミンスキー 一九八八)。実際、リーマン・ショック以前に、アメリカやイギリスなどの先進国の一部においては金融部門は量的に拡大したが、しかし、日本は一九九〇年代初めのバブル崩壊以降、金融部門は縮小し、いまだにバブル崩壊前の水準に復帰していない(西二〇一二)。このように、量的な側面だけに注目すると、例えば、日本は金融化が進行していないということになる。けれども、日本においてさえ、金融化は進行しているといわれており、その分析を行うために質的な面を中心に分析を行う必要がある。

認知資本主義レジームにおける金融化に関してはさまざまな点が指摘されているが、最初に金融部門の変容に注目したフマガッリとルカレッリによる「金融的生産経済(financial economy of production)」論を検討する(Fumagalli & Lucarelli 2010)。これは、フォーディズムと認知資本主義における貨幣と金融のあり方の違いを説明する議論となっている。この議論は、信用貨幣を中心とする貨幣的循環理論の枠組の一つの拡張でもある。[21] 貨幣的循環理論の基本的な枠組は以図1-3の通りである。マクロ経済における貨幣の循環は、第一に、商業銀行が投資のための資金を必要としている企業に貸出を行うところから始まる。この貸出によって、預金が創造され、企業はその預金を支出して、生産を行う。この時、企業は労働者に賃金を支払う。労働者は受け取った賃金から企業の生産した生産物を購入し、企業は代金として売上を得る。企業は、受け取った収入を貸出の返済に用いる。この結果、貨幣は銀行へと還流し、返済により創造された預金は消滅し、貨幣の創造と消滅という循環の過程が完結する。この過程において、貨幣は内生的に創造される信用貨幣システムが記述されている。この枠組はかなり多くのものが捨象されているが、産業資本主義、あるいはフォーディズムの貨幣システムを表している。

貨幣は、ここでは商業銀行を通じる信用チャンネルのみが描かれている。しかし、現実には、他の貨幣供給の

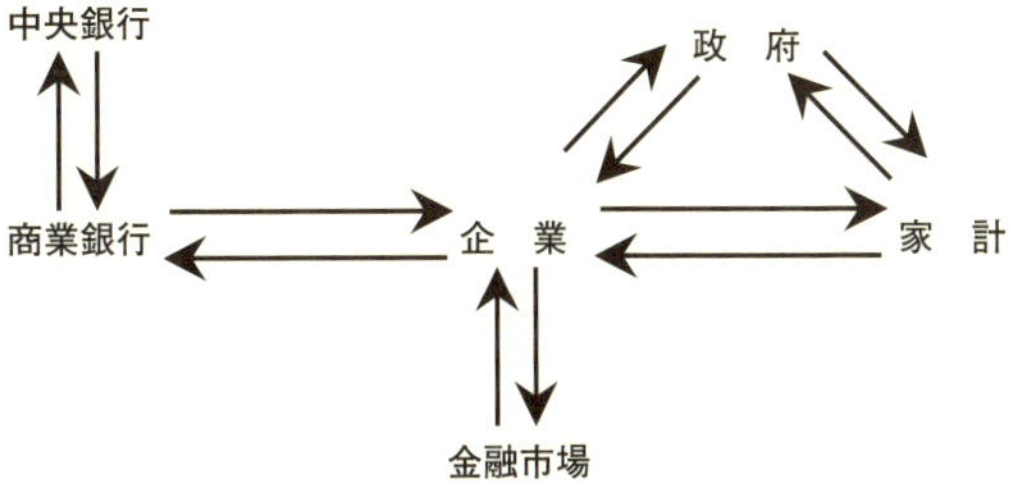


図 1-3　貨幣的循環理論の基本的枠組

経路が存在する（次頁図1-4）。第一に、信用チャンネルは、貨幣供給の多くが預金通貨であるという意味で、最も重要である。第二に、国家（財政）チャンネルである。これは財政支出及び国債の発行による貨幣供給である。拡張的な財政政策による貨幣の供給は有効需要を増大させ、経済活動を活発化させるが、景気が低迷している時には不足する有効需要を補うという意味で貨幣的循環の過程の終結において補完的な役割を果たしている[22]。第三に、国際収支チャンネルは、海外からの資金の流出入であり、近年はグローバリゼーションの深化にともなって大きな影響を国内経済に与えるようになっている。第四に、金融市場チャンネルは、金融投資目的で創造された貨幣を表している。これは、フォーディズム期にもすでに登場していたが、この経路の拡大が金融的生産経済の特徴である。

　金融的生産経済の最大の特徴は金融市場チャンネルの拡大である。金融市場チャンネルは、銀行から金融的投資目的で貸し出された貨幣を示しているが、フマガッリらは特に「市場の成長と支配戦略を追求し、またやっかいな競争相手を避けるための他の企業の買収合併（M&A）」（Fumagalli & Lucarelli 2010: 33）を強調している。金

（21）貨幣的循環の過程の詳細な説明に関しては、以下の文献を参照せよ（Rochon 1999, Graziani 2003, 内藤 二〇一一a）。

（22）国債は金融市場において最も安全な資産であるため、金融的投資の最も基本的な対象でもある。

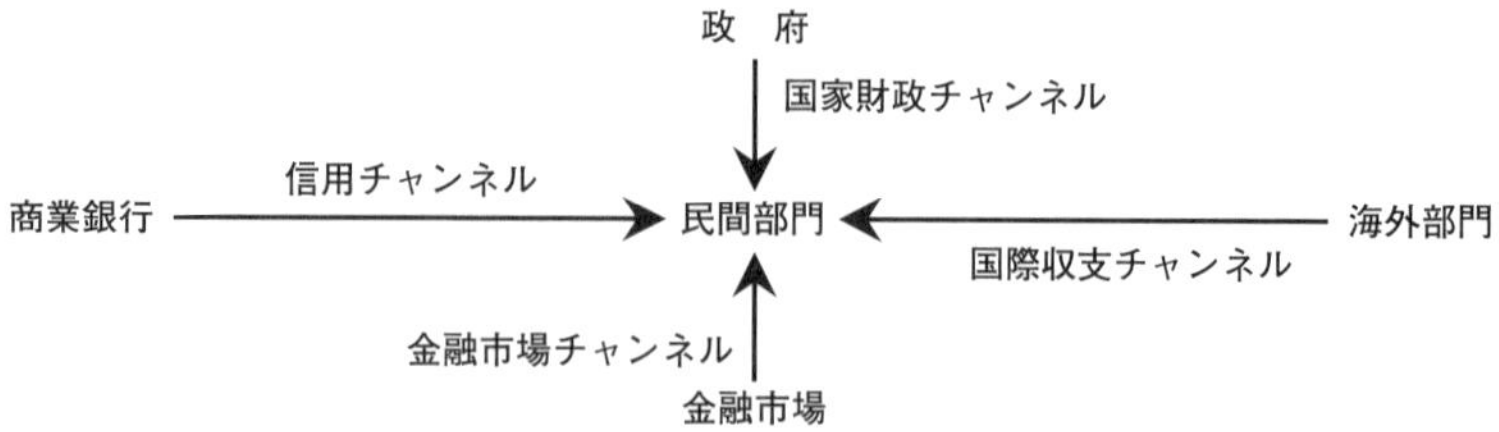


図 1-4　貨幣供給の経路

融市場チャンネルは、以前より存在していたが、その比重は低かったと思われる。というのは、金融的投資は主に余剰資金から行われていたからである。しかし、金融化の進展に伴って、企業のM&Aだけでなく、各種のファンドによる投資活動が活発化している。投資ファンドにおいては、銀行などから借り入れを行って、すなわち、レバレッジを掛けて、投資を行うことは一般的である。このように金融的投資も銀行からの借り入れに依存している。

金融的生産経済においては、第一に金融市場の発展は単にその量的拡大を意味するのではなく、マクロ経済全体への影響の増大として現れている。フォーディズムのような貨幣的生産経済の単純なモデルにおいては、金融市場の役割は補完的であり、また、貨幣的循環の終結に関わるのみであった。というのは、貨幣的生産経済においては、労働者が所得を全て消費しない場合、残りの貨幣は純粋信用経済においては全て預金される。このため、労働者は預金としての貯蓄を保有し、企業は売れ残りの生産物を抱え、負債を全ては返済し得ない。この時、企業が不足する額の社債を発行し、労働者がその社債を購入すれば、企業は残りの負債を返済しうる。これが金融市場の役割である。認知資本主義においては、企業は銀行だけでなく、金融市場からも借入れ、労働者は消費者信用に依存するようになっている。金融市場はまた、金融的投資の増大とともに拡大し、企業と投資家は金融市場に参加して、活発に金融商品を取引する。

第二に、金融的生産経済においては、国際金融市場からの影響が増大している。この点は、国際収支チャンネルによって供給される貨幣が国内経済に多大な影響を及ぼすようになっているということである。特に、海外からの直接投資はその国の評判（reputation）によって左右され、政策も国際金融市場による制約を意識せざるを得ない。グローバリゼーションは、金融市場チャンネルと国家財政チャンネルに関わっている。金融市場チャンネルにおいては、海外の投資が活発に取引を行っており、国家財政チャンネルに関しては、海外投資家の動向が重要となり、深刻な、いわゆるソブリン問題を引き起こす可能性も存在する。

金融的生産経済による分析は、基本的には信用と貨幣に基づいた金融化の分析であり、マクロ経済連関における金融化に関しては、不十分にしか検討し得ていない。そこで、改めて、この点を検討していく。ムーリエ＝ブータンによる金融化の位置づけは以下の通りである。

「金融は内在的な不安定性を「統治する」唯一の方法であるといいうる。たとえ、それが不安定性の新たな要因をもたらすとしても、そのことは長い間、知られてきたことであり、また、たとえ、グローバリゼーションにおけるファイナンスの比重が問題の規模だけでなく、金融に習慣的に割り当てられている再均衡の可能性を変化させるとしても、そうである」。（Moulier-Boutang 2008: 201-2）

金融は、経済全体を「統治する」役割を果たすようになっており、ムーリエ＝ブータンはいくつかの例を挙げている。第一に、金融市場による評価の一般化である。認知資本主義においては非物質的財と無形財産の生産が増大しているが、その評価は困難である。そのような財を評価するのに使われるのが、時価会計であり、金融市場におけるある時点の価格を用いている。もう一つの例は、「のれん」の概念である。のれんは、「株式取引における価値（「帳簿外の公正価値」）と会計帳簿によって決定された価値（「帳簿における」）との間の正の差を記録する」（Moulier-Boutang 2008: 207）。これらの例において、価値を決定することが困難であるものの価値を測定するために金融市場が導入されている。

第二に、第一の点とも関連しているが、不確実なものを評価するために金融市場における投機的な価格形成が参考にされる。すなわち、

「知識あるいは情報財の生産においては根本的な不確実性が存在する。［…］価格形成は、アンドレ・

オルレアンが金融投機における作用を強調したメカニズム、すなわち、主体間での共通の意見を形成するメカニズム、を借りている。［…］それゆえ、認知的財の価値形成と証券資産の金融的評価の間には強い相関が存在する[23]」。（Moulier-Boutang 2008: 212）

ムーリエ＝ブータンは例として、赤字のバイオテクノロジー企業の株式が、新興市場、あるいはナスダックのような第二市場において評価される場合を挙げている。この時、赤字であっても、その企業の価値は金融的投機を背景として、金融市場において決定されている。これは、評価の難しい財、商品を金融市場によってその価値を決定する方法である。この市場による価値の決定は、認知資本主義の労働システムにおいてもみられる。フォーディズムとは異なり、賃金は生産性とは関係せず、労働市場の需給関係に基づくようになってきている。また、非正規雇用は増大し、この種の雇用量も労働市場の短期的な需給関係によって影響される。単に非正規雇用が増大しただけでなく、「準従属的労働」も成長している。

「準従属的賃金労働、——あるいは自己雇用、第二世代の自律的労働——においては、雇用者への個人的な従属関係は消滅している。ここで、従属は供給契約規定を通じて維持されている。それは、労働法によって取り締まられる労働市場内にあるというよりもむしろ、商品市場内にあるのである[24]」。（Moulier-Boutang 2008: 209-10）

この種の雇用の増大は、市場メカニズムの拡大によるものと思われているが、こういった請負労働が増大した理由は単に競争の激化から雇用システムが変容しただけでなく、むしろ、労働の報酬の評価の困難さが原因でもあり、ここで検討している金融化の議論とも密接に結びついている。

ムーリエ＝ブータンによって指摘された金融化の役割は、認知資本主義における重要な要素であるが、金融化はマクロ経済のレジームを統治するという機能をも果たしている。これは、すでに述べたコーポレート・ガバナンスの議論である。金融化はマクロ経済のあらゆる点に影響し、その現象を金融的生産経済の枠組において分析したが、コーポレート・ガバナンスは企業の経営と賃金の決定に影響を及ぼす。このようなコーポレート・ガバナンスの機能はフォーディズムにおける労使の妥協と同じ機能を果たすだけでなく、決定的な役割を演じている。フォーディズムにおいては、労使の妥協は生産性インデックス賃金をもたらし、充分な需要と大量生産を保証していたが、認知資本主義レジームにおいては、コーポレート・ガバナンスの機能はより広く複雑である。コーポレート・ガバナンスは配当と賃金の水準の決定に影響を及ぼしうるが、これはマクロ経済レジームにおいて、賃金‐消費と金融所得という二つの経路を決定することを意味している。さらに、コーポレート・ガバナンスは投資をも決定していく。というのは、投資は配当を支払った残りである利潤から行われるからである。このようにコーポレート・ガバナンスは企業の経営戦略に大きな影響を与えているが、影響の仕方は制度的配置や経済状態によって異なる。そのため、コーポレート・ガバナンスの分析は認知資本主義の研究にとって不可欠となっている。

認知資本主義において金融化が進展した理由を検討する必要はあるが、容易ではない。すでに引用したムーリエ＝ブータンの議論によれば、金融化が必要であるのは、金融化自体が不安定性の一つの要因であるけれども、認知資本主義下での不安定性や不確実性に対処するためである。ムーリエ＝ブータンの例においては、金融化は認融市場の利用の拡張としてみなされているが、こういった議論においては、金融化は市場による包摂の深化に還元されうる。市場による包摂は認知資本主義論においても重要な論点ではあるが、金融化の役割はこの点のみに限られているわけではない。金融化の起源は、ネグリとムーリエ＝ブータンによって導入されたフーコーの「生政治」概念に関連づけられる。例えば、

「認知資本主義論においては、フレキシブルな生産と金融化は両方とも、永続的なイノヴェーションの達成に従属するものとしてみなされている。［…］経済における貨幣と資金の役割の変容は、この文脈においては、フーコー的な用語を用いれば、資本主義の新たな「統治性」、あるいはファイナンスの世界の言葉を用いれば、新たな「ガバナンス」の現れとして理解されるべきである」。(Moulier-Boutang 2008: 205)

それゆえ、金融化は統治性あるいはガバナンスと深く結びついており、金融化と生政治の関係は検討する必要が存在する。

認知資本主義においては、知識は物的財と非物質的財の両方の生産において決定的な役割を果たし、知識を生産する人間が重視され、権力と政策の対象となる傾向が存在する。この状況がすでに説明した生政治、あるいは生権力と呼ばれるものである。金融化が生政治において必然である理由はすでにフーコーが一九七九年に『生政治の誕生』（二〇〇八）で述べている。フーコーはアメリ

(23) 価格が投機的に、公衆の意見によって慣習的に形成されるという議論に関しては、オルレアン（二〇〇一）を参照せよ。
(24) 日本においては、派遣や業務請負の増大がこの点に相当するであろう。

カのネオ・リベラリズムの分析において、人的資本理論を取り上げている。そこでは、労働者は、「所得の流れを生み出す機械」としてみなされている。

「これは労働力の概念ではない。それは、様々な変数に応じて、賃金、所得賃金である一定の所得を受け取る資本−能力の概念である。そのため、労働者自身は一種の企業として現れる」。（フーコー二〇〇八：二七六−七）

すなわち、労働者は企業と同種の主体となり、投資も行う。フーコーはこの点を移住の例を挙げて説明している。例えば、「移住は投資である。すなわち、移住者は投資家である。彼は何らかの種類の改善を得るために投資することによって費用を負担する自分自身の企業家である」（フーコー二〇〇八：二八三）。このようにネオ・リベラリズム的な経済においては、労働者も自分のために投資を行い、金融的な計算を行う。このことは、認知資本主義においては、個人は必然的に金融化に巻き込まれざるを得ないことを意味する。それゆえ、企業家と金利生活者だけでなく、労働者も投資家のように行動し、金融的計算を内部化することとなり、マクロ経済の全ての主体が同様に行動する。この結果、金融化は経済全体に覆い被さることとなる。

## 四　結論

ここでは、認知資本主義の概要を説明した上で、その不安定性を中心に検討を行った。結論は、第一に、認知資本主義のマクロ経済レジームの詳細な検討を行い、その特徴を明らかにした。フォーディズムとは異なる労働のあり方、すなわち、非物質的労働の拡大が情報通信技術の発展とともに、雇用形態だけでなく、企業の組織と戦略も変化させ、非物質的な商品の生産と知識を軸にした新たな生産に基づく一つのマクロ的なチャンネルを生み出している。他方で、認知資本主義のもう一つの特徴は金融の役割の増大、すなわち、金融化によって、マクロ経済全体の調整が行われるようになっている点である。しかし、このレジームはフォーディズムに比べ、本質的に不安定でもある。

第二に、認知資本主義レジームの不安定性の要因の一つである需要の弱さに焦点を当て、その原因の分析を行った。認知資本主義において需要の弱さをもたらす最大の要因は、適切な賃金−生産性関係の欠如であり、それにより、相対的に低賃金となり、低水準の需要しか生まれない。賃金の調整はマクロ経済レジームにおいて重要であるが、需要の弱さは他の多くの要因によってももたらされる。例えば、非正規雇用の増大、所得格差の拡大、福祉国家の後退、緊縮政策などである。金融所得と輸出需要は弱い需要を補完しうるが、どちらも、それ自体不安定であるだけでなく、信頼し得ないため、マクロ経済レジーム全体の不安定性がむしろ増幅されかねない。

第三に、認知資本主義レジームの不安定性のもう一つの要因である金融面について検討を行った。ここでは、金融危機といった論点だけでなく、その要因ともなっている金融化を中心に分析した。ここでは金融化の位置づけと役割を検討したが、金融化の機能は広く、曖昧でもあるからである。最初に金融化がマクロ経済において果たす役割を貨幣と信用を軸にした金融的生産経済の枠組で考察した。そこから導き出される金融化の特徴は、第一に、企業部門だけでなく、家計部門も金融市場に関わり、金融的投資が増大している。第二に、貨幣供給の経路として金融市場チャンネルが重要な役割を果たすようになっている。第三に、国際的な金融市場の影響力が増大している。マクロ経済連関における金融化の主要な役割は証券市場を通じて企業の行動に影響するコーポレート・ガバナンスである。コーポレート・ガバナンスはフォーディズムにおける労働と資本の妥協と同じ役割を果たすだけでなく、企業の戦略全体に影響を及ぼしている。金融化は認知資本主義において重要な役割を果たしており、ムーリエ＝ブータンによると、金融化は経済を統治する位置を占めているが、フーコーによると、労働者でさえも企業と同様に投資を行い、金融的思考を内部化した存在となっており、その意味で金融化は認知資本主義における表面的な特徴ではなく、根本的な機能を担っていると考えられる。

このように、認知資本主義レジームの概要と特徴の検討を行ったが、残された課題は多々存在する。それらの内のいくつかは他の章でも検討されるが、第一に重要であるのは労働の問題である。非物質的労働が重要になってきており、これが情報通信産業の発達とともに新たな産業、さらに非物質的財の生産を支えている。他方で、このレジームの不安定性をもたらす弱い需要の原因として、企業組織と雇用形態の変化による非正規雇用の増大、賃金の二極化が存在する。さらに、非物質的労働の一つである感情労働の一般化は長時間労働や労働によるスト

(25) マルチチュード論、及び認知資本主義論において、不安定性を解消する政策としてはベーシック・インカムが主張されている。この点に関しては、本書コラム2及び以下の文献を参照せよ（ネグリ＆ハート 二〇〇三、Fumagalli & Lucarelli 2007a, b, Lucarelli & Fumagalli 2008, 内藤 二〇〇九）。

レスの増大といった問題とも結びついている。特に感情労働に関しては詳細な検討が必要であろう。第二に、広い意味での政策に関わる点である。これはすでに若干ふれたように、近年のいわゆるネオ・リベラリズム的統治との関係でもあり、それがどのようなものであるかの分析が必要であるだけでなく、また、マクロ的不安定性を解消するためにどのような政策が必要であるかという点も考察すべきである。(25)

**【引用・参考文献】**


市田良彦・王寺賢太・小泉義之・長原　豊（二〇一三）『債務共和国の終焉―わたしたちはいつから奴隷になったのか』河出書房新社

ヴィルノ・P／広瀬　純［訳］（二〇〇四）『マルチチュードの文法―現代的な生活形式を分析するために』月曜社

ヴィルノ・P／柱本元彦［訳］（二〇〇八）『ポストフォーディズムの資本主義―社会科学と「ヒューマン・ネイチャー」』人文書院

ヴェルチェッローネ・C／朝比奈佳尉・長谷川若枝［訳］（二〇一〇）「価値法則と利潤のレント化」『金融危機をめぐる10のテーゼ―金融市場・社会闘争・政治的シナリオ』以文社

ヴェルチェッローネ・C／沖　公祐［訳］（二〇一一）「形式的包摂から一般的知性へ―認知資本主義テーゼのマルクス主義的読解のための諸要素」『現代思想』三九（三）、五〇-六九

オルレアン・A／坂口明義［訳］（二〇〇一）『金融の権力』藤原書店

金森　修（二〇一〇）『〈生政治〉の哲学』ミネルヴァ書房

内藤敦之（二〇〇九）「最後の雇用者政策とベーシック・インカム―ポスト・ケインジアンと認知資本主義の比較」『大月短大論集』四〇、三七-六四

内藤敦之（二〇一〇）「金融政策論の批判的検討の試み―インフレーション目標政策論と政策ルール論」『大月短大論集』四一、一-二〇

内藤敦之（二〇一一a）『内生的貨幣供給理論の再構築―ポストケインズ派の貨幣・信用アプローチ』日本経済評論社

内藤敦之（二〇一一b）「インフレーション目標政策の批判的検討」渡辺和則［編］『金融と所得分配』日本経済評論社、一七六-九九

西　洋（二〇一二）「金融化と日本経済の資本蓄積パターンの決定要因―産業レベルに注目した実証分析」『季刊経済理論』四九(三)、五二-六七

ネグリ・A＆ハート・M／水嶋一憲・酒井隆史・浜　邦彦・吉田俊実［訳］（二〇〇三）『帝国―グローバル化の世界秩序とマルチチュードの可能性』以文社

ネグリ・A＆ハート・M／水嶋一憲・市田良彦［監修］幾島幸子［訳］（二〇〇五）『マルチチュード―「帝国」時代の戦争と民主主義［上］［下］』日本放送出版協会

ネグリ・A＆ハート・M／水嶋一憲［監訳］幾島幸子・古賀祥子［訳］（二〇一二）『コモンウェルス―「帝国」を超える革命論［上］［下］』日本放送出版協会

廣瀬　純（二〇一三）『アントニオ・ネグリ―革命の哲学』青土社
フーコー・M／慎改康之［訳］（二〇〇八）『生政治の誕生―コレージュ・ド・フランス講義　1978-1979年度』筑摩書房
フマガッリ・A＆メッザードラ・S［編］／朝比奈佳尉・長谷川若枝［訳］（二〇一〇）『金融危機をめぐる10のテーゼ―金融市場・社会闘争・政治的シナリオ』以文社
フマガッリ・A＆ルカレッリ・S／木下ちがや［訳］（二〇〇七）「認知資本主義下におけるベーシック・インカムと対抗権力」『VOL』二、三八-五一
ベラルディ・F／櫻田和也［訳］（二〇〇九）『プレカリアートの詩―記号資本主義の精神病理学』河出書房新社
ボワイエ・R／中原隆幸・新井美佐子［訳］（二〇〇七）『ニュー・エコノミーの研究―21世紀型経済成長とは何か』藤原書店
マラッツィ・C／柱本元彦［訳］（二〇一〇）『資本と言語―ニューエコノミーのサイクルと危機』人文書院
ミンスキー・H・P／岩佐代市［訳］（一九八八）『投資と金融―資本主義経済の不安定性』日本経済評論社
向井公敏（二〇一〇）『貨幣と賃労働の再定義―異端派マルクス経済学の系譜』ミネルヴァ書房
山田鋭夫（二〇〇八）『さまざまな資本主義―比較資本主義分析』藤原書店
山田鋭夫（二〇一一）「世界金融危機の構図と歴史的位相」宇仁宏幸・山田鋭夫・磯谷明徳・植村博恭『金融危機のレギュラシオン理論―日本経済の課題』昭和堂、一-五七
ラッツァラート・M／村澤真保呂・中倉智徳［訳］（二〇〇八）『出来事のポリティクス』洛北出版
ラッツァラート・M／杉村昌昭［訳］（二〇一二）『〈借金人間〉製造工場―〝負債〟の政治経済学』作品社
Arestis, P., Baddeley, M., & McCombie, J. (eds.). (2005). *The new monetary policy: Implications and relevance*. Cheltenham: Edward Elgar.
Azais, C., A. Corsani & P. Dieuaide (eds.). (2001). *Vers un capitalisme cognitif: Entre mutations du travail et territoires*, Paris: L'Harmattan.
Corsani, A., Dieuaide, P., Lazzarato, M., Monnier, J.-M., Moulier-Boutang, Y., Paulré, B., & Vercellone, C. (2002). *Le capitalisme cognitif comme sortie de la crise du capitalisme industriel; Un programme de recherche*. Matisse/CNRS Document, Université Paris-1. (http://webu2.upmfgrenoble.fr/regulation/Forum/Forum_2001/Forumpdf/01_CORSANI_et_alii.pdf).
Cvijanovic, V., Fumagalli, A., & Vercellone, C. (eds.). (2010). *Cognitive capitalism and its reflections in South-Eastern Europe*. Frankfurt am Main: Peter Lang.
Epstein, G. A. (2005). Introduction: Financialization and the World Economy. G. A. Epstein (ed.). *Financialization and the World Economy*. Cheltenham: Edward Elgar.
Epstein, G. A., & Yelden, A. E. (eds.). (2009a). *Beyond inflation targeting: Assessing the impacts and policy alternatives*. Cheltenham: Edward Elgar.
Epstein, G. A., & Yelden, A. E. (2009b). Beyond inflation

targeting: Assessing the impacts and policy alternatives. G. A. Epstein & A. E. Yelden (eds.). *Beyond inflation targeting: Assessing the impacts and policy alternatives*. Cheltenham: Edward Elgar.

Fumagalli, A., & Lucarelli, S. (2007). A model of cognitive capitalism: A preliminary analysis. *European Journal of Economic and Social Systems*, **20**(1), 117–33.

Fumagalli, A., & Lucarelli, S. (2010). Cognitive capitalism as a financial economy of production. V. Cvijanovic, A. Fumagalli, & C. Vercellone (eds.). *Cognitive capitalism and its reflections in South-Eastern Europe*. Frankfurt am Main: Peter Lang, pp.9–40.

Fumagalli, A., & Lucarelli, S. (2011). A financialized monetary economy of production. *International Journal of Political Economy*, **40**(1), 48–68.

Graziani, A. (2003). *The monetary theory of production*. Cambridge: Cambridge University Press.

Lavoie, M., & Seccareccia, M. (eds.). (2004). *Central banking in the modern world: Alternative perspectives*. Cheltenham: Edward Elgar.

Lebert, D. (2012). *Capitalisme cognitif et nouvelles dominances économiques: Structure et dynamique du capitalisme contemporain et de la division internationale du travail*. Editions Universitaires Europeennes.

Lucarelli, S., & Fumagalli, A. (2008). Basic income and productivity in cognitive capitalism. *Review of Social Economy* **66**(1), 71–92.

Lucarelli, S., & Vercellone, C. (2013). The thesis of cognitive capitalism: New research perspectives: An introduction. *Knowledge Cultures* **1**(3), 15–27.

Marazzi, C. (2011). *The violence of financial capitalism*. Los Angeles, CA: MIT Press/Semiotext (e).

McCombie, J., Pugno, M., & B. Soro (2002). *Productivity growth and economic performance: Essays on Verdoorn's Law*. Basingstoke: Palgrave Macmillan.

Moulier-Boutang, Y. (2003). Capitalisme congnitif et nouvelles formes de codification du raport salarial in C. Vercellone (ed.). (2003). *Sommes-nous sortis du capitalisme industriel?* , Paris: La Dispute.

Moulier-Boutang, Y. (2008). *Le capitalisme cognitif: La nouvelle grande transformation*. Paris: Édtions Amsterdam.

Naito, A. (2013). Instability and unsustainability of cognitive capitalism: Reconsideration from a post-Keynesian perspective. *Knowledge Cultures*, **1**(3), 47–66.

Neef, D., Siesfeld, G. A., & Cefola, J. (eds.). (1998). *The economic impact of knowledge*. Boston, MA: Butterworth Heinemann.

Nelson, R. E., & Romer, P. M. (1998). Science, economic growth, and public policy in D. Neef, G. A. Siesfeld, & J. Cefola. (eds.). *The economic impact of knowledge*. Boston, MA: Butterworth Heinemann.

Peters, M., & Bulut, E. (eds.). (2011). *Cognitive capitalism, education and digital labor*. New York: Peter Lang.

Rochon, L. (1999). *Credit, money and production: An*

*alternative post-Keynesian approach.* Cheltenham: Edward Elgar.
Vercellone, C. (ed.). (2003). *Sommes-nous sortis du capitalisme industriel?*, Paris: La Dispute.

## 【コラム2】ベーシック・インカム

山本泰三

ベーシック・インカム(基本所得)という政策構想は、日本でもかなり広汎に知られるようになった。その基本的な考え方は、すべての個人が、無条件で、生活に必要な所得を得る権利がある、というものである。具体的には、資力調査や稼働能力調査なしに、すべての個人に対して定期的な給付が行われる(従来の基礎年金、生活保護、雇用保険の多くは廃止される)、といったかたちの制度になる。ただし制度設計については、論者によってさまざまなヴァリエーションがある。新自由主義の代表格とされている経済学者のM・フリードマンが唱えた「負の所得税」構想も、ベーシック・インカムの一種として捉えることが可能である。あるいは、日本国憲法の第二五条「すべて国民は、健康で文化的な最低限度の生活を営む権利を有する」を想起することも許されるだろう。

おおむねフォーディズム期の福祉国家は、社会保険と公的扶助からなる社会保障システム、完全雇用、経済成長の支えあいによって成り立っていたと考えられる。だがフォーディズムの行き詰まりによってこの構図は崩れていく。この流れの中で、認知資本主義論においてベーシック・インカムは重要な政策的オルタナティブとして議論されている。すなわち、認知資本主義における非物質的労働やコモンの意義の増大、資本による社会全体の包摂によって、人間が生きること自体が労働となり、生産となってくる。それは個人的活動ではなく、協働である。雇用、そして雇用にもとづいて支払われる賃金という制度では、このような状況をカバーすることができない。ゆえにベーシック・インカムが必要となってくるのである。コモンは誰のものでもない共有の遺産であるから、ベーシック・インカムをコモンからの配当として位置づけることもできるだろう。また完全雇用政策の放棄や雇用形態の不安定化によって、失業の増加・経済格差の拡大が進行し、それによって消費が減退する認知資本主義レジームにおいて、ベーシック・インカムがマクロ経済的にも有効な施策となりうると主張されている。

実はベーシック・インカムという考え方は、産業資本主義の黎明期からの歴史をもっている。それはもう一つの近代思想の系譜といえるかもしれない。とりわけ近年は、これまでの福祉の仕組みの限界をふまえ、学術的にも研究が深められてきており、注目に値する。

【引用・参考文献】
山森　亮(二〇〇九)『ベーシック・インカム入門』光文社

# 第二章　労働のゆくえ
## ――非物質的労働の概念をめぐる諸問題(1)

山本泰三　*YAMAMOTO Taizo*

「それぞれの個人が働く意味を見出さなければならなくなった」。杉村(二〇一四)はこのように述べる。「社会が成熟へ向かおうとするいま、社会に一般的な仕事意識、労働観というものは存在していない」。「人々の働く意味や目的は多様であろうし、人々はその多様性に寛容である」。「今の時代ほど、働く意味が問われる時代はない」。

おそらくそのとおりなのだろう。一方で杉村(二〇〇九)は、「労働はどの社会にあっても、顕在的か潜在的かの違いはあれ、生活のためになさねばならない行為という意味を持つ」とも指摘している。生活のためという普遍的な意義を前提とした上で、各々が働く意味を見出さなければならない状況というものを、どのように捉えるべきだろうか。

一九三二年、エルンスト・ユンガーは以下のように書いていた。「職業の、また活動の種類と可能性の増加と分裂がますます増大する一方で、同時にこの活動が画一化し、そのあらゆる差異にもかかわらず言わば同一の根本運動を表現するようになる」。(ユンガー 二〇一三)

「労働者の形態の全地球的な支配」という「新しい現実」の記述には、ユンガー自身の戦争体験が色濃く滲む。「それは、機械的な大衆の幾筋もの流れを互いにすれ違うように駆り立てつつ、騒々しい音や光る信号によってこれらの流れを整然と規制する」。兵士と労働者のオーバーラップ。ラッシュアワーの駅を日々経由する者の脳

(1) 本章は、山本(二〇一一b)などをもとに、大幅に改稿したものである。

裏に、総駆り立て体制、ということばが浮かんでくるとしても不思議はないだろう。そしてその流れには、テーマパークへと向かう一群も含まれている。

とはいえ第一次大戦と後期近代の戦争をたんに同一視するわけにはいかない。いまや大国は総力戦ではなく、高強度の警察行動に従事する。これは「しばしば低強度の紛争と見分けがつかない」(ネグリ＆ハート 二〇〇五)。しかも、正統な暴力、犯罪行為、テロの区別はつきにくくなっている。戦場の内外でのさまざまな支援や任務は、民間の軍事請負企業にアウトソーシングされる。また、高度な情報技術に基づく兵器と作戦行動は「仮想化」し「非身体化」する(もちろんこの「軍事革命」の思想は根本的に矛盾している。ドローンによる爆撃で現実に人間が殺されるのだ)。

近代戦と近代産業が手を携えて発展したように、今日の「生政治的な兵士」(ネグリ＆ハート 二〇〇五)が従軍する戦争は、生産の現代的な変容と呼応する。「生の潜在的エネルギーを徴発しようとする動きが絶えず強まりつつある」というユンガーの記述は、その当時に予感しえたイメージとはやや異なる形で、労働の行方を粗描するものとなっているように思われる。

この章では、資本主義の現在を理解するための立脚点として、労働の変容、及びその意味について検討する。ただし労働一般を取り扱うのではなく、雇用され賃金を支払われる労働(賃金労働)を主に念頭において、[2]前章で導入された非物質的労働という概念をめぐる問題を検討する。第一節では非物質的労働について、第二節ではその具体的な労働過程の一例を概観する。第三節ではスミス的分業と認知的分業を対比する。労働の変容が意味するものを考えるために、第四節で賃金労働の系譜を辿り、第五節で人的資本の概念について考察する。

## 一　非物質的労働

本書ですでに述べられてきたように、フォーディズムが一九七〇年代に行き詰まって以降、グローバル化・金融化・情報化・脱工業化などといった大きな流れのもと、資本主義の新たな発展モデルの模索が続いてきた。それが単一のモデルへの収斂を意味していないことは、多くの研究により明らかにされている(アマーブル 二〇〇五、山田 二〇〇八など)。それらの研究成果を確認したうえで、労働というものの性格がフレキシビリティとコミュニケーションへとその重点をシフトしたと述べることは可能であろう。この新たな労働を本書では「非物質的労働」と呼んでいる。ラッツァラートは非物質的労働を「商品における情報的および文化的内容を生産する労働」と定義したが(Lazzarato 1996)、より緩やかに捉えておくべきであると思われる。情報的・文化的なものの生産は、たとえそれが商品の内容へと方向づけられるとしても、商品という枠内で完遂されうる過程ではないからである。ここではさしあたり非物質的労働を、知・イメージ・サービス・ネットワーク・情動などの非物質的なものを生産する労働と定義しておく(3)。

端的にはブルーカラー労働者の比率の減少や多様なサービス職種及び雇用の増大という明白な量的変化としてあらわれているこの趨勢においては、労働そのもののあり方に加えて、賃労働関係の大きな制度的変化をともなっている点が重要である。じっさい非物質的労働の概念が問題にしようとしているのは、特定の産業の増減や、職種あるいは業務など狭い意味での労働の内容のあれこれというよりも、労働・労働者及びそれを取り巻く社会関係・諸制度をふくんだ構造的な変容の傾向とみなすべきである。とはいえ、日本についていくつかの指標を一瞥しておくことは現状の概観を得るために有用であろう。

はじめに総付加価値額に占める産業の構成割合の推移を確認しておく（内閣府「国民経済計算」）。第一次産業の割合は戦後一貫して下がっている。第二次産業の割合は、一九五五年の三六・八％から一九七〇年に四六・四％まで上昇したが、二〇一二年には二三・九％に低下している。一方で第三次産業は一九五五年の四二・四％から二〇一二年には七四・九％まで上昇した。第二次産業の割合が低下しはじめた七〇年代後半からは、工業化とともに拡大してきた卸売・小売りや運輸・通信業の伸びは停滞し、サービス業が拡大している。日本標準産業分類の改訂（第一一回・第一二回）によって、およそ第三次産業に相当する業種の区分が細かくなっていることは、この間の変化を反映したものといえる。一例として、「運輸・通信業」から「情報通信業」が独立している。次に、就業者の増加率と職業別の寄与度をみよう（厚生労働省 二〇一〇）。七〇年代以降、生産工程・労務作業者の増加寄与は小さくなり、事務従事者、専門的・技術的職業

(2) アンペイド・ワークやケアといった問題をめぐって発展してきたフェミニスト経済学などの重要な成果について、本章では取り扱うことができなかった。さしあたり足立（二〇一〇）、原（二〇〇五）、ダラ＝コスタ（一九八六）を参照。
(3) 非物質的労働は、認知労働と感情労働の二つに区分できるが、現実には多くの労働においてこの両者の性質が混在している（本書第一章）。ちなみにネグリとハート（二〇一二）はそれまで用いていた「非物質的労働」という表現を「生政治的労働」に置き換えており、「主体性の生産」というニュアンスが強められている。

従事者、販売従事者の寄与が大きくなる。九〇年代は就業者全体の伸びが鈍化したが、専門的・技術的職業従事者、サービス職業従事者などの寄与が大きい。二〇〇〇年代は、専門的・技術的職業従事者、事務従事者、サービス職業従事者などで増加寄与がみられ、生産工程・労務作業者は引き続き減少している。

一方、(独) 労働政策研究・研修機構「今後の産業動向と雇用のあり方に関する調査」(二〇一〇年) によれば、過去三年間で増えた仕事の内容として「技術・技能を活かして製品を製造する仕事」、「接客、サービスを提供する仕事」、「専門的な知識に基づいて情報処理を行う仕事」と回答する企業が多い。今後増えると見込まれる仕事としては「専門的な知識にもとづいて教育・指導・相談などを行う仕事」、「専門的な知識に基づいて情報処理を行う仕事」と考えられている。逆に「商業施設などで物を販売する仕事」、「人や物を運搬する仕事」、「単純な事務的作業を行う仕事」が増えると見通す企業は多くない。同調査で、今後の働き方の見通しとして「幅広い知識や技術」、「より高い専門性」とともに、「職場で連携、協力」、「部門を越えた全社的なコミュニケーション」などの回答も目を引く。これらの結果から、労働の変容という大まかな傾向を見てとることができよう。

コミュニケーションとフレキシビリティが基礎的な役割を担うような労働、すなわち非物質的労働を捉えようとする際に、ネグリとハート (二〇〇三) による大まかな例示が手がかりとなるだろう。第一に、情報化され著しく可変的になった工業生産における労働。テイラー主義 (後述) と対比されるトヨタ・モデルが典型である。そこでは製造現場の労働は、垂直的調整にのみ従うのではなく、市場からの情報の流れにリアルタイムに適応し、いくつもの機能をこなさなければならない。第二に、シンボルや知識を操作し加工する労働。工業化の進展にともなって多様なホワイトカラーが増大してきたが、とりわけ企画や営業といった非定型的な労働がここに相当する。ただしこのタイプは、創造的・戦略的な位置を占める「シンボル・アナリスト」、「クリエイティブ・クラス」の知的労働と、データ入力作業のように記号やシンボルをルーティン作業で扱うにすぎない低評価で非熟練な労働とに階層化している。

そして第三に、接客やケア労働などを典型とする対人サービス、感情労働。この種の労働において要求される熟練の度合いは、職種の専門性の程度に応じて極めて幅広いのだが、作業としての内容にかかわらず重要となるのは、いかに顧客の情動へ好影響を及ぼすかという課題である。渋谷 (二〇〇三) によれば、感情労働とは「感情管理の商業的利用」である。介護労働において典型的にみられるように、対面的相互行為が大きな比重を占める労働では、自己の感情をコントロールし顧客に対して細やかな配慮を示すことが求められる(4)。以上の例示は暫定的であって、産業部門や職種にそのまま対応するものではない。たとえば工業の内部においてもこの三つの様相を見出すことができるし、製造業や農業の仕事もモノの生産ではなくサービスの提供なのだ、と語られることもあろう。

## 二　「暗黙の実務」の労働過程

認知資本主義において蓄積は、知による知の、生による生の生産に基づくようになる。そして意味の消費が主調となり、製品・サービスの差別化が至上命令となった市場にいかに敏感に反応するか、いかに消費を喚起するかが、現代の資本主義にとって重大な問題である。「ポスト・フォーディズムにおいて「理想的」な労働力は、リズムや職務の変化に高度な適応能力を有するタイプの労働力、情報の流れを「読み」、「コミュニケーションしながら働く」ことのできる多機能な労働力である」。(マラッツィ 二〇〇九)たんに機械的な速度が問題になっているのではない。

ここで、日本のアニメ制作工程について詳述する舛本(二〇一四)に依拠しつつ、非物質的な労働過程についてもう少し具体的に考えてみたい。アニメ制作の全行程に関わり、また「より一般的な、業界外の人にも仕事の内容を理解してもらいやすい役職」であるという理由から、舛本は「制作進行」という仕事に焦点を当てる。制作進行の仕事とは、スケジュールを管理し、お金やスタッフを調整し、作品を作るサポートをすることである。

アニメーションの映像制作の現場に携わる職種を、舛本は三〇以上も挙げている(5)。このような多数の専門職からなる分業体制を、制作進行はプロジェクトごとに管理しなければならない。つまりチーム作りが主要な役割な

(4) 感情労働についてのまとまった研究として、ホックシールド(二〇〇〇)はとくに有益である。

(5) 「監督/脚本/シリーズ構成/原作/キャラクターデザイン/総作画監督/絵コンテ/演出/作画監督/原画(アニメーター)/動画(アニメーター)/美術監督/美術設定/背景/色彩設計/色指定/仕上/セル検査/特効/3D監督/3Dアニメーター/撮影監督/撮影/編集/音響監督/役者(声優)/効果/ミキサー/音楽/音響制作/ビデオ編集/テロップ/アニメーションプロデューサー/制作デスク/設定制作/文芸制作/制作進行」。三〇分のTVアニメーションに関わるスタッフはおよそ二〇〇-三〇〇人。また、日本のアニメ制作では、複数の異なった業種が一つの作品の制作に関わっているケース(製作委員会方式)が多い(舛本 二〇一四)。

のだが、舛本は、彼が暗黙の実務とよぶ「目には見えない」仕事の重要性（そして一般性）をとくに強調する。その要素は以下のようなものである。

人間関係作り・他人の価値観への理解・コミュニケーション・利害関係の把握・アイデンティティの確立・作品へのこだわり・作品を観てもらいたい人への想い・自分のやりたいこと・自分のなりたいもの・自分の生活・第一印象・意思と理念の共有・作品予算……

雑多なリストだといってよいだろう。そしてもう一点、制作が行き詰まるあらゆるタイミングで「何とかする」こと。このリストには独特の困難さがある。習熟度の明確な規準がなく、答えが一つでもない。また、互いに矛盾しあっている部分がある。ここで発揮されるのは、明示的あるいは客観的な知識・技能というよりも、「特定の文脈における行為やコミットメント、関与に深く根ざした」主体的な知識（暗黙知）（フマガッリ二〇一〇）といえるだろう。[6] くり返すが、これらこそが実務である、と指摘されている。アニメの素材はほとんどが手描きである。一方、「制作進行は絵も描かないし、音も作らないし、色も塗りません」（舛本 二〇一四）。しかしこれらの暗黙の実務——原画マンらクリエイターの好きなお菓子の把握に至るまで——がなされなければ、アニメーションは完成できない。マラッツィ（二〇〇九）は、家庭内の女性がソックスをしかるべき場所にもどす、という例を挙げていた。このような些細な、だが気遣いが身体化されていない者にとってはかなり高度な集中を要するふるまいの次元で、生産性が問われるのである。ここでは、外延的な時間による労働・成果の測定は機能できないだろう。[7]

しかも、このような「目には見えない」仕事にしても、あるいはキャラクターデザインや脚本などのクリエイターたちの仕事にしても、それらはやはり現代の資本主義における労働なのであって、きわめて強い制約のもとで行われるほかはない。現在、日本ではテレビだけでも一週間で五〇タイトル以上のアニメーションが放送されている。アニメは「大量生産」（舛本 二〇一四）されているのだが、この「大量生産」は、フォードT型自動車の大量生産とはまったく意味がちがう。当然ではあるが、五〇タイトルすべてが異なる作品であり、一クール一二―一三話で構成されているとして、連続性はあっても各話はすべて異なる内容である。労働における作業形式は反復かもしれないが、コンテンツをそのまま反復することはありえない。極端にいえば、毎回の制作ごとに新製品を開発するようなものだ。この綱渡りを完パケにもっていくことこそが、制作進行の役割であった。舛本のいう「表面上の仕事」こそが、クリエイターの労働を労働たらしめ、そして暗黙の実務たらしめる枠組みといえるだろう。表面上の仕事とはすなわち、作品素材の管理、スケジュールの管理、作業環境の管理である。

各セクションの作業スケジュールを組み、スケジュール通りに終わらせることが、制作進行の役割である。「しかしこの業界、九〇パーセント以上が終わりません」。だからこそ、「全ての事象は、起きてから対応するのでは遅すぎる」という前提でなされるあらゆる手配と気配り（未来予測と危機回避）が、暗黙の実務となっているわけだ。いずれにしても、スケジュールは非常にタイトである。最終的な期限が決まっているならば、制作進行にとってもクリエイターたちにとっても可能な方法は一つ、生活時間を削って労働時間を延長することしかない。時間という尺度では評価し得ない労働は、著しい長時間労働、労働と非労働の境界の腐蝕として現実化する。(8)

三年後の業界滞在率は一〇‐二〇%とみられていることからも窺われるように、制作進行は楽な仕事では決してない。体力的にハードであるばかりでなく、さまざまなクリエイターの実作業や作品などについての十分な理解がなければ、制作工程のスムーズな段取りを作ることはできない。このような技術は、すでに述べたように明示的にコード化された知識とは言い難く、「個人の裁量と能力とコネクションに頼る部分が大きい」（舛本二〇一四）。職能あるいは技能と人格を分離すること、労働の産物と労働する行為を分離することは困難であり、

(6) 企業のナレッジ・マネジメントという観点からは、この暗黙知を形式化・明示化することが一つの課題となりうる。専門職などの知識労働では、形式化された知識を用いることが職務の重要な部分を占める。フマガッリ（Fumagalli 2005）では、知の様態に応じた労働の諸形態が分析されている。

(7) 厚生労働省（二〇一〇）においては、企業による労働者の評価が多様化していく傾向にも注意が払われている。それは、「規格化された商品を流通市場に画一的に供給する社会と違い、専門性を持ち、柔軟にサービスや情報の提供を行っていくことが求められるようになっていく」という認識から引き出されているとみてよい。いいかえれば、認知資本主義への移行は、一元的な尺度による労働の評価を困難にする。

(8) ソフトウェアのような情報財の開発には厖大な時間が費やされているはずであり、そこでは労働日（勤務時間）という概念が意味をなさないというよく知られた状況がある。しかも、情報財の価値は、それを複製（＝再生産）する時間に対応するとみなすわけにはいかない。今日、デジタルデータのコピーにはほとんどコストがかからないからである。

ヴィルノ（二〇〇四）であれば、これを名人芸あるいはパフォーマンスと表現するだろう。にもかかわらず「自動車免許と体力があれば誰でもなれる職業」だといわれているのだが、これは矛盾ではない。制作進行の「目には見えない」暗黙の実務とは、人間の一般的な認知能力(9)を使役することだからだ。それは人間が他者と生きるなかで涵養され、つねに広範な社会的資源（慣習、言語、文化、人間関係、学問など）に関わっている——すなわちコモンにおける活動であり、そのコモンを用いて新たにコモンをうみだすことでもある。わたしたちはこれを非物質的労働と呼ぶ。

## 三　スミス的分業と認知的分業

ここまでの行論を経て、ある疑問が浮かび上がってくるかもしれない。もし経済のサービス化・情報化が労働におけるさまざまなレベルでコミュニケーションの重要性を押し上げるのだとすれば、かつては労働とコミュニケーションがはっきり分離されていたとみなしてよいのだろうか。労働が社会の中での労働である限り、一人の個人による孤立した行為にとどまることはできず、何らかの形で集合的な過程となるはずである。また、技術という要因は疑いなく重要であるが、それだけで十分とはいえない。死んだ労働としての技術装置が活かされるのは、生きた労働によってなのである。これは、（認知資本主義への移行とかかわる）労働の変容における連続と不連続をどのように理解すべきか、という問いでもある。ここでは、ムーリエ＝ブータン（Moulier-Boutang 2008）のいう「スミス的分業」と「認知的分業」の対比を手がかりとして、その変容を位置づけることを試みる。それは、分業における知識‐権力関係の歴史的動態という認知資本主義論の視角（ヴェルチェッローネ二〇一一）によって可能になる。

一七七六年、かの有名なピン工場の描写によって、アダム・スミスは分業がもたらす劇的な生産性の向上を論じた。

「ある者は針金を引き延ばし、次の者はそれを真直ぐにし、三人目がこれを切り、四人目がそれをとがらせ、五人目は頭部をつけるためにその先端を磨く。頭部を作るのにも、二つか三つの別々の作業が必要で、それを取りつけるのも特別の仕事であるし、ピンを白く光らせるのも、また別の仕事である。ピンを紙に包むのさえ、それだけで一つの職業なのである。[…]これらの一〇人は、一日に四万八千本以上のピンを自分たちで生産できたわけである。[…]だが、もしかれら全員がそれぞれ別々に働いたならば〔…〕かれらは一人当たり一日に二〇本のピンどころか、一本のピンさえも作ることはできなかったであろう」。（スミス 二〇一〇）

これは、産業資本主義の生産力の基礎をなす工場システムの論理である。散在している生産者に仕事を委託するのではなく、一カ所に労働者を集め一斉に作業させることで、資本家は生産をコントロールし、資本蓄積を行おうとした（マーグリン 一九七三、ヴェルチェッローネ 二〇一一）。この論理を徹底したものがF・A・テイラーのいわゆる「科学的管理法」である。その意味で、ムーリエ＝ブータンのいうスミス的分業は、スミス‐テイラー的分業と呼ぶほうがより適切であろう。ここで重要なのは、たんに労働過程を単純作業へと分解するだけでなく、諸作業をそれぞれ部分労働者に割り当てるという点である（ブレイヴァマン 一九七八）。

テイラー主義は、労働の細分化・標準化・専門化を徹底的に押し進める。それは熟練労働や頭脳労働を現場から締め出し、工程についての知識・情報を管理者が独占することを主眼としていた。これは、以前の内部請負制が担っていた人員の編成や具体的な生産計画はもちろん、実際の作業手順や体の動かし方のレベルにまで経営からの管理が及ぶことを意味している。このような労働の「合理化」、「効率化」によって、人間が担う労働は、一連の過程を経て一つのものを作り上げるまとまった活動ではなく、断片的な動作にまで還元されることになる。労働者の精神は物理的作用の補助としてのみ活動しうる。こうして、いわゆる実行と構想の分離が達成される。バラバラの動作及びその産物は、他の部分と結びつかなければそれ自体では何の意味ももたない。その統合がいかになされるかという問題は生産の現場から取り除かれ、エンジニアや管理部に集約される。けっきょくテイラー主義は、課業としての労働から知とコミュニケーションを引き剥がしたのである。「まるでひとりぼっちみたいだ」。「昔はひとつの権利しかありませんでした。黙っている権利」。（ヴェイユ 一九六七）[10]かろうじて残るコミュニケーションは、作業の指示・命令だけである。[11]労働の自律性の衰退という表現は、大げさではない。

大量生産にともなう企業組織の巨大化は、ホワイトカラーの労働者群を生み出すに至るのだが、それは経営機能からの分化でもある（ブレイヴァマン 一九七八）。古典的

（9）アテンション・エコノミー――稀少なのは情報ではなく「注意」である（ダベンポート＆ベック 二〇〇五、マラッツィ 二〇一〇、ベラルディ 二〇〇九）。

な「資本家」は、わずかなスタッフとともに事業を始め、管理・企画・営業・会計などを自分たちで担っていた。やがて経営管理業務の規模の爆発的な増大によって、部門に細分された官僚的組織形態が一般化していく。マーケティング機構の発達はこの過程と軌を一にしている。企業社会の全般化によって事務労働も一般化するが、初期には熟練職になぞらえられてきたこの仕事にも、やがて科学的管理法、工場と同一の原理の適用が試みられる。ただしこれは必ずしも成功したわけではない。

スミス－テイラー的な分業化の過程は機械化をともない、また局面によっては機械化にとってかわられる。事務労働においても同様に機械化が進行するが、そこで導入される機械とはすなわち計算機、コンピュータである。「事務労働における判断の単純さが、事務労働を電子計算機によって機械化することを極めて容易にしている」。中岡は一九七一年の時点で、以下のように述べている。

「技術的条件と、そしてここで節約されるものが、もっぱら事務コストの中で最大の比重を占める人件費であるという理由とによって、事務の計算機化は引き合いやすい投資となる。計算機の価格がもう少し下がれば、それは急速に多くの事務分野に広がるだろう。[…]多くの単一機械がマニュファクチュアをへないで出現したように、多くの事務組織が明白な工場化の段階をへないで「計算機化」されることも今後の傾向としては明らか」。(中岡 一九七一)

オフィスのＩＴ化は、それだけをとってみれば、テイラー主義＋機械化の延長として捉えうるのである。またテイラー主義はサービス労働、そしていわゆる知的労働にも適用される(ブレイヴァマン 一九七四、中岡 一九七〇、一九七一)。ただし知的労働のすべてを単純作業に還元できるわけではなく、「創造的」といいうるような部分は残る。これはシュンペーター的な企業家のための場、あるいは非物質的労働といえるのかもしれないが、あくまでも残余でしかないだろう。

ここにおいて、フォーディズムとポスト・フォーディズムの連続と不連続が際立つようにみえる。「計算機」の導入は、それだけではテイラー主義＋機械化という枠組みからの切断を意味しない。むしろ戦後資本主義における生産力の増大こそが、情報通信技術の発展と普及を可能にした。労働過程の分解の果てに純化された知的労働の影が見え隠れするとしても、スミス－テイラー的分業の主導的地位は変わらない。それでは、認知資本主義への移行が可能になるために、ここで欠けているのは何か。それは、知の拡散、及び情報の主要な流れ方とその意味の転換なのではないか。

フォーディズムの場合は、情報技術が導入されたとしても、それは生産の垂直的調整をより効率化するために、情報の上下の流れと整理を加速するのみであり、そのことが中岡において資本主義と社会主義を「計画化」という点で同一視することを可能にした。しかし認知資本主義は、ヒエラルキーだけでは機能しない。認知的分業、あるいはラッツァラート（二〇〇八）のいう「脳の協働」においては、固定した生産システムの反復ではなく、新たなアイデアの創出のために知が流通し共有されなければならない。飽和した市場で消費者を確保するために、顧客の情動的反応に照準を定めなければならない。それはたんなるデータの水平的な発信・受信にとどまらず、ときには企業の枠を越え、場合によっては生産者と消費者の区分をも越える、異なる作業間の折衝や協働の過程である。そして情報の流通速度は、計画を達成する手段というよりも、フレキシビリティの促進を意味する。情報のやりとりのモデルは、〈入力〉-〈出力〉から、創発的なコミュニケーションあるいはネットワークへと移行するだろう。これが学習とイノベーションを刺激すると期待されるわけである。スミス-テイラー的分業という歴史的編成のもとで労働におけるコミュニケーションの剥奪があったからこそ、現在あらためて労働にコミュニケーションを公式に再導入することが問題になる。

　ムーリエ＝ブータンがモデルケースとするLinux（オープンソースのOS）の開発(12)（及び、先述した日本のアニメ制作工程）は、事例としては特殊かもしれない。とはいえそこで指摘されている認知的分業の論理そのものは、たとえばマラッツィ（二〇〇九）がコリア（一九九二）を引いて論じるトヨタ生産方式にも通底している。かんばん方式、改善、QCといった手法が、個々の労働にたんなる動作以上の技能を求めるものであることは明らかである。それは作

(10) ヴェイユ（一九六七）は、自身の工場労働の体験記を中心に編まれているのだが、不完全なテイラー主義による規律とともに、女工の仕事が日によって異なり、時には一日の中で何度も変わっていた実態がわかる。一九三〇年代当時の女工労働のフレキシビリティは、現代の派遣労働をも想起させる。

(11) 労働の内実が縮減され抽象化されていくこの過程は、機械化と相伴って進む。労働についてのアレント的な枠組（本書コラム3参照）は、フォーディズム（＝テイラー主義＋機械化）と見事に対応しており、だからこそ説得力をもちえていたといえる。フォーディズムという歴史的段階が揺らぐならば、アレント的な枠組は宙に浮いてしまうように思われる。

(12) オープンソフトソフトウェアの開発についてはレイモンド（二〇一〇）も参照。

業割当を固定せず、現場での相互的コミュニケーションを重視し、指揮命令系統を部分的に分権化する。そしてそれは労働への深いコミットメント、労働者の主体性を引き出すことによってはじめて機能できる。[13] ムーリエ＝ブータンがデジタル化やインターネットの意義を強調することはもちろん正しいが、情報通信技術の応用はポスト・フォーディズムの生産システムという方向に沿って発展し（ＰＯＳシステムの技術的意味は、トヨタ方式の発想に基づく運用によってこそ実現される）、結果的に新たなポテンシャルをもたらしたとみるべきであろう。

またかつてのヘンリー・フォードの志向とは異なり、トヨタの生産においては下請けのネットワークが大きな意味をもつ。情報ネットワーク環境の整備と高性能な小型情報端末の普及、そして教育の大衆化によって、いわば生産手段と知がふたたび労働者のもとに回帰し、自律的な協働を可能にしつつある。だが一方で、ネットワークを通じた非対称的な力関係の構築は、巨大企業の主要な戦術の一つとなっている。ここでいうネットワークは、つねに変形されうるものとして捉えられる。延長され、分離され、組み替えられるのである。非物質的労働の伸張と、雇用形態や企業の組織構造の変容は連動する。フレキシビリティは、機動性、流動性、不安定性を含意している。資本にとって、可変的なネットワークはリスク転嫁の手段である。アウトソーシングは行政機関においても積極的に用いられる方策となった。古典的な工場システムは一カ所に大量の労働者を集めるものであったから、雇用関係を集団的に形成することは経営側にとっても合理性があったし、一方で労働運動にとっては組織の凝集性をもたらす条件でもあった。しかし認知資本主義においては、雇用関係を個人化し分断する傾向が強まっていく。給与体系は一律ではなくなり、集団的な賃金上昇という展望は失われる。多様な非正規雇用（パートタイム、派遣労働、契約社員……）、自営業の形態をとる請負労働、さらには奴隷労働などをふくんで認知的分業は展開される。[14] ここまでくると、分配と「経済成長」の連関が失われることには何の不思議もないだろう。

労働の非物質的な側面とその担い手が重視されるという流れは、新たな協働・分業の趨勢を意味するのであって、分業の消滅を意味するわけではない。念のために付言しておけば、製造業や肉体労働や不熟練の単純作業が消滅するといった事態を想定することは論外である。むしろ非物質的労働の増大は、認知的分業によってさまざまなタイプの労働・雇用の位置づけや搾取の様態が更新される過程をともなうものとして理解されなければならない。この両義的ともいえる変容は、何を意味するのか。これを考えるためには、雇用され賃金を支払われる労働、賃金労働というものの系譜を振り返っておく必要がある。

## 四　賃金労働

「怠惰が生み出す自尊心と独立の意気を挫く」、「人間の気高い情熱のブレーキとしての労働」。一八八〇年、ポール・ラファルグは、フランス二月革命で「労働の権利」が要求として掲げられたことを、激越な筆致で痛罵する（ラファルグ 二〇〇八）。ここにはまず何より、産業資本主義がもたらした過酷な労働に対する憤怒がある。「徒刑場の苦役囚が十時間しか労働せず、西インド諸島の奴隷らが平均九時間しか働かぬのにたいして、一日の労働時間が十六時間で、そのうち食事のため一時間半しか労働者に与えられぬ工場が、八九年の「革命」をやりとげ、はなばなしい「人権宣言」を発したフランスに存在する」。そのうえでラファルグは、彼のいう「狂気」、「災いの教義」、すなわち労働倫理——働くことそれ自体が素晴らしいものなのだから、労働に勤しむことは幸福への道そのものである——を批判した。「労働」の教義は明白に、黎明期の工場システムにおける劣悪な条件下での長時間労働を正当化するという役割を担うものだったからだ。「労働倫理は、産業化の初期段階でヨーロッパ人の意識に芽生えて以降［…］、政治家や哲学者や聖職者が建設しようとした、新しくて立派な社会に対する主な障害物とされたもの、すなわち、できることなら工場労働を回避し、親方や時計や機械によって設定される生活のリズムの従属に抵抗する、広範に根づいていた民衆の慣習を、かぎ状のもので根こそぎにする試みの合図や口実の役割を果たした」。（バウマン 二〇〇八）

労働倫理は導入されたのである。それは、労働という一般的概念がいかにして構築されてきたかという過程を示唆する。中世後期のヨーロッパにおいて賃金労働は、貧しい境遇というばかりではなく、「社会全体のなかで承認された場所を確保しているかいないか、という基準

（13）「きつい！しんどい！でも、むちゃくちゃおもしろい！」（舛本 二〇一四）。本書第六章も参照。認知資本主義において労働の管理は、時間と行動の規定というテイラー主義的な形態から離れる。成果主義、労働者がおかれる雇主および顧客との二重の関係を利用した「顧客による管理」、そして雇用の不安定化・個別化は、直接的な統制が困難な非物質的労働を従属させるための手法として用いられる。

（14）スウェットショップ（苦汗工場）は、たんなる逆行現象ではない。また、認知的分業のネットワークの内部に準テイラー主義的な工場を配置することも十分可能である。

に従って判断された」（カステル 二〇一二）。賃金は不名誉なものであり[15]、賃金労働者は「二級市民」である。賃金労働なるものが近代的な賃労働関係の確立によって一つの地位となるまで、それは異質なさまざまな状況の総体でしかない。富農や都市の商人のために一時的に自らを賃貸せざるを得ない土地保有農、落ちぶれた、または親方になれない平職人、もぐりの職人、奉公人・使用人、書記や見習、店の売り子、日雇い人夫、半工半農の零細小作農、季節労働者など、半賃金労働者というべき形態が過半である。都市では種々の同業組合が存在していたが、それは労働の独占の保証と、成員間の競争の防止として機能していた。そこに属す徒弟はやがて親方になるべきものと考えられたので、賃金労働は過渡的な状態とみなされる。また肉体労働は蔑視されており、職能の有無が共同体に属すか否かの分割線となる。産業革命以前、労働は規制労働と強制労働という二つの形式で編成されていた。生きるために何らかの賃金労働に依存せざるを得なくなるということは、社会的な転落を意味した。「浮浪者」は、前工業社会における賃金労働という、いわば身分なき身分の極限的な形象ともいえる[16]。

だとすれば、アダム・スミスの以下の断言がいかに大胆なものであったのか、納得がいくというものだ。「国民の年々の労働は、その国民が年々消費する生活の必需品と便益品のすべてを本来的に供給する源である」（スミス 二〇一〇）。これは、規範的価値の大きな転回を象徴するテクストである。そしてよく知られる「市場」の自由という理念が、「労働」概念と強固に結びつけられること――契約という原理に基づく労働の自由化、ひとことで言うならば、労働力の商品化――が、賃金労働というものの位置づけにとって決定的な意味をもつ。労働が規制されたままでは、産業の発展に応じた形で労働を編成することはできない。ここにおいて労働は抽象概念として、つまり抽象化された生産要素として[17]、また同時に社会階層として、把握されるようになる（ウィリアムス 二〇一一）。

労働問題の解決策として「自由な労働市場」が叫ばれたのだが、一八世紀的な自由主義の展望が楽観的であったことはたしかである。この自由は、自己の身体以外は何も所有しない肉体労働者に背負わされた重荷だった。自由な労働市場は、賃金労働という境遇の向上にはほとんど役に立たない。工業化のプロセスは、やがて深刻な貧困問題を生み出し、社会における敵対性、階級闘争を招きよせるだろう。

雇用関係は不完備契約が典型的に当てはまるケースであり、どんな内容の労働に従事するかを事前に確定することはできない。だからこそ「労働」ではなく「労働力」

という概念が要請されるわけなのだ。その一方で、（日本以外の）現代的な雇用契約は、「職務」を単位として締結されるのが一般的である（濱口二〇一〇）。企業のなかの労働はその種類ごとに職務として切り出され、労働者は各職務に対応する形で採用され、定められた労働に従事する。具体的な職務を特定して「その範囲内の労働についてのみ労働者は義務を負うし、使用者は権利を持つ」（濱口二〇〇九）とするこの一般的な形式は、雇用というものを労働力そのものの取引から引き離そうとする仕組みであるように思われる。宇城（二〇一三）は、労働法の規定する労働契約は「ローマ法的な労務賃貸借の契約の論理にゲルマン法につらなる労働者の人格的・身分的要素を導入して、両者を総合することで成立する」というアラン・シュピオの見解を敷衍して、「労働は物でありかつ人格であるような特異なもの」と述べている。すなわち、労働力は商品化されるのだが、それは全き商品にはなりえず、制度化のスペクトラムとしてのみ実在しうる。自由主義者はこの点を理解しなかった。

仮に工業化の始まりの時代における貧困問題がいくらか誇張されたものであったとしても、重要なのは、それが近代社会・資本主義のダイナミズムそのものに由来しているという点である（カステル二〇一二）。この状況に対して、労働運動という抵抗が生まれるのはほぼ必然であっただろう。イギリスにおいては一七九九・一八〇〇年に制定された団結禁止法は、けっきょく労働運動の組織化を阻止しえず、一八二四年に廃止され、労働組合は公認されるにいたる。また工場法（一八三三－七四）によって、労働条件・労働環境の公的な規制がはじまる。これまで労働者は資産をもたぬが故にリスクに対して脆弱であり、また市民であるとは所有者（地主）であることであったが

(15) 仕事の対価を「賃金」という一つの名称のもとに扱うのは、当たり前のこととはいえない。たとえばフランス語では医者や弁護士には「謝礼金（honoraires）」が、役人には「俸給（traitement）」が、召使いには「給金（gages）」が支払われてきた（宇城二〇一三）。裏を返せば、さまざまに異なる仕事を一般的に「労働」として扱うことも、自明とはいえまい。

(16) 当時、労働可能だが職がない者、土地から切り離され流動化した労働力は、扶助を受けることができず、むしろ浮浪生活は犯罪として位置づけられていた（カステル二〇一二）。

(17) これはマルクス経済学の専売特許ではない。ミクロ経済学やマクロ経済学の理論においても、労働が抽象的な量として取り扱われていることに変わりはない。

故に、労働と所有は対立していた。だがしだいに、所有ではなく労働／雇用に基づいた社会的地位の規定が形成されはじめる[18]。もちろん国によってテンポは大きくちがうのだが。

近代的な賃労働関係の成立のためには、一定の条件が必要となる。すなわち、労働人口の確定、雇用の種類の算定とあいまいなカテゴリー（家内労働や農業労働など）の明確化、労働時間と非労働時間の正確な計測と分節など。しかしこれらが明確な形で実現されるのはようやく二〇世紀になってからである（カステル 二〇一二）。ワグナー法（アメリカ、一九三五年）などを経て、東西冷戦を背景にした階級闘争の制度化、いわゆるフォード型の賃労働関係が成立すると、労働者という境遇は大きく変化した。労働過程の合理化、それによる労働者階級の均質化、賃金上昇により労働者が消費者となったこと（男性稼ぎ手・女性家事従事者モデルを想定する家族賃金）、社会的所有と公共サービスへのアクセス、労働法の整備（雇用契約という仕組みの要諦については上で述べた）、これらによって工場労働の地位は著しく上昇したといえる。賃金労働者は、マジョリティのモデルとなった（ラッツァラート 二〇〇八）。

一九六〇年代に確立したとされる「賃金労働社会」[19]においてはもう一つ重要な点がある。賃金労働の全面化は、工業労働あるいはブルーカラー労働者の重要性を相対化していくのである。労働力人口における賃金労働者の割合は一貫して上がっていくが、賃金労働者の分化も二〇世紀前半にはすでに始まっている。その結果、労働力人口における、きわめて多様な非ブルーカラー労働者の割合が顕著に増大し、むしろそれが多数派を形成することになる（一般事務職、ある種のエンジニア、賃金労働者化した中産階級、第三次産業の増大……）。二つの階級間の大きな分断というよりも、連続してはいるが階層化した社会的地位の複雑な分化がみられる（ここにはジェンダー及び人種の差別的構造が組み込まれている）。最下層あるいは「辺境」に、不安定雇用・季節労働・不規則就業などをふくむ周縁化された労働力が存在する。いいかえると、賃金の支払いという形態が労働と非労働を区別し、かつ労働のヒエラルキーを組み立てている。

経済成長と社会権の獲得を結びつけようとしたことは、賃金労働社会が「資本蓄積の社会進歩への従属」（アグリエッタ＆ブレンデール 一九九〇）を可能にしたかのようにみせたかもしれない。しかし「資本主義の黄金時代」は例外的な時代であった。この時期、不安定な労働は「周縁化」されていた。ところが賃金労働という境遇は、七〇年代以降、大きく転倒しはじめる。安定部分が不安定化し、不安定が固定化していくのだ。フォーディズムが限界に突き当たり、やがて認知資本主義の趨勢が姿を現す過程は、本章で述べてきた非物質的労働の増大という問題そのものである。これを前節ではスミス的分業から認知的分業へのシフトとして捉えたのだが、では何が危機を引き起こしたのか。ネグリらの立論で重要なのは、この転換はフォーディズムに対する労働者の抵抗によって先取りされていた、という分析である。それは、一方では耐久消費財市場の飽和として現れる、画一的な商品世界への不満であり、他方ではテイラー主義の単調な労働への不満である。大量生産‐大量消費というフォーディズムの循環は労働者を消費者として位置づけ、システムに包摂することを軸にしていたのだから、この二つの不満は一体のものとして捉えなければならない。すなわち新しい主体性、新しい欲望の出現であり、これがその後「マルチチュード」と呼ばれることになる。

一九六〇‐七〇年代は、ヴェトナム戦争の泥沼化に対する世界的な反戦運動、そして公民権運動、第二波フェミニズム、学生運動、カウンターカルチャーの高揚といった、政治的・社会的・文化的な激動の時代であり、労使のコンフリクト[20]の激化はその一部である。それゆえに、このフォーディズムに対する反抗というものは、産業資本主義のもとで発展してきた労働運動のたんなる延長ではない。それは分配上の交渉に収まるものではなく、む

(18) カステル（二〇一二）によれば、保険というテクノロジーが、デュルケム的「連帯」を実現する「社会的所有」を担う装置だった。社会国家の問題系は重要だが、ここで取り扱うことはできない。濱口（二〇一〇）を引いておく。「成員に死すら要求するネーション共同体は、成員からその死に値する待遇を要求されざるを得ない。福祉国家は「戦友」共同体が生み出したものである」。ラファルグの咆哮は、労働者たちが賃金労働する者として社会的に承認された主体たらんとする、そのような時代の転換に対する反応でもあったのだろうか。「文明化したわがヨーロッパで、人間のもつ生まれながらの美の名残りを見出したいと思うなら、経済上の偏見が労働への嫌悪をまだ根絶やしにしていない国々へそれをさがしに行かねばならない」。

(19) アグリエッタとブレンデール（一九九〇）が提示した「賃金労働社会（société salariale）」（日本語訳では「勤労者社会」）という枠組みをカステル（二〇一二）は採用し、賃金労働に基づいた社会編成を捉えようとする。

(20) ポスト・フォーディズムの原型の一つとされるトヨタ生産方式についても、労使コンフリクトの顛末は注目に値する。一九五〇年代の日本では激しい労働争議が広汎に展開されており、とりわけ自動車産業における労働組合は戦闘的で、産業別組合を志向していた。しかし五〇年・五二年にトヨタの組合側は完全に敗北、経営側は組合を企業内組合に変えた。労使協調がトヨタ労組の基本的な路線となって以降、トヨタ生産方式が導入されていく（コリア 一九九二、マラッツィ 二〇〇九）。

しろ自由や解放、自律と多様性の要求である。「フレキシビリティ」と「コミュニケーション」はもともと労働者の要求だったのだ。認知資本主義とは、資本がこのような批判を同化吸収することによって形成されてきたものである。確かに新自由主義は労働組合を攻撃しフレキシブル化を強行するのだが、これはむしろフォーディズムの危機に対するエスタブリッシュメントからの応答、ヘゲモニーを再構築し刷新する試み[21]であった。

## 五　人的資本

認知資本主義、そして認知資本主義における労働は、だからこそ両義的なのである。人間にとって、これはいかなる意味をもつのか。新自由主義がフォーディズムの制度的妥協を破壊した後に、何が現れたのだろうか。認知資本主義における賃労働関係は、いかなるものとして理解すべきなのか。

「ただ本当に柔軟な働き方をしたいと思っている人はたくさんいる。「残業代ゼロ」になるとあおる議論もあるが、今でもアーティストは残業代ゼロなんですよ」。

人材派遣会社の取締役会長の所感である。[22] ビジネスマンをアーティストになぞらえることは、一つのクリシェになったようだ。同時に、現代のアーティストが資本主義のダイナミズムを体現するとしても、ごく自然なことであろう。

「芸術家も商売人です。〔…〕ぼくは若いアーティストを育てていますが、ものすごくきつい訓練なのでおそらく不特定多数の人がやりたがるとは思えません」。（村上 二〇〇六）

そのアーティストが立つのは「ひたすら作品の奴隷になるという境地」である。

本章のこれまでの議論を約言し、ここでの問いの足がかりとしたい。非物質的労働は、可変的なネットワークとしての認知的分業において、多様なコミュニケーションを産出する。それは、狭義の経済をはみ出す人間の生の広がりを巻き込まずにはいない。労働の内容及び雇用形態はフレキシブル化し、産業資本主義とともに形成されてきた賃金労働というカテゴリーそのものが大きく揺るがされる。とくに、労働者の人格とその労働との区別が、融解しつつある。[23] それがいかなるパターンで現われるのかを、さしあたり二極化して考えるならば、一方に遊びと労働の区別がなくなったかのようなワーカホリックのエリート、一方には隷属的労働に低賃金で甘んじなければならないプレカリアートということになる。

だが、一時的な結合のほかは何も形をとりえない「ネットワーク」の流動性しか知らない世界などありえない。賃労働関係の流動化を司る装置が、すでに配備されつつあるはずである。あらためて、「一般的な認知能力を使役する」ということの含意を検討し、労働の行方について考察しなければならない。

　一般的な能力が問題になっているのだから、ここで召還されるのは人間という種のレベルで固有の能力、たとえば言語能力[24]である――ヴィルノ（二〇〇四、二〇〇八）にしたがってそのように考えてみよう。生物種はそれぞれの生存圏、「環境」をもち、種の本能はその環境と対応する。一方で人間は、地球上のあらゆる場所に分布していることからもわかるように、特定の環境をもたない。この適応能力は、不断の学習を行わなければならない／行うことができるということ、いいかえれば恒常的に未成熟であることを意味する。つまり人間の能力の特異性は、「常備されたレパートリー」あるいはチョムスキー派の普遍的な「スーパー言語」ではなく、一般的な、未加工の潜在力だという点に存するのである。ただし人間は、いわば「擬似環境」として「文化」という安定的なコンテクストを構築する。

　現代では、社会の深刻な流動化によって人間は擬似環境としての文化を喪失し、不測の事態に満ちた「世界」に放り出されてしまった。このような変化は、人間をつねに存在論的な不安――「自分の家にいると感じられないこと」――の状態におく。賃金労働が全面化した社会における賃金労働の不安定化は、逃げ場なしといった様相を呈す。この状況を語る言説は脅迫として作用する。その一方で、不安定性・フレキシビリティ・リスクを冒すことこそが高く評価されるようになる。これは労働力の商品化の、および包摂の新たな段階ともいえる。労働

(21) ハーヴェイ（二〇〇七）は新自由主義を、階級権力の回復のための政治的プロジェクトと捉える。これは階級構成そのものの再編でもある。

(22) 週刊東洋経済二〇一四年五月二四日号での竹中平蔵（パソナグループ）の発言〈http://toyokeizai.net/articles/-/38399?page=7〉。

(23) 日本における雇用契約が職務に基づいていないという点は、ポスト・フォーディズムの原型とされるトヨティズムの形成と無関係ではないだろう。

(24) 「コミュニケーションが生産に入りこんで直接的な生産要因になるといわれるとき、そこで召還されているのは、コミュニケーションの根底に素地としてある言語である」（マラッツィ 二〇〇九）。

力という概念は、労働の具体的様態及びその産物＝現実態とははっきり区別される、純粋な力能＝可能態を意味するが、非物質的労働の意義の増大によって、労働力商品は字義通りの抽象的力能として取り扱われつつある。それはさまざまな技能や作業ではなく、不定な存在そのもの、ネオテニー（幼形成熟）としての人間がもつ未確定の潜在力である。[25] 以下の点を銘記しておきたい。これは人間一般の力能、すなわちすべての人間のあいだで共有され分有される力であり、その力の発揮、さまざまな形態のコミュニケーションは、何よりも他者との関係にこそ存する（それは対面の相互行為に限られない）。

　企業は採用や人事評価に際して、特定の技能ではなく「潜在」能力を重視するようになる、といわれている。しかしこれはちょっとした難問かもしれない。潜在的なものに費やされたコスト・費やされるべきコストをいかにして評価／算定すればよいのか。いまだ実現していないものに対して、どうやって価格を与えることができるというのだろうか。

　未確定なものへの支出を費用とみなさない、というのがその答えである。不確実な未来に向けての支出は、投資と呼ばれている。すなわち、労働力を資本とみなすこと、前章で指摘されたように「人的資本」として扱うことによって、潜在的なものに計算規則を適用すること。そのために、能力評価の諸装置が次々に構築されていくだろう。人的資本（human capital）はまさしく「物でありかつ人格であるようなもの」であるように思われる——ただし宇城（二〇一三）が示唆するように、雇用契約とはまったく逆の意味で。雇用契約における「物でありかつ人格」は、物への志向と人格への志向が互いに抑制しあっていることを意味していた。しかし人的資本は端的に、物でありかつ人格となる。奴隷とは異なり、能動的な「物＝人」であるが。

　G・ベッカーの『人的資本』（ベッカー 一九七六）の初版は一九六四年に公刊された（第三版は九三年）。この出版を一つの目印とみなしうるとすれば、それはこの著作において人的資本の概念が標準的なミクロ経済学の手法で定式化されたからである。個人は教育の便益と費用を考量し、時間を通じた合理的な投資行動によって人的資本を蓄積していく主体とみなされることになる。もちろん経済学者たちがつねづね教えるように、主体の完全合理性や市場の完全競争といった公理は理論上の仮定なのだから、それがそのまま現実の似姿であると考えるのは野暮というものだろう。

　人的資本は擬制、あるいは仮構であるという見解をたんにナイーブであると退けるべきではない。しかしながら仮構であれ擬制であれ[26]、それはさまざまな軋轢を引き起こし紆余曲折を経ながらも、じっさいに機能するべく用いられる、制度としての言説なのである（ポランニー的な観点からいえば、そもそも労働力・土地・貨幣の商品化とは、本来は商品化できないものの商品化だった）。人的資本の概念こそ、認知資本主義における賃労働関係の「精神」である。

制度派労働経済学が賃金格差を制度的な要因から説明していたのに対し、シカゴ学派のベッカーは、賃金と労働の限界生産力の均等という新古典派のアプローチの下で人的資本概念を導入して賃金格差を説明した点に留意しよう[27]。教育訓練の効果を強調する点だけをとってみれば、いかなる立場であれ異論はほぼなさそうである。しかし人的資本の概念からは、分配について以下のような含意も引き出される。

「人的資本への投資リターンあるいは投資量が増加するとき、経済の成長速度は高まることになる。米国における過去二〇年間の所得格差拡大は、主として、教育や訓練や経験への投資リターンの高まりに由来するものだ。これは［…］技能労働者の獲得をめぐって企業が競争した結果、その給与が低技能労働者の賃金に比較して競り上げられたことによる」。（ベッカー&ベッカー 一九九八）

つまり人的資本は、分配上の格差拡大は正当なメカニズムだとする根拠として利用されかねない[28]。ベッカーのこの論法は、「米国における過去」の政治状況をみごとに度外視し、けっきょく分配という社会問題そのものを消し去ろうとしている点で、「富の分配史は昔からきわ

(25)ヴィルノは、ポスト・フォーディズムの資本主義という歴史的状況が「メタ歴史」を前面に押し出した、生物学的不変項と文化的変項が直結した、と表現する。強烈であり魅惑的な断定であるが、ついに歴史がその臨界に達した、と言わんばかりのこの定式化は分析の妨げになるように思われる。重要なのは、絶え間なく、かつ不連続に進行してきた解体および包摂の過程の、現代における質的変化を見極めることである。ここでは暫定的に、メタ歴史と歴史はつねに交叉する、と考えておくことにする。それが歴史を自然史的過程として捉えるということではないだろうか。

(26)とはいえ、人間の身体は知が集積する容器でもある（マラッツィ 二〇〇七）。

(27)人的資本概念に対する古典的な批判としてボールズとギンタス（Bowles & Gintis 1975）を参照。

(28)そもそも、〈教育訓練投資↓〉〈経済成長↓〉格差拡大〉という説明が一般的に可能なのかどうかも問題である。ＯＥＣＤの見解（二〇一四年一二月）では、所得格差が拡大することで貧困層の教育投資が低下し、経済成長が低下する、という因果関係になっている（http://www.oecd.org/els/soc/Focus-Inequality-and-Growth-JPN-2014.pdf）。

めて政治的」(ピケティ二〇一四)だということを、かえってよく証立てている。

人間能力の潜在性は、人的資本という光のもとで多様な規格化を被ることになる。しかしこの規格化の配備は、固定した社会的身分や技能を与えようとするものではない。変化が激しい、また変化が「予測できない」とされる世界では、労働力は潜在的な力能、つまりつねに学習し適応する能力であればこそ動員される可能性がある(生涯学習)。蓄積のための蓄積が停止してしまった人的資本は、もはや資本ではない。OECD(一九九九)は、従来の教育機関が担ってきた人的資本の評価を代替する、継続教育訓練市場の整備を推奨する。つまりエンプロイヤビリティ(雇用可能性)を持続しようとするならば、この規格化に終わりはないことを受け入れなければならない。この終わりのない投資についていけない者は、労働市場から剥き身で払い落とされる。

人的資本として生きる人間は、自己に投資しつづけるのであるが、それはすなわち投資される自己でもある。内部に金融的関係を畳み込んだ主体、賢明な投資家かつ有望な企業家という、二重の自己。金融による統治は、人的資本という概念装置を通じて、個々の人間に作用し、[29]生の潜在的エネルギーを駆り立てる。これは、機能しうるのか。

## 六　むすびにかえて

前節で考察されたのは、非物質的労働をめぐる問題系から引き出される一つの傾向である。しかしながら、これが唯一の帰結であるとみなすべき必然性があるわけではない。人的資本の枠組みは、雇用関係の個人化を裏打ちする装置である。これは労働の成果を、投資のリターンとリスクというかたちで個人に帰属させることができるという前提に立っている。たびたび目の当たりにさせられる市場の荒れ模様からすれば、それはじっさいのところ、機能不全を通じた分割統治のごときものとして理解すべきであるように思われる。これに対して本章の議論では、労働の変容はコミュニケーションとフレキシビリティの意義の増大を意味し、強い意味でそれが協働の新たな趨勢であることが示された。共有的であり分有的である能力に基づく、他者との相互行為としての労働。だとすれば労働の成果とは、現実には協働の実現を意味するのではないだろうか。

問題の一端は、賃金労働という社会的概念が解体に向かいつつありながら、同時に賃金労働という形式が拡散することでモデルとして機能しつづけているという点にもあるだろう。認知資本主義がもたらしているコンフリクトのさまざまな展開や、新たな協働のありかたの可能性については、もちろん多くの議論がすでになされている。また労働概念の動揺は政治経済学の理論にも重要な影響を及ぼさずにはいない。これらの問題についての検討は今後の課題である。

**【引用・参考文献】**


アグリエッタ・M／若森章孝・大田一広・山田鋭夫・海老塚明［訳］（二〇〇〇）『増補新版　資本主義のレギュラシオン理論―政治経済学の革新』大村書店

アグリエッタ・M&ブレンデール・A／斉藤日出治・若森章孝・山田鋭夫・井上泰夫［訳］（一九九〇）『勤労者社会の転換―フォーディズムから勤労者民主制へ』日本評論社

足立真理子（二〇一〇）「労働概念の拡張とその現代的帰結―フェミニスト経済学の成立をめぐって」『季刊経済理論』四七（三）、六-二一

アマーブル・B／山田鋭夫・原田裕治［訳］（二〇〇五）『五つの資本主義―グローバリズム時代における社会経済システムの多様性』藤原書店

アレント・H／志水速雄［訳］（一九九四）『人間の条件』筑摩書房

ウィリアムス・R／椎名美智・武田ちあき・越智博美・松井優子［訳］（二〇一一）『完訳　キーワード辞典』平凡社

ヴィルノ・P／廣瀬　純［訳］（二〇〇四）『マルチチュードの文法―現代的な生活形式を分析するために』月曜社

ヴィルノ・P／柱本元彦［訳］（二〇〇八）『ポスト・フォーディズムの資本主義―社会科学と「ヒューマン・ネイチャー」』人文書院

ヴェイユ・S／黒木義典・田辺　保［訳］（一九六七）『労働と人生についての省察』勁草書房

ヴェルチェッローネ・C／朝比奈佳尉・長谷川若枝［訳］（二〇一〇）「価値法則と利潤のレント化」『金融危機をめぐる10のテーゼ―金融市場・社会闘争・政治的シナリオ』以文社

ヴェルチェッローネ・C／沖　公祐［訳］（二〇一一）「形式的包摂から一般的知性へ―認知資本主義テーゼのマルクス主義的読解のための諸要素」『現代思想』三九（三）、五〇-六九

宇城輝人（二〇一三）「労働はまだ社会的なものの基礎たりうるか（基調報告）」市野川容孝・宇城輝人［編］『社会的な


(29) 人的資本という主体を稼働させるべく、金融の論理・リスクの論理があまねく内面化されうるのだろうか。消費の美学によって更新された労働倫理（バウマン 二〇〇八）も看過できないが、即物的かつ道徳的な強制力をふるうのは、とりわけ負債のメカニズムであろう（ラッツァラート 二〇一二）。ベッカー&ベッカー（一九九八）は、政府が教育ローンを支援すべきであるとしたうえで、「援助の要素をなくすために、［…］債務不履行の学生には強力に法的な請求を行うべきだ」と書いている。ただし、人間への投資がいかなる制度的形態を介するものとなるのかについては、アングロサクソン的な新自由主義というモデルが唯一の答えだとはいえない。北欧に関する研究としてクリステンスン（二〇一五、二〇一六）を参照。

もののために』ナカニシヤ出版
宇仁宏幸（二〇〇三）「ネグリの「非物質的労働」概念について」『現代思想』三一（二）、一一九-一二九
カステル・R／前川真行［訳］（二〇一二）『社会問題の変容—賃金労働の年代記』ナカニシヤ出版
クリステンスン・P・H／北川亘太・山本泰三［訳］（二〇一五、二〇一六）「挑戦支援型福祉国家の発展に向けて—試行錯誤をいとわない経済活動を支えるために」『四天王寺大学紀要』六三・六四
厚生労働省［編］（二〇一〇）『労働経済白書（平成二二年版）』日経印刷株式会社
ゴードン・D・M、エドワーズ・R&ライク・M／河村哲二・伊藤　誠［訳］（一九九〇）『アメリカ資本主義と労働』東洋経済新報社
コリア・B／花田昌宣・斉藤悦則［訳］（一九九二）『逆転の思考—日本企業の労働と組織』藤原書店
斉藤日出治（二〇一〇）『グローバル化を超える市民社会』新泉社
渋谷　望（二〇〇三）『魂の労働—ネオリベラリズムの権力論』青土社
杉村芳美（二〇一四）「成熟社会で〈働く〉こと」猪木武徳［編］『〈働く〉は、これから—成熟社会の労働を考える』岩波書店
杉村芳美（二〇〇九）「人間にとって労働とは」橘木俊詔［編］『働くことの意味』ミネルヴァ書房
スミス・A／大河内一男［監訳］（二〇一〇）『国富論Ｉ』中央公論新社
セネット・R／森田典正［訳］（二〇〇八）『不安な経済／漂流する個人』大月書店
ダベンポート・T・H&ベック・J・C／高梨智弘・岡田依里［訳］（二〇〇五）『アテンション！—経営とビジネスのあたらしい視点』シュプリンガーフェアラーク東京
ダラ＝コスタ・M／伊田久美子・伊藤公雄［訳］（一九八六）『家事労働に賃金を—フェミニズムの新たな展望』インパクト出版会
中岡哲郎（一九七〇）『人間と労働の未来—技術進歩は何をもたらすか』中央公論社
中岡哲郎（一九七一）『工場の哲学—組織と人間』平凡社
ネグリ・A&ヴェルチェッローネ・C／長原　豊［訳］（二〇一一）「認知資本主義における〈資本－労働〉関係」『現代思想』三九（三）、四〇-九
ネグリ・A&ハート・M／水嶋一憲・酒井隆史・浜　邦彦・吉田俊実［訳］（二〇〇三）『帝国—グローバル化の世界秩序とマルチチュードの可能性』以文社
ネグリ・A&ハート・M／水嶋一憲・市田良彦［監修］幾島幸子［訳］（二〇〇五）『マルチチュード—「帝国」時代の戦争と民主主義［上］［下］』日本放送出版協会
ネグリ・A&ハート・M／水嶋一憲［監訳］幾島幸子・古賀祥子［訳］（二〇一二）『コモンウェルス—「帝国」を超える革命論［上］［下］』日本放送出版協会
バウマン・Z／伊藤　茂［訳］（二〇〇八）『新しい貧困—労働、消費主義、ニュープア』青土社
濱口桂一郎（二〇〇九）『新しい労働社会—雇用システムの再構築へ』岩波書店

濱口桂一郎（二〇一〇）「「正社員」体制の制度論」佐藤俊樹［編］『労働―働くことの自由と制度』岩波書店

原　伸子（二〇〇五）「ジェンダーと「経済学批判」―ケアの経済学に向けて」法政大学比較経済研究所　原　伸子［編］『市場とジェンダー―理論・実証・文化』法政大学出版局

ピケティ・T／山形浩生・守岡　桜・森本正史［訳］（二〇一四）『21世紀の資本』みすず書房

フマガッリ・A／柴田　努［訳］（二〇一〇）「バイオ資本主義とベーシック・インカム」『現代思想』三八（八）、九五―一〇九

フマガッリ・A&メッザードラ・S［編］／朝比奈佳尉・長谷川若枝［訳］（二〇一〇）『金融危機をめぐる10のテーゼ』以文社

ブレイヴァマン・H／富沢賢治［訳］（一九七八）『労働と独占資本』岩波書店

ベッカー・G・S／佐野陽子［訳］（一九七六）『人的資本―教育を中心とした理論的・経験的分析』東洋経済新報社

ベッカー・G・S&ベッカー・G・N／鞍谷雅敏・岡田滋行［訳］（一九九八）『ベッカー教授の経済学ではこう考える―教育・結婚から税金・通貨問題まで』東洋経済新報社

ベラルディ・F／櫻田和也［訳］（二〇〇九）『プレカリアートの詩―記号資本主義の精神病理学』河出書房新社

ベラルディ・F／廣瀬　純・北川眞也［訳］（二〇一〇）『NO FUTURE―イタリア・アウトノミア運動史』洛北出版

ホックシールド・A・R／石川　准・室伏亜希［訳］（二〇〇〇）『管理される心―感情が商品になるとき』世界思想社

ボルタンスキー・L&シャペロ・E／三浦直希・海老塚　明・川野英二・白鳥義彦・須田文明・立見淳哉［訳］（二〇一三）『資本主義の新たな精神』［上・下］ナカニシヤ出版

マーグリン・S／青木昌彦［訳］（一九七三）「ボスたちは何をしているのか」青木昌彦［編著］『ラディカル・エコノミクス―ヒエラルキーの経済学』中央公論社

舛本和也（二〇一四）『アニメを仕事に！―トリガー流アニメ制作進行読本』星海社

松本麻里（二〇〇七）「彼女らが知っていること、知っていたこと」『VOL』二、一二五―八

マラッツィ・C／多賀健太郎［訳］（二〇〇七）「機械＝身体の減価償却」『現代思想』三五（八）、五二―六九

マラッツィ・C／多賀健太郎［訳］（二〇〇九）『現代経済の大転換―コミュニケーションが仕事になるとき』青土社

マラッツィ・C／柱本元彦［訳］（二〇一〇a）『資本と言語―ニューエコノミーのサイクルと危機』人文書院

村上　隆（二〇〇六）『芸術起業論』幻冬舎

山田鋭夫（二〇〇八）『さまざまな資本主義―比較資本主義分析』藤原書店

山本泰三（二〇〇九）「ポスト・フォーディズムにおける労働と企業―コーチングを手がかりとして」経済理論学会第五七回大会報告

山本泰三（二〇一一a）「コミュニケーションの動員―認知資本主義論についてのノート」『季報唯物論研究』一一六、三〇―八

山本泰三（二〇一一b）「非物質的労働の概念をめぐるいくつかの問題」『四天王寺大学紀要』五二、六九―八六

山本泰三（二〇一三）「社会的な概念としての賃金労働―R・

カステルを読む」経済理論学会第六一回大会報告
山森　亮（二〇〇九）『ベーシック・インカム入門』光文社
ユンガー・E／川合全弘［訳］（二〇一三）『労働者―支配と形態』月曜社
ラッツァラート・M／村澤真保呂・中倉智徳［訳］（二〇〇八）『出来事のポリティクス―知‐政治と新たな協働』洛北出版
ラッツァラート・M／杉村昌昭［訳］（二〇一二）『〈借金人間〉製造工場―“負債”の政治経済学』作品社
ラファルグ・P／田淵晉也［訳］（二〇〇八）『怠ける権利』平凡社
レイモンド・E／山形浩夫［訳］（二〇一〇）『伽藍とバザール―The cathedral and the bazaar』USP出版
OECD／水元豊文［訳］（一九九九）『知を計る―知識経済のための人的資本会計』インフラックスコム
Bowles S. & Gintis H. (1975). The problem with Human Capital theory: A Marxian critique, *The America Economic Review*, **65**(2), 74–82.
Fumagalli, A. (2005). Bio-Economics, Labour Flexibility and Cognitive Work: Why Not Basic Income? in G. Standing (ed.). *Promoting Income Secirity as A Right: Europe and North America*, London : Anthem Press.
Lazzarato, M. (1996). Immaterial labour, in P. Virno and M. Hardt (ed.). *Radical thought in Italy*, University of Minnesota Press.
Moulier-Boutang, Y. (2008). *Le capitalisme cognitif: La nouvelle grande transformation*, Paris: Éditions Amsterdam.
Virno, P. & Hardt, M. (ed.). (1996). *Radical thought in Italy*, University of Minnesota Press.

## 【コラム3】アレントにおける労働

山本泰三

マラッツィは「経済の言語論的転回」について、J・ハーバーマスによる道具的行為とコミュニケーション的行為の区別を引きつつ論じていたが、ここでH・アレントを想起することはごく自然である。アレントの著書『人間の条件』（アレント 一九九四：原著一九五八年）において、人間の活動的生活は次の三つに区別される。すなわち労働 labor、仕事 work、活動 action である。労働は、「人間の肉体の生物学的過程に対応する」。仕事は、「人間存在の非自然性に対応する」。それは個々の人間の生命を超えて持続する人工的な「世界」を作り出す。活動は、「直接人と人との間で行なわれる唯一の活動力」であり、いわばそれ自体としてのコミュニケーションである。公的領域における発話は活動であり、それはパフォーマンスあるいは政治、そして新たなことをはじめる力である。

アレントにおける労働は、それが仕事と区別されるという独特な取り扱いとも相俟って、かなり内容としては切り詰められているようにみえる。生命維持のはたらきとして不可欠な意義を与えられてはいるものの、労働は人間の人間たるゆえんを規定しない。それは本来は私的領域の内でなされるものであり、人間の「世界」を構築することもない。

このような議論は、古代ギリシャを基準とする政治思想の概念史としてなされているがゆえに、けっきょくは奴隷制という背景を前提にしてしまっている、とみなすこともできる。また、その労働概念は資本主義における特殊歴史的な傾向に強く規定されていたのではないのか、という印象も消しがたい。とはいえアレントの問題提起は本書の問題とも無関係ではありえない。アレントによれば、近代とは「労働」が勝利した時代である。私的領域と公的領域の間に「社会的なるもの」が勃興し、やがてそれは公的領域と同一視されるに至った（「経済」は私的領域に属するものであったが、語義矛盾とさえ言える「政治経済 political economy」という概念が統治という問題系との相関において現われ、やがてその語から「政治」が取り去られることになる）。労働とは必要の充足を専らとする生命過程であり、その意味では消費とも等しい。こうして「世界」は消費の対象となり、ただ一つの利害関心が支配する社会状態が産み出される。近代の政治思想が労働のみを顕揚し、人間の多数性を基本的条件とする「活動」が衰微してしまった状況を、アレントは剔抉している。

マラッツィが捉えたのは、コミュニケーションが労働になること、道具的行為とコミュニケーション的行為（＝「活動」）との二分法がねじれ、バランスを失う、という事態だった。近代における労働の支配というアレント（そしてユンガー）の指摘は、力点をずらせば、この認識とさほど遠くないように思われる。ただし労働の標準的な、アレント的ともマルクス的ともいえそうな定義——いささか単純化するなら、それは「人間と自然とのあいだの関係」というものになるだろう——を固持する限り、現代の労働をめぐる状況は原理からの逸脱として扱う他はなくなる。だが労働という概念は、それ自体「社会的異議申し立てが闘われる移動的な現場」（ネグリ&ハート 二〇〇八）でもあると考えるべきではないだろうか。もっとも、「人間と自然のあいだの関係」という性格を完全に労働から拭い去ってしまうのも乱暴であるが。

【引用・参考文献】

アレント・H／志水速雄［訳］（一九九四）『人間の条件』筑摩書房
ネグリ・A&ハート・M／長原 豊・崎山政毅・酒井隆史［訳］（二〇〇八）『ディオニュソスの労働』人文書院

# 第三章　認知資本主義と創造都市の台頭

立見淳哉　*TATEMI Junya*

## 一　はじめに

この章では、産業集積研究を主軸として、都市という認知資本主義を特徴づける空間的次元について検討を進める。

認知資本主義論が強調するように、今日、経済的価値を実現する上で、知識・情報・コード・情動といった非物質的なものが鍵となる。バイオやITのようなサイエンス型産業、あるいはファッションやデザインなどの創造産業、観光産業などの注目産業はいずれも、知識や情動といった非物質的な生産物の生産にかかわる。サイエンス型産業は科学的知識を、創造産業はデザインや社会的記号などの象徴的知識を、観光産業やディズニーランドは経験や興奮といった情動を生産する。

ネグリとハート（二〇〇五）によると、近代社会を駆動してきた伝統的な製造業がテレビや冷蔵庫などの物的な生活手段を提供するものであったとすると、知識や情動の生産は社会的生そのものの生産を意味し、純粋な経済領域を超えるものである。たとえば、アイデアや知識の生産は、社会が維持される手段を提供するだけではなく社会関係そのものの生産を意味する。非物質的生産物を生み出す過程は、非物質的労働として概念化され、「社会的生の多様な形態の創造に向けられていると言う点で生政治的なもの」（ネグリ&ハート二〇〇五：上巻一二六）であるとされる。

非物質的労働は、労働者階級といった特定カテゴリーに集約されることなく特異性を維持したままの人々が、「コモン the common」と呼ばれる何らかの共有の要素を足掛かりに、コミュニケーションし協働する過程である。たとえば、科学的知識は、過去から蓄積された知識基盤、学術論文や科学者コミュニティ、すなわちコモンを通じた知識や情報の交換の結果、生み出される。こうして生産された知識は、再び共有されコモンとなる。認知資本主義論の視座によると、非物質的労働はコモンを通じたコモンの生産に他ならない。

本章では上記の内容を踏まえて、認知資本主義における生政治的生産の地理的空間としての都市の役割について検討する。空間的観点からは、認知資本主義は社会経済のグローバル化の時代に対応すると同時に、都市への集積と密接なつながりを有する。実際、ネグリとハート（二〇一二）は、非物質的労働が主導的になるにつれて、大都市が生産の空間として重要性を増しているとする。大都市はまさに、コモンとしての「富の厖大な蓄積場所のひとつ」であり、かつての工場空間に置き換わりつつある（ネグリ&ハート 二〇一二：上巻二四六）。大都市には建造環境を形作る物的インフラストラクチャーだけではなく、「さまざまな文化的慣行や知的回路、情動ネットワーク、社会制度などが織りなす生きたダイナミズムでもある。都市に包含されるこれらの〈共〉の要素は、生政治的生産にとっての必要条件であるだけでなく、その結果でもある」（ネグリ&ハート 二〇一二：上巻二四七）。経済的価値は、資本の外部に広がるコモンに由来し、都市はその地理的な支点となっている。

都市におけるコモンの生産は、言葉は違うが、近年の産業集積研究あるいは新しい都市ビジョンの論点にも他ならない。多くの研究が示すところでは、都市はグローバルネットワークの結節点として多様な背景をもった人材を吸引し、彼らが出会うことで知識の相互移転とイノベーションを促進する良好な環境 milieu である。すなわち、工場内での協業に代わって、特異性の偶然の出会いの場を組織することが重要であり、その組織空間が大都市ということになる。

以下では、フォーディズム後の産業転換と産業集積研究の変遷を簡単にたどった後で、近年の集積理論において、都市のコモンを通じた知識創造とイノベーションがどのように捉えられているのかを示す。これを踏まえて、創造都市政策を対象に非物質的労働を前提とした都市の作り変えの実践がはらむ論点について言及する。そして最後に、ボルタンスキーとシャペロの『資本主義の新たな精神』（二〇一三）を手掛かりに、非物質的労働を支える規範的基礎について検討を進める。

## 二　知識創造とイノベーション

### 一　「柔軟な専門化」モデルの一般化？

一九八〇年代以降、ポスト・フォーディズムと呼ばれる新しい社会経済レジームが現れる中で、資本主義の空間は大きな変容を経験してきた。グローバル化の流れの中で特定の都市・地域が繁栄し注目を集めることとなる。東京・ニューヨーク・ロンドンといったグローバル都市だけではなく、ＩＴ産業の聖地であるシリコンバレーや、多くの地場産業地域を包含する「第三のイタリア」地帯など、これまで関心を呼ぶことのなかった地域が「新しい産業空間 New industrial space」(Scott 1988) として台頭し、多くの関心を呼ぶことになる。

これに伴い、ポスト・フォーディズム論とのかかわりで産業集積を主題とした多くの研究が生み出され、活発な議論が行われることとなった。なかでも強い影響力をもった議論に、ピオリとセーブルの『第二の産業分水嶺』(一九九三：原著は一九八四年) がある。ピオリとセーブルの議論は、フォーディズムを特徴づけてきた安定(安全) 性・階層性・硬直性といった諸要素が回避され、プロジェクトとネットワークを通じた柔軟な分業と労働、そして高レベルの不安定性と不確実性が特徴となる時代 (Scott 2014) に適した生産・分業モデルを、「柔軟な専門化 flexible specialization」として先駆的に概念化したものである。

「柔軟な専門化」とは、各工程に専門化した中小企業が柔軟に分業を組み替えることによって、市場の不確実性に対処し、不断のイノベーションを実現することができるとするものである。換言すると、企画開発などいわば非物質的労働を担う企業が、地域外から仕事を獲得し、専門化した中小企業に関連工程をアウトソーシングするモデルであると言える。分業関係は、製品に応じてその都度柔軟に組み替えられ、デジタル機器を使用した熟練労働による質の高い製品が生産される。産業集積の地域コミュニティを基盤とすることで、企業間の競争と協調のバランスが保たれ、企業間が切磋琢磨することで不断のイノベーションが実現するとされた。一九八〇年代を通じて、「柔軟な専門化」モデルは産業集積の理想像となっていく。

しかし、知識基盤経済 knowledge-based economy への移行が明白であるように考えられるようになるにつれ、分業の効率性や取引費用の節約に代わって、イノベーションを支える学習と知識創造に関心が移行する。アクターは産業集積の領域的文脈に埋め込まれていることで (Harrison 1992)、暗黙知の相互移転とイノベーションを実現することができるとの認識が普及していった。「生産の世界」論、イノベーティブ・ミリュー論、集団学習論、社会ネットワーク論などさまざまな議論が展開されているが、分業よりもむしろ、共有された制度・慣行・ルーティン・社会ネットワーク・コミュニティなど純粋な経済領域の外部にある、「取引されざる相互依存性」(Storper 1997)の役割が強調されるようになっている。

「柔軟な専門化」モデルは、少なくとも日本では製造業の効率的な分業モデルとして扱われることが多く、サイエンス型産業や創造産業を対象としたイノベーションや知識創造の議論とのつながりが必ずしも意識されていない。しかし、実際には、これらの産業は「柔軟な専門化」によって強く特徴づけられており、その意味で「柔軟な専門化」は産業の垣根を越えて今日の支配的な潮流になりつつあるといえる。

リチャード・フロリダ(二〇〇八)によると、「創造的」な仕事では、ハリウッドの映画産業の論理が広く観察されるようになっている。映画産業では、プロデューサーが投資家から資金を集め、映画製作というプロジェクトを立ち上げる。俳優や技術者たちが一時的に結集し、制作にあたる。作品が完成するとプロジェクトは解散し、各人は別の仕事(プロジェクト)に移っていく。ネットワークとプロジェクト志向の経済においては、人々は転職を繰り返し、フリーランスや契約社員として働く。

ハリウッドの映画産業の生産システムは、IT産業の聖地であるシリコンバレーと並んで、「柔軟な専門化」の典型例として位置づけられてきたものである。「柔軟な専門化」の強みは、市場の断片化やうつろいやすさが一般化する中で、あたかも映画製作という「プロジェクト」のように、自由に分業を組み替えることによって生産システムの柔軟性や効率性を担保して市場の不確実性に対応することにあった。産業集積を形成し地理的に近接することで、分業の組み替えに伴い発生する取引費用を削減することができる(Scott 1988)。さらには、「独立した「プロデューサー」(すなわち起業家)が投資家に「脚本案」(事業計画)を売り込むように、企業自体が特定の目的のために結成されることが多く、その後すぐに解散し、「才能あふれる人」(高度な技能を持つ職業人)はまた新しい事業へと移っていく」(フロリダ 二〇〇八:三五)ようになっている。

ただし、プロジェクトベースの仕事が一般化している背景として、市場の断片化やうつろいやすさに適応するための「柔軟な専門化」の意味合いに加えて、イノベーションの活動自体が、企業の垣根を越えた社会ネットワークによる知識の結合にますます依拠するようになっていることも見逃すべきではない。近年、社会ネットワークを通じたイノベーションの研究が増加しているが、こうした現実の変化に対応したものであるといえる。社会ネットワークは人々の出会いと、知識というコモンの生産の支えとなる。「喜ばしい出会いは経済的に意義のある行為であるばかりか、多くの面で生政治的経済の頂点をなす」のである（ネグリ&ハート 二〇一二：下巻九三）。

## 二　学習、ネットワーク、コミュニティ

イノベーション自体が開かれたネットワークの中で生起するようになっているが、とりわけ創造産業ではその傾向は顕著である。創造産業では、イメージ、デザインなどの審美性、意味の操作、情動の喚起などに関わる象徴的知識の生産が鍵となる。これらの知識は、多様な背景をもつ「人材」の出会いの中で交換され流通するため、イノベーションの源泉として、ネットワークと結合が決定的な要素となる。また創造産業におけるイノベーションは、新しい着眼点やアイデアから既存のイメージや記号的意味を再解釈したり作り変える過程を含む。この意味で、知識の生産者は、プロデューサーもしくは編集者としての性格を強めている。

イノベーションがアクター間でやり取りされる知識に依拠するようになるにつれ、知識の学習（獲得）における、ネットワークやコミュニティの役割が重視されるようになってきた。認知資本主義論の視点からは、これらはレントの源泉となるコモンに他ならないが、どのようにして知識創造に貢献しうるといえるのだろうか。

まず、産業集積における知識学習を論じる上で、しばしば言及されてきた議論にレイヴとウェンガーの実践共同体論がある（レイヴ&ウェンガー 一九九三）。日本の経営学の文献では、実践共同体が「場」と訳されることもある（ウェンガー&スナイダー 二〇〇七）。実践共同体とは、簡単にいうと、「何かを生産したり、船舶によって航行したり、管理保守したり、何かを演じたり（音楽、演劇など）、研究や開発をするといった実践のために組織化された社会グループ」のことである（上野・ソーヤー 二〇〇六：四五）。メンバーの自発的参加に基づいて協同作業（実践）する集団といってよい。

実践共同体の例として、徒弟制的な職人集団を挙げることができる。知識や技能は親方の頭の中から弟子に一方的に教え込まれるものではなく、構築された状況における実践の中で徐々に習得されていくものである。実践共同体には、集団に固有の言語、ルーティン、規範、機械や道具などの人工物、物語のレパートリーが蓄積されている。メンバーは、親方や兄弟弟子との関係の中で、それらの共的なレパートリーを身につけ、利用し、全体的な仕事の仕組みや個別の作業の意味を理解しながら、一人前の職人に必要な経験と学習を積んでいく。実践共

同体はこうした職人集団だけではなく、現在は企業組織のなかでもさまざまな形で存在しているとされる。

ただし、実践共同体は、とりわけ徒弟制のように強いコミュニティを想定した場合、ラディカルなイノベーションに弱くなる恐れがある。経済社会学者のグラノベッターは、「弱い紐帯の強さ」という言葉で、新しい知識が、強い紐帯よりも弱い紐帯によってもたらされることを示したが、実践共同体が密度の濃い強い紐帯であるならば、新しい知識の流通には不向きであるということになる（Nooteboom 2008）。ノーテブーム（Nooteboom 2008）は、ウェンガーたちの実践共同体が広い射程をもつとしつつも、新しい可能性の探索 exploration よりは古くて確かなものの活用 exploitation に適した学習と捉えている。前者は既存の知識基盤からの断絶をともなうラディカル・イノベーションに、後者は改良の積み重ねに基づく漸進的イノベーションに対応するものである[1]。

ノーテブームは、認知的距離という観点から、アクターの関係性の密度とイノベーションのタイプを関連付けて論じる。距離というと通常は地理的距離が想定されるが、認知的距離はメンタル面での距離のことを指し、制度・慣行・ルーティン・文化などの共通背景すなわちコモンの共有程度によって規定されるものである。

活用と探索の区別から、イノベーションに適した認知的距離について考えることができる。一見すると認知的距離は小さいほど良いように思われるが、コミュニケーションの容易さと引き換えに、新しい視点やアイデアなどが流通しにくくなる代償を強いられる。これに対して、認知的距離が大きければ新奇 novel 知識が得られる可能性は高まるが、コミュニケーションは困難になる。

イノベーションのタイプとのかかわりでは、古くて確かなものの活用（漸進的イノベーション）においては知識の新奇性はそれほど必要にならないために認知的な距離はできるだけ小さい方がよい。対して、新たな可能性の探索（ラディカル・イノベーション）においては、適度な知識の吸収能力と異なる背景の相手から得られる知識の新奇性の双方が重要であり、小さすぎず大きすぎない認知的距離が必要となる。この意味では、開放性が高く緩やかな関係性が、適度な認知的距離を担保し、知識の移転とイノベーションの活動を支える役目を果たしうる。

ここで水野と立見（二〇〇八）を参考にしつつ、以上の議論を都市の形態に関連付けて考えておきたい[2]。都市を産業集積として捉えた場合、大きく二つの形態に区別して考えることが可能である。すなわち、地方の地場産業都市のように同一業種を中心とした形態と、東京や大阪のような多種多様な異業種が集積した大都市型の形態がある。地方の地場産業地域では、産業活動と地域社会の一体性が高く、産業活動に関する考え方も似通っているケースが多くみられる。比較的閉じられたコミュニティで内部の同質性が高く、認知的近接性が非常に高いことが想定される。改善の積み重ねによるイノベーションには強いが、反面、ラディカルなイノベーションが起こりにくいということになる。

他方で、大都市には異業種が集積しており、ラディカル・イノベーションと親和的である。大都市には多種多様な人材や企業がグローバルに集まり、さまざまなネットワークやコミュニティを発展させている。都市という単位でみると、豊富な異質性と多様性から、新奇性の高い知識が流通する可能性がある。[3] ここで、ネグリとハートが指摘するコモンの工場としての大都市の役割が再び想起される。特異性を維持した諸個人すなわちマルチチュードの偶然の出会いと緩やかな結合は、適度な認知的距離に基づくラディカルな要素を含むイノベーションを可能にするものであると捉えることができるのである。

（1）ノーテブームによると、活用と探索の区別は、「漸進的イノベーション」と「ラディカル・イノベーション」の区別ほか、「シングルループ学習」と「ダブルループ学習」（アージリスとショーン）にも対応している。前者は既存の知識基盤の枠内での手直しや改善、精緻化であるのに対し、後者は知識基盤そのものの作り替えを含む。なお、活用と探索とは、マーチの組織学習論のなかで展開されている概念である。マーチ（March 1991）によると、活用の本質は、既存のコンピテンス（能力）・技術・パラダイム（範型・世界観）の精緻化や拡張であり、探索の本質は、新たなオルタナティブの実験にある。活用は、精緻化・選択・生産・効率・選抜・履行・実行といった言葉と、そして探索は、探査・変化・リスクをとる・実験・遊び・柔軟性・発見・イノベーションといった言葉と関連が深い。活用と探索はいずれも組織にとって重要な活動だが、両立が難しい関係にある。

（2）認知的近接性と都市の形態に関する基本的アイデアは、水野（二〇〇七）によるものである。

（3）ただし、これは都市全体のレベルでの話で、特定の個人や企業に話を絞れば、大都市に立地しつつも、それぞれの業種や地区の中で特定の強固なネットワークやコミュニティを構築しているケースは少なくなく、その場合には、認知的近接性は高いが根本的な発想の転換を伴うイノベーションはなかなか起きないことになる。かつての東京・城南地域や大阪・東大阪地域といった大都市（圏）のモノづくり集積を例にとるとイメージしやすい。たとえば東京の大田区のような地域では、産業活動と地域社会が混然一体となった「産業地域社会」を形成し、それが暗黙知の移転を促し、技能継承など職人の育成や新規創業のベースを提供してきた。大都市型集積ではあるが、認知的近接性に関しては、地場産業地域と類似した特徴をもっているといえる。

## 三 「創造」都市の構築

### 一 創造階級と創造都市

イノベーションに適した大都市という環境は、創造都市という新たな都市ビジョンを形成するまでに至っている[4]。その火付け役の一人に、リチャード・フロリダがいる。

フロリダ（二〇〇八）によると、今日アメリカの労働人口のおよそ三分の一が何らかの創造性を必要とする職業に従事しており、創造階級（クリエイティブ・クラス）と呼びうる社会層を形成している。サイエンス型産業や創造産業を担うのは、創造階級に属する人々に他ならない。創造階級は個人志向が強く、暮らしや生き方の質を重視するとともに、自由な移動を特徴とする。頻繁な転職によって企業への帰属意識が高くない代わりに、居住する場所の質には敏感である。半匿名的で開放的なコミュニティ、豊富な文化的アメニティ・自然環境を備えた場所が、創造階級を惹きつける。

都市の経済成長は今や創造階級に好まれる環境を構築できるか否かにかかっている。なぜなら、かつてに比べて、創造的活動の担い手の重要性が決定的に高まっているからである。フロリダが提起するのは、人材が立地する場所に企業が立地するという論理である。創造階級を多く惹きつけ、ネットワーク、コミュニティ、文化、共通の知識基盤などのコモンにあふれ、人びとの創造的活動を促進する都市、すなわち創造都市こそが創造経済（クリエイティブ・エコノミー）にとっては重要である[5]。

創造都市におけるイノベーションについて、コアンデとサイモン（Cohendet & Simon 2008）の説明が具体的なイメージを助けてくれる。彼らが具体例として引用するのはカナダの「創造都市」モントリオールである。モントリオールは、歴史的建造物も多く、フランス語と英語が飛び交う独特な文化をもつ、人口約一六〇万人（大都市圏では約三七〇万人）のカナダ第二の都市である[6]。モントリオールには世界的に有名な企業として、ゲーム産業のUbisoft、エンターテイメントのLe Cirque du Soleil、広告のCossette CommunicationとSid Leeが立地している。なかでも、サーカスのシルク・ドゥ・ソレイユは、その芸術性の高さが日本でもよく知られる。

コアンデとサイモンによると、これらの企業は大規模な研究開発部門などをもたず、また野中と竹内（一九九六）流の企業内部での知識管理の手法（SECIモデル）も発展させていない。これらの企業の創造性は、企業の垣根を越えた無数のコミュニティの存在と、コミュニティ間の相互作用によってもたらされている[7]。知識創造はコミュニティに依存しており、また知識創造に不可欠な知識の吸収能力の構築は、創造都市の土壌で育まれるという。創造都市は、むしろ複数のプロジェクトを管理し束ねる役割である。

これらの企業は、企業内外の、複数のジャンルの違うコミュニティから得られる多種多様な知識を統合して、知識創造とイノベーションを実現する。たとえばゲームソフト会社であれば、ソフトを動かす技術だけではなくコンテンツの中身が重要だが、コンテンツの新しい知識は地域の文化産業コミュニティとのつながりの中で得られる可能性がある。アーティストやクリエイティブな人材は、知識集約企業の専門家コミュニティに属すと同時に、音楽バンドや短編映画の撮影などの趣味もしくは共通関心のコミュニティにも所属する。つまり仕事の外でも何らかのコミュニティに属しているのである。そうした活動が都市のなかで活発に行われることで、相互の学習や社会関係資本の形成がいたるところに生起し、都市レベルで知識の吸収能力（知識が流通するための認知的基盤）が育まれる。そしてそれが、翻って、知識集約企業によって雇用されている専門家コミュニティを育てることになる。大規模な知識集約企業と創造都市が、その従業員

（4）創造都市論は、チャールズ・ランドリー、リチャード・フロリダ、日本では佐々木雅幸といった論者によって主導されてきた。

（5）創造都市論は決して一枚岩でないことは強調しておく必要がある。中小規模の地方都市を念頭に概念化を行ってきたランドリーや佐々木の議論は、フロリダの「アメリカ型創造都市論」とは一線を画するとされる（佐々木 二〇一〇）。そこでは、文化・芸術政策を軸にした創造性の育成に加えて、社会包摂（social inclusion）の効果が強調されている。

（6）モントリオール市の統計によると、モントリオール市の経済構造は、製造業部門からサービス部門への変化の真っただ中にある（La ville de Montréal 2008）。二〇〇八年の就業者数九五万六二〇〇人のうち、製造業部門が一四万八六〇〇人、サービス部門が八〇万七六〇〇人となっている。対前年比では、製造業部門が五・二％の減少に対し、サービス部門は一・八％の増加である。サービス産業の中でも特に伸びているのが、健康ケア・社会扶助と宿泊・外食サービスで、前者は対前年比で八六〇〇人（八・二％）の増加、後者が六〇〇〇人（九・六％）の増加となっている。

（7）組織内部で専門化した知識を創造するためには、知識インフラ（モデル、文法、コード、等々）の構築にかかる固定費用が必要になる。変化の激しい環境においては、そうした費用が回収不可能な埋没費用となる可能性が高いといえよう。無視できない大きさの埋没費用を避けるために、企業は組織内の専門部署で知識創造を行うのではなく、企業内外のコミュニティを発展させる（Cohendet & Simon 2008）。

たちを媒介として共進化していくとされる。

## 二　創造都市政策

認知資本主義論と上記の議論は、いずれも、マルチチュードが出会い、コミュニケーションと協働を通じてコモンが生産される地理的空間として大都市を位置づけているように思われる。ネグリとハート（二〇一二）は、事実、リチャード・フロリダの議論に対しても好意的な紹介をしている。非物質的労働が、知識、情動、イメージ、社会関係そのもの、したがって主体性を生み出すものであると考えるならば、確かに創造都市は、資本の外部にあるコモンに基づくコモンの生政治的生産の場であり、社会を変革するモーターともなりうる。それにもかかわらず、創造都市の一義的な評価は必ずしも容易ではない。今日世界的に最も影響力のある経済地理学者といってよいデヴィット・ハーヴェイは、ネグリとハートが都市空間をコモンの生産の工場とする点に共感しつつも、彼らがフロリダの創造階級論を評価していることに対してはいささか驚いたとしている（ネグリ他二〇一三）。とりわけ、創造都市政策に向けられてきた批判を考慮すれば、ハーヴェイの驚きは不思議ではない。

創造都市政策は、フロリダの創造階級論を一つの論拠としながら、二〇〇〇年代以降の世界の都市政策のトレンドを形成してきたものである。たとえば、創造産業振興に力を注ぐイギリスでも、以前から行われてきた文化政策が二〇〇〇年代以降に創造都市政策として認識されるようになった背景にはフロリダの議論がある（Pratt 2010）。企業のグローバル展開によって、企業誘致などの従来型の政策手法が行き詰まりを見せる中、政策担当者にとってフロリダによって提起された都市の成長論理は熱狂的に歓迎された（Cohendet & Simon 2008）。しかしその一方、批判的立場をとる研究者も少なくなく、多くの論争と批判を巻き起こしている。

たとえば、歴史的に育まれる関連産業の存在など生産システムの重要性が考慮されていないことや（Scott 2008）、結局は創造階級の誘致をめぐる新自由主義的な都市間競争論であるとする批判が寄せられてきた（Peck 2005, 長尾・笹島二〇一二）。とりわけ後者は、社会的排除の問題ともかかわる。都市のインナーシティに立地する労働者階級の地区は、都心へのアクセスのよさもあり、新しい認知的・文化的エリートの流入や、自治体による再開発計画、大企業による大規模投資プロジェクトによって様変わりしている（Scott 2008）。古い経済と決別し、知識・文化集約的な経済への移行する過程で、老朽化した建物はアップグレードされ、ギャラリー、アートセンター、ファッション関連の店舗に転用される。低所得層の立ち退きを

ともなう、ジェントリフィケーションと呼ばれる過程が生じている。(8)

ハーヴェイが指摘するように、都市の社会的世界とコモンの創造はすべての人に開かれていなくてはならないが（ネグリ他 二〇一三）、ジェントリフィケーションはその可能性を消し去る効果をもつ。スコットの言葉を借りれば、ジェントリフィケーションによって、民主主義的価値や社会的連帯の基礎的条件となる「都市への権利」（ルフェーブル 二〇一一）は遠のいてしまう。フロリダ自身は、近年、創造経済の大きな課題として社会格差にも言及しているが、創造階級によって主導される経済を肯定的に捉えていることに変わりはない。(9)

こうした問題を踏まえて、スコットは、異なる切り口で今日の都市を捉えようとしており、「創造」という表現を避け、認知的・文化的経済 cognitive-cultural economy という言葉を提起する（Scott 2008, 2014）。この語は、ムーリエ＝ブータンらの認知資本主義論から着想を得たもので、新しい経済が「創造的」とは無縁な諸活動を不可避的に包含する側面にも目を向けさせてくれる。知識創造やマネジメントに関わる創造的活動は、実際には、多くの単調な肉体労働やサービスに従事する人々によって支えられている。都市の内部もしくは周辺に立地するスウェットショップ（苦汗工場）のような劣悪で低賃金の労働や、ハイテク部品の単純な組み立て作業、ビルの清掃・管理、ホスピタリティ産業、子守といった活動である。スコットは、こうした基本的には単調な労働であっても、判断

（8）アンディ・プラット（Pratt 2010）によると、たとえばイギリスの創造都市政策は、少なくとも次のような四つの特徴をもつという。第一に、文化の道具主義的利用である。文化を他の政策領域の目的達成のための道具として扱う傾向がある。第二に、この点とかかわり、場所マーケティングと場所間競争による経済開発である。近年の国際化都市は海外直接投資の誘致を巡って激しい競争をしており、場所の差別化のために文化が動員される。以上が、新自由主義的政策として批判される側面であると考えられる。第三に、社会包摂である。文化政策を通じて社会的緊張を和らげ、人々の健康と福祉の改善を小規模かつ近隣レベルのプロジェクトを通じて行う。第四に、文化・創造産業の育成である。ただし、文化振興に向かうよりも歴史的建物のリノベーションなどインフラ整備を通じた経済開発が第一義的な目的となる傾向がある。

創造都市政策とフロリダの創造階級論に対する批判は、特に一点目と二点目にかかわるものであろう。

（9）ジェントリフィケーションについては、資本によるコモンの収奪の問題としてネグリとハート（二〇一三）も強く危惧しているものであることには注意しておく必要がある。

などの認知的柔軟性あるいは文化的な感性をある程度必要とするようになっており、その意味で認知的・文化的経済の一端を占めるとする。スコットの議論は問題提起的で十分に掘り下げられていない部分もあるが、創造経済の負の側面も含めた概念化の必要を示唆していよう。

創造都市の負の側面ともかかわるが、続く節では、ボルタンスキーとシャペロの『資本主義の新たな精神』（二〇一三）を参照することで、都市のコモンそして生政治的生産と、資本主義の精神のかかわりについて検討を進める。なお、山本によると、認知資本主義論とボルタンスキーとシャペロの議論は複数の基本認識を共有しており、補完的関係にあるといえる（Yamamoto 2013）。

## 三　「資本主義の新たな精神」

以上に述べてきた創造経済もしくは認知的・文化的経済と、ボルタンスキーとシャペロ（二〇一三）が論じた、「資本主義の新たな精神」を支える「プロジェクトのシテ Cité par projet」の諸特徴との間には明らかなオーバーラップが見て取れる。ボルタンスキーとシャペロのフランス語版原著は一九九九年に出版されており、主として二〇〇〇年代に展開されたフロリダの議論に先行するものである。

シテとは聞きなれない言葉だが、人びとによって共有される共通の価値世界であり、もともとはボルタンスキーとテヴノー（二〇〇七、原著は一九九一）で提起された概念である。資本主義を含むあらゆる社会秩序は、特定の規範的価値（シテ）の共有に基づく、人や事物の格付けの整合性によって成り立つ。プロジェクトのシテは一九九〇年代を通じて新たに出現した正当化の秩序であり、資本主義の新たな精神を特徴づけるものである。[10]ボルタンスキーとシャペロによると、資本主義は人々を資本主義に駆り立てる仕組みを自らではもたず、外部に依拠せざるを得ない。資本主義は自らに対する批判を取り込みながら、人々を資本蓄積に駆り立てる論拠を備える。

批判には、社会的批判と芸術家的批判という二つのタイプがあるが、[11]一九八〇年代以降、資本主義は、自由や個人の自律性や真正性を告発の論拠としてきた芸術家的批判を一部取り込むことで、社会的批判をかわし移動してきたとされる。

芸術家的批判は、一九世紀以来、芸術家や研究者が主張してきた、自由、解放、真正性の要求である。大胆に要約すれば、それは、個人を縛るあらゆる制約からの解放 emancipation を求める。[12]そこでは、人は肩書や集団の属性ではなく、固有の人格をもった人として扱われ、自由な個人が自律的に社会をつくらなくてはいけない。

資本主義社会では、細分化された分業のなかで人間は労働力として標準化された機械の部品同様に扱われ、容易に置き換えられる。また、そうして大量生産された無個性な複製品や、企業の差別化戦略として表層的なイメージをまとった商品が津々浦々に浸透し、生活から意味や象徴的な要素が失われる。芸術家的批判は、人間であれ商品であれ、固有の質をもった「本物」、つまり真正性を要求する。こうした批判を取り込んだ規範が、ネットワーク、プロジェクト、イノベーション活動を支える。

　プロジェクトのシテにおいては、家政的な共同体や、大組織の硬直的なヒエラルキーに代わって、人々は特異性をもつ個人として水平的なネットワークによってつながり、プロジェクトを介して仕事をする。人々は、あるネットワークから得られた知識・情報を使い、他のネットワークで利潤を引き出す（構造的空隙にイノベーションの端緒を見出すネットワーク論が想起される）。特に新たな資本主義のもとでは、移動できるものと移動できないものの非対称的な関係が存在し、前者は後者から利潤を引き出す。また、ネットワークでは人格的な関係がベースとなる。この世界では、親しみやすく、どのようなネットワークにもアクセス可能で、肩書に縛られないユニークな性格で人を魅了し、彼らをネットワークに参加させ、人と人をつなぐことができる人物こそが偉大である。つまり、イノベーションの要となるネットワークを育む能力をもつ人物である。

　このようにボルタンスキーらによって析出された「プロジェクトのシテ」は、認知資本主義論のいう生政治的生産を支える規範的支柱であるといえよう。「プロジェクトのシテ」が、社会ネットワークを通じたプロジェクト型の仕事、コモンを通じたコモンの生産を支えている。

　フロリダの創造階級論や創造都市政策もまた、「プロ

(10) 資本主義にはこれまでに三つの精神があるという。すなわち、資本主義の勃興から戦前までの第一の精神、そして戦後の高度成長を支えた第二の精神、最後に今日現れつつある経済を特徴づける第三の精神である。資本主義の第一の精神はブルジョワという人物像と結びついており、家政的シテと商業的シテとの妥協に依存していた。そして、資本主義の第二の精神は、産業的シテと公民的シテ（そして副次的には家政的シテ）との妥協に基づくものであった。効率性・パフォーマンス・官僚制的機構など工業の論理と、団体交渉など公平性の論理が融合したものであると言い換えてもよい。

(11) 賃金や労働条件の改善を要求する社会的批判が第二の精神を準備した。これに対し、芸術家批判は、資本主義の第二の精神に基づく社会経済システムを弱体化させ、今日の精神へと帰結してきた。

(12) ある社会集団へのレッテル貼りや差別など特殊な疎外ではなく、一般的疎外と呼ばれるあらゆる決定からの解放である。

ジェクトのシテ」によって支えられているといえるわけだが、それらは翻って、「プロジェクトのシテ」を強化する役割を果たしていると考えられる。ここで、「空間の生産」をめぐるルフェーブルの議論を想起することが有用である（ルフェーブル 二〇〇〇）。空間は一見中立的な装いをしているが、その背後には空間を社会的に生産する政治が存在している。空間は、〈知覚されるもの〉（「空間的実践」）、〈思考されるもの〉（「空間の表象」）、〈生きられる経験〉（「表象の空間」）という三つの契機の相克的な絡み合いの中で生産される。

ルフェーブルは、「この三つの領域が全体として整合性を有しているかどうかは、また別問題である」とし、「おそらく恵まれた状況においてのみそうなるのであろう。共通の言語活動、合意、規範 code が確立されているような状況がそれである」としている（ルフェーブル 二〇〇〇：八五）。少なくとも、創造都市政策（空間の表象）と、創造階級による都市の社会生活（表象の空間）、「創造的」な建造環境の知覚（空間的実践）を念頭に置けば、今日の都市は、「プロジェクトのシテ」という「新たな資本主義の精神」によって、創造経済を支える空間として社会的に構築されつつあるようにもみえる（Tatemi & Nagao 2016）。

ボルタンスキーらの議論に戻れば、人びとの正当化の過程を通じてシテが共有され安定化するためには、事物、慣行、規則といった諸装置を構築しなくてはならない。たとえば、ジェントリフィケーションを通じて都市の土地利用と社会経済的景観が「創造的」なものに作り変えられることによって、「プロジェクトのシテ」は中立的な装いのもとで可視化され安定化されうる。可視化の極端な例としてアジアの諸都市が挙げられよう。スコット（Scott 2008）によると、香港・シンガポール・上海・クアラルンプールなどアジアの巨大都市は、ドラマチックなモニュメント群を建造することで認知的・文化的生産の時代を主導する都市であることを象徴的に宣言している。

## 四　おわりに

産業集積論を手掛かりに、認知資本主義論における地理的空間の次元として都市あるいは産業集積の役割について検討してきた。ネグリとハートの見方によれば、都市は資本によっては生産され得ない、知識・情動・イメージ・社会関係といったコモンの生産工場である。そしてそれは、マルチチュードと民主主義の地理的ベースとなる可能性を有しているといえよう。

しかし他方では、フロリダの創造階級論や創造都市政策への批判が示すように、排除を伴いつつ都市を「創造的」な環境に作り変えるジェントリフィケーションのような問題が存在する。また、ボルタンスキーとシャペロがいうように、創造階級の好む特異な他者を受け入れる開放性・自律性・真正性といった諸要素が、「プロジェクトのシテ」として資本主義の精神を支えるものであるとすれば、フロリダの議論を手放しに評価することは難しい。新たな資本主義は、マルチチュードによる社会変化の可能性を含むと同時に、都市間競争や格差問題の根源ともなっているのであろうか。いずれにせよ、都市におけるコモンの創造をすべての人に開かれたものにする手だてを議論しなくてはなるまい。

**【引用・参考文献】**


上野直樹・ソーヤーりえこ［編著］（二〇〇六）『文化と状況的学習―実践、言語、人工物へのアクセスのデザイン』凡人社

ウェンガー・E&スナイダー・W・M（二〇〇七）「「場」のイノベーション・パワー」ハーバード・ビジネス・レビュー編集部『組織能力の経営論―学び続ける企業のベストプラクティス』ダイヤモンド社、二三四‐五九

佐々木雅幸（二〇一〇）「創造都市論の新展開」大阪市立大学大学院創造都市研究科［編］『創造の場と都市再生』晃洋書房

長尾謙吉・笹島秀晃（二〇一二）「創造都市をめぐる省察」『日本都市学会年報』四五、一二一‐三〇

ネグリ・A&ハート・M／水嶋一憲・市田良彦［監修］幾島幸子［訳］（二〇〇五）『マルチチュード―「帝国」時代の戦争と民主主義［上］［下］』日本放送出版協会

ネグリ・A&ハート・M／水嶋一憲［監訳］幾島幸子・古賀祥子［訳］（二〇一二）『コモンウェルス―「帝国」を超える革命論［上］［下］』日本放送出版協会

ネグリ・A、ハート・M&ハーヴェイ・D／吉田　裕［訳］（二〇一三）「「コモンウェルス」をめぐる往還」『現代思想』四一（九）、七二‐八九

野中郁次郎・竹内弘高／梅本勝博［訳］（一九九六）『知識創造企業』東洋経済新報社

バート・R・S／安田　雪［訳］（二〇〇六）『競争の社会的構造―構造的空隙の理論』新曜社

ピオリ・M&セーブル・C／山之内　靖・永易浩一・石田あつみ［訳］（一九九三）『第二の産業分水嶺』筑摩書房

フロリダ・R・L／井口典夫［訳］（二〇〇八）『クリエイティブ資本論―新たな経済階級の台頭』ダイヤモンド社

ボルタンスキー・L&シャペロ・E／三浦直希・海老塚　明・川野英二・白鳥義彦・須田文明・立見淳哉［訳］（二〇一三）『資本主義の新たな精神［上・下］』ナカニシヤ出版

ボルタンスキー・L&テヴノー・L／三浦直希［訳］（二〇〇七）『正当化の理論―偉大さのエコノミー』新曜社

水野真彦（二〇〇七）「経済地理学における社会ネットワーク論の意義と展開方向―知識に関する議論を中心に」『地理学評論』八〇（八）、四八一‐九八

水野真彦・立見淳哉（二〇〇八）「認知的近接性、イノベーション、産業集積の多様性」『季刊経済研究』三〇（三）、一－一四
ルフェーブル・H／斎藤日出治［訳］（二〇〇〇）『空間の生産』青木書店
ルフェーブル・H／森本和夫［訳］（二〇一一）『都市への権利』筑摩書房
レイヴ・J&ウェンガー・E／佐伯 胖［訳］（一九九三）『状況に埋め込まれた学習―正統的周辺参加』産業図書
Cohendet, P. & Simon, L. (2008). Knowledge-intensive firms, communities, and creative cities. A. Amin & J. Roberts (eds.), *Community, economic creativity, and organization*, Oxford; New York: Oxford University Press, pp.227–53.
Harrison, B. (1992). Industrial district: Old wine on new bottles? *Regional Studies*, **26** (5), 469–83.
La ville de Montréal (2008). *Le bilan économique de l' agglomération Montréal.*
March, J.G. (1991). Exploration and exploitation in organizational learning. *Organization Science* **2** (1), 71–87.
Nooteboom, B. (2008). Cognitive distance in and between communities of practice and firms: Where do exploitation and exploration take place, and how are they connected? A. Amin & J. Roberts (eds.). *Community, economic creativity, and organization*, Oxford; New York: Oxford University Press, pp.123–47.
Peck, J. (2005). Struggling with the creative class. *International Journal of Urban and Regional Research*, **29** (4), 740–70.
Pratt, A. (2010). Creative cities: Tensions within and between social, cultural and economic development. A critical reading of the UK experience. City, *Culture and Society*, **1** (1), 13–20.
Scott, A. (1988). *New industrial spaces*. London: Pion.
Scott, A. (2008). Resurgent metropolis: Economy, society and urbanization in an interconnected world. *International Journal of Urban and Regional Research*, **32** (3), 548–64.
Scott, A. (2014). Beyond the creative city: Cognitive–cultural: Capitalism and the new urbanism. *Regional Studies*, **48** (4), 565–78.
Storper, M. (1997). *The regional world: Territorial development in a global economy*. New York: Guilford Press.
Tatemi, J. & Nagao, K. (2016). New spirit of capitalism and the social construction of the "city". P. Batifoulier et al (eds.), *Dictionnaire des conventions: Autour des travaux d' Olivier Favereau*. Presses Universitaires du Septentrion.
Yamamoto, T. (2013). Cognitive capitalism and the new spirit of capitalism : An attempt of brief comparison. *Paper for the European Association for Evolutionary Political Economy 2013 Conference at University of Paris 13.*

## 【コラム４】ジェントリフィケーション　立見淳哉

ジェントリフィケーションという言葉は、一九六四年に社会学者のR・グラスがロンドンの変貌を捉える上で使用したことに始まる（Glass 1964）。インナーシティと呼ばれる、労働者階級など低所得層が居住する都心付近の一帯に富裕層（ジェントリ）が流入することで、老朽化した地区が刷新され住民構成が入れ替わることをいう。衰退地区の再生の切り札として注目される一方で、都市の中心部付近から貧困層を立ち退かせ、一部の富裕層のために都市を作り代えるものとして、多くの批判にもさらされてきた。

ジェントリフィケーション批判の旗手として社会経済地理学者のニール・スミスがいる。スミスによるとジェントリフィケーションは、資本蓄積の枠組みで理解されるべきものであり、レント・ギャップ（地代格差）に基づく資本の再投資によって引き起こされるものに他ならない。レント・ギャップとは、適切な土地利用がなされた場合の潜在的地代と、実際の地代（資本還元された地代 capitalized ground rent）の差を意味する。そして、潜在的地代を獲得する機会が、資本にとってジェントリフィケーションへのインセンティブとなる。

この意味で都市のインナーシティは、理想的な条件を提供する。それは、潜在的地代が高いにもかかわらず、資本が引上げ老朽化した現状の土地利用のために地代が著しく低い一帯であり、より多くの差額の地代が見込まれるからである。ただし、それは既存ストックの改修に限られるものではない。地代格差の視点に立てば、ウォーターフロント、大規模工場跡地、物流倉庫、鉄道跡地の再開発事業もまた歴然としたジェントリフィケーションである。巨大開発プロジェクトは、近年、世界各地で計画・実行されており、東京や大阪も例外ではない。

インナーシティに話を戻すと、ニューヨーク・マンハッタンのロワー・イーストサイドの例では、一九八〇年代に不動産業と文化産業（芸術家、ギャラリー、批評家、パフォーマーなど）が都市の荒廃地を「とびきりに洗練された地」に変貌させたが、その際、その地区の「生々しさ」がアピールポイントとなった（スミス二〇一四：二九‐三二）。スラムの文化が前衛的なアートへと翻訳され表象されることで、魅力的な地域の「個性」が作られ、レント（地代）を押し上げた。不動産業者がとった戦略は、アーティストのために当初は家賃を低く抑え、地区のレントを押し上げるというものだった。しかし、一九八〇年代後半には家賃は高騰し、ギャラリーが相次いで閉鎖することになる。

資本が潜在的地代を実現する上で文化と歴史ほど格好の素材はない。経済地理学者のデヴィット・ハーヴェイ（二〇一三）は、私的所有の独占権力によって生み出される独占レント概念の観点からこの点を論じている。独占レントとは、ある特別な質をもった資源・商品・立地を独占的に所有し支配することで得られる独占価格に基づくレントである。都市のコモンであるスラム文化がアートを通じて地区に特異性と真正性を与えたように、歴史と文化は商品や土地に特別な質を付与し独占レントを引き出すことを容易にする。ブルゴーニュのシャンボール・ミュジニー村のような特別な土地で生産されたワインが独占価格で販売されるだけではなく、その土地そのものも取引の対象になりうるように、レントは直接的にも間接的にも得られうる。ジェントリフィケーションは、地代格差に加えて、独占レントの観点からグローバルな都市間競争の中で、都市のコモンを収奪しつつ都市をブランド化し作り変える資本の動きとしても理解することができるのである。

ただし、ジェントリフィケーションを通じたコモンの腐敗にとどまらない、オルタナティブな可能性もまた存在しうる。ハーヴェイは、独占レントの基盤となる場所の真正性や独創性とその商業的な利用の間にある矛盾の中に新しい対抗運動の芽をみる。ハーヴェイの言葉を引用しておこう。「資本家は、真正性、地域性、歴史、文化、集団的記憶、伝統といったものの価値を商売に利用して独占レントを追及するのだが、そのことによって資本家は、政治的な思考と行動のための空間を、その内部で社会主義的オルタナティブが案出され追求されうるような空間を切り開いているのである。文化生産者と文化生産を自分たちの政治戦略にとって鍵となる要素として包含している対抗運動は、このようなコモンズの空間を真剣に探究し育んでいかなければならない」（ハーヴェイ 二〇一三：一八九－一九〇）。

【引用・参考文献】

スミス・N／原口 剛［訳］（二〇一四）『ジェントリフィケーションと報復都市―新たなる都市のフロンティア』ミネルヴァ書房
ハーヴェイ・D／森田成也・大屋定晴・中村好孝・新井大輔［訳］（二〇一三）『反乱する都市―資本のアーバナイゼーションと都市の再創造』作品社
Glass, R. (1964). Introduction: Aspects of change. centre for urban studies (ed.), *London: Aspects of change*. London: MacKibbon and Kee, xiii-xlii.

# 第四章　コモンにおける真正性の試験と評価

## ――テロワール・ワインと有機農産物を事例に

須田文明　*SUDA Fumiaki*

## 一　はじめに

現代資本主義、すなわち非物質的（無形遺産的 intangible）蓄積体制と我々が呼ぶレジームにおいては、情動労働や非物質的な価値、事物の真正性が資本蓄積の源泉となることがしばしばである。本章では事物の真正性に関する試験装置を特に検討することになろう。非物質的蓄積体制において真正性が重要な位置を占めている、という理由の他に、事物の真正性をめぐる試験の問題がフランスの社会諸科学全体の「プラグマティックな転換」（Bessy & Chateauraynaud 1995: 432）をともなっていたからである。それはベッシーとシャトーレイノーの「手がかり prise」やエニオン（Henion）やテーユ（Teil）の「テイスト goût」、ボルタンスキー、テヴノーの試練＝試験、カルピーク（Karpik）の「特異性」などとして検討された。コモンにおいて事物の真正性を試験し、それが資源としての外部性として企業に捕捉されるメカニズムを分析するために、読者は本章の中に、レギュラシオン理論、コンヴァンシオン経済学、価値の経済学（économie de la grandeur）、アクターネットワーク理論などの手法が雑多に援用されているのをみることになるかもしれない。しかしマルチチュード派の「脳の協働」には事物の占める場がない。我々としては、コモンの中に事物の正統な場所を付与するためにこうしたフランスのプラグマティックな社会諸科学を動員することになったのである。経済の金融化と相まって、重要なのはもはやファンダメンタルズ（選好や資源、技術的効率性）ではなく、オルレアンが「経済における認知的転換」と呼ぶように、経済において個人的、社会的表象が演じる役割なのである（オルレアン二〇一六）。

## 二　認知資本主義下のコモンの地主的領有

### 一　外部性としてのコモン：非物質的蓄積体制下での価値の源泉

まず我々は、本章の叙述を始めるに当たり、マルチチュード派の「コモン」論と、一部のレギュラシオニストによる「非物質的蓄積体制」を論じることにしよう。

認知資本主義における新しい資本・労働関係の主要な特徴として、ネグリらは、労働の認知的次元の増加を挙げている（Negri & Vercellone 2008）。つまり固定資本に具体化されている知識や企業のマネージメント組織に対して、生きた労働により動員される生きた知識のヘゲモニーを強調するのである。こうした知識はますます集合的に生産され、また共有されるのであり、企業の枠組みに収まりきらないのである。このように知識の生産はますます、企業システムや市場システムの上流でなされ、資本の価値増殖の論理の内部ではなされない。従来の知識資本主義論は、知識の生産を企業の研究開発部門などの専門的な部局が担うと考えてきたが、社会全体が知識の生産を担っているのである。こうして脳の協働により生産された知識の、企業による包摂は、地代の取得と比較しうることになる。ここから「コモンの地主的領有」という表現がなされる。このように企業の競争力は、外部経済、つまり地域やグローバルな（インターネットを通じた）認知的資源に由来する生産的剰余を捉える能力に由来するのであり、これこそマーシャルが、「社会の一般的進化」に由来する「無償の贈与」を示すために、「レント」と呼んだものである。要するに非市場的なことが市場競争力において決定的な要素をなしているのが、認知的資本主義なのである。ネグリらは、「一般的知性」の生産において、主要な固定資本が人間自身となっていることを考慮して、価値法則と三位一体形式（賃金と利潤、レント）とを超えた社会的協働の論理を提起し、こうした展望において、無条件のベーシックインカムを求める闘争、つまり再分配に由来するのではなく、価値と富の生産の社会的性格に由来するベーシックインカムを構想するのである。

以下ではどのように無形的価値創造の空間であるコモンがポスト・フォーディズムないし非物質的蓄積体制に包摂されるかを示す。この蓄積体制においては価値創造過程が、その非物質的次元へと移動しているのである。コモンとは、経済学でいう「外部性」概念に近い（カロン二〇一六）。これは、当該の市場取引関係に従事しているアクターA、B、C、……が実施する取引が、この市場取引に参加していないx、y、zの資源に与える効果のことである（プラスのこともあれば、マイナスのこともある）。ムーリエ＝ブータンは、『ミツバチと経済学者』という本で、外部性を説明するのに、ミツバチの行う受粉活動をあげている（Moulier-Boutang 2010）。花の蜜を集めるミツバチの活動がなければ農産物は生育せず、農業者は貨幣所得を得られない。ミツバチは農業者が所得を得られるように、とせっせと蜜を集めているわけではない。

ところで実際には、こうした外部効果は地域的に根付き、部門種別的に関与するアクターの間でのコーディネーション様式に依存する。要するに我々は、裸の「脳」たちの紐帯によってではなく、石と砂とセメントで社会が構成されている（ラトゥール）ことを想起させるべく、脳に、手と目と鼻といった事物捕捉器官を与え、地域に足を付けさせせようとするのである。

さて、上述の外部性概念により以下のことを考えることができる（Du Tertre 2007）。

・この効果は制度的布置に依存し、アクターの間でのコーディネーションを促す。
・この種の効果は単に私的、もしくは民間生産組織によるのではなく、貨幣領域外での個人や社会集団の活動にもよる。
・これらの効果は蓄積され、長期に持続し、個人や経済実体、社会集団にとってアクセス可能な資源をなし、「非物質的集合的遺産 patrimoine」をなす。

こうした効果は制度的に統治されるコーディネーションを通じて「資源としての外部性」を産出する。ここで生み出される価値は貨幣領域外での社会的構築物であるが、これらの価値は貨幣領域へと再接合されうる。それは、これらの資源が資本の価値増殖過程に再導入される場合である。資源としての外部性においては、アクターの間でのコーディネーションの質こそが、創出される富の源泉である。このようにして蓄積される「非物質的集合的遺産 patrimoine」は、制度的ダイナミズムにも、個人的、集合的アクターの活動にもよる。これらの活動は生産的でも、非生産的でもありうるし、市場的でも、非市場的でもありうる。「集合的遺産」は価値創出のダイナミズムの非貨幣的次元と貨幣的次元を接合する。これこそまさにネグリらのいうコモンのことに他ならない。

こうして「資源としての外部性」と「非物質的集合的遺産」という概念が非物質的蓄積体制下において重要な役割を有しており、経済ダイナミズムが、非物質的なる価値に基づいていること、これらの価値の生産の論理が、主要な「外部効果」を作用させることを考えさせてくれる。

財の非物質的品質や真正性、非物質的な関係的サービスや情動労働が資本蓄積において重要な役割を演じている。資源としての外部性の普及効果は、アクターの間での関係の質に依存し、コーディネーション様式、ガバナンス装置に依存するのであり、非物質的集合的遺産の資本による捕捉のためのメカニズムを検討しなければならない。

## 二　非物質的投資とコモンの地主的領有

上述のようなマルチチュード派の「認知的資本主義」論と同様のパースペクティブにおいて、レギュラシオニストの一部は、非物質的蓄積体制とそこでの非物質的投資の位置づけについて興味深い議論を展開している。例えばデュ＝テルトル（Du Tertre 2008）によれば、企業は、成長と競争力のダイナミズムを確保するべく非物質的投資を重視するようになっているという。ここで非物質的投資というのは、機械や設備の購入にではなく、研究開発や教育訓練、コーチング、評価、コミュニケーション、経営手法の構想といったサービスへの支払いを示している。一九七〇年代半ば以降、経済全体におけるサービス化の動向がみられるが、こうしたサービス的、非物質的側面はサービス部門だけでなく、製造業や農業などでもみられる。これらの部門は、それ自身の製品にサービスを統合させ、中間消費として（清掃やメンテナンス）、また仲介サービスとして（コーチングや金融など）、非物質的投資としてますますサービスを動員するようになっているのである。

ところが非物質的投資は企業の競争力の源泉となっているものの、物質的投資とは異なった特徴と、それに由来する困難をもっている。つまり物質的投資では資本の減耗により、こうした投資は減価償却の対象となっているが、非物質的投資はそもそも、使えば使うほど価値が増加する場合が多い。またこうした投資の効果を測定することが困難であり、こうした効果を評価する特別なコンピテンスが必要とされ、またこうした投資は外部性を有し、「非物質的集合的遺産」の形態で蓄積されることがしばしばである。つまりこうした非物質的投資は企業により生産活動に動員される、次の三つの非物質的資産に関わる。すなわち企業のコンピテンスと組織及びその規則の妥当さ（需要や制度環境に対する企業の適応能力）、信頼（複雑な財やサービスの品質の評価にのしかかる不確実性を克服するためには、ステークホルダー間で確立される関係の質が決定的）、である。なお、マルチチュード派の議論と重なる論点であるが、こうした財及びサービスの生産は、企業のコンピテンスのみならず、消費者のコンピテンス（嗜好＝ティスト）を必要とする共同生産の形を取ることになる。以上の議論をふまえてデュ＝テルトルは次のような図を示

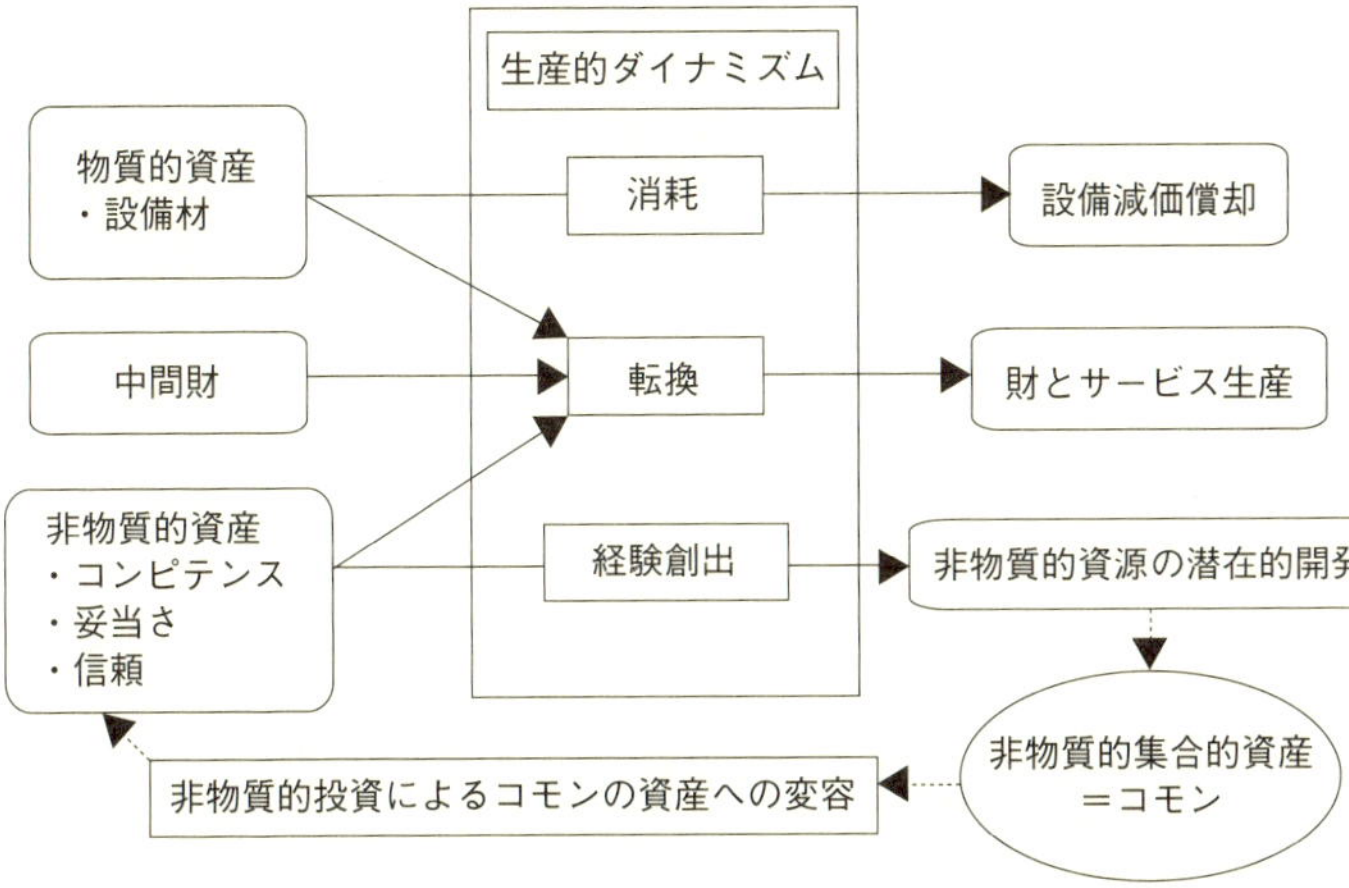


**図 4-1　コモンの地主的領有における非物質的投資の役割**

している（図4-1）。

　非物質的投資は、企業枠組みを越えて、他のアクターにとっての資源として機能するという外部効果を有する。「資源としての外部性」のシナジーが、地域や活動部門のレベルで、生産的潜在力を補強し、これが「非物質的集合的遺産」、マルチチュード派のいう「コモン」を構成する。やはりマルチチュード派に倣って表現するとすれば、コモンを地主的に領有するためには、非物質的投資が不可欠なのである。つまり非物質的投資は、例えば間主観的にテイストを集合的に形成することでコモンを捕捉する。こうしたコモンの領有は、資本主義の起源たるエンクロージャー運動にもなぞらえることができよう（Negri & Vercellone 2008）。そこでのコモンの私有化は、資源を人工的に希少化させることで生み出されるレントをめぐるものであった。現代のコモンのレントは例えば金融レントや知的財産権などとして領有されることになろう。もちろん非物質的集合的遺産がもつ外部効果が企業の生産ダイナミズムに回収されるためには、例えば知的財産権や新しい会計、監査制度（M. Power）のような制度枠組が必要となろう。

　非物質的資源の発展は、外部効果を通じて非物質的投資の相互共有化をもたらしうる。こうして生じた「非物質的集合的遺産」は、部門的、地域的ガバナンスの論理

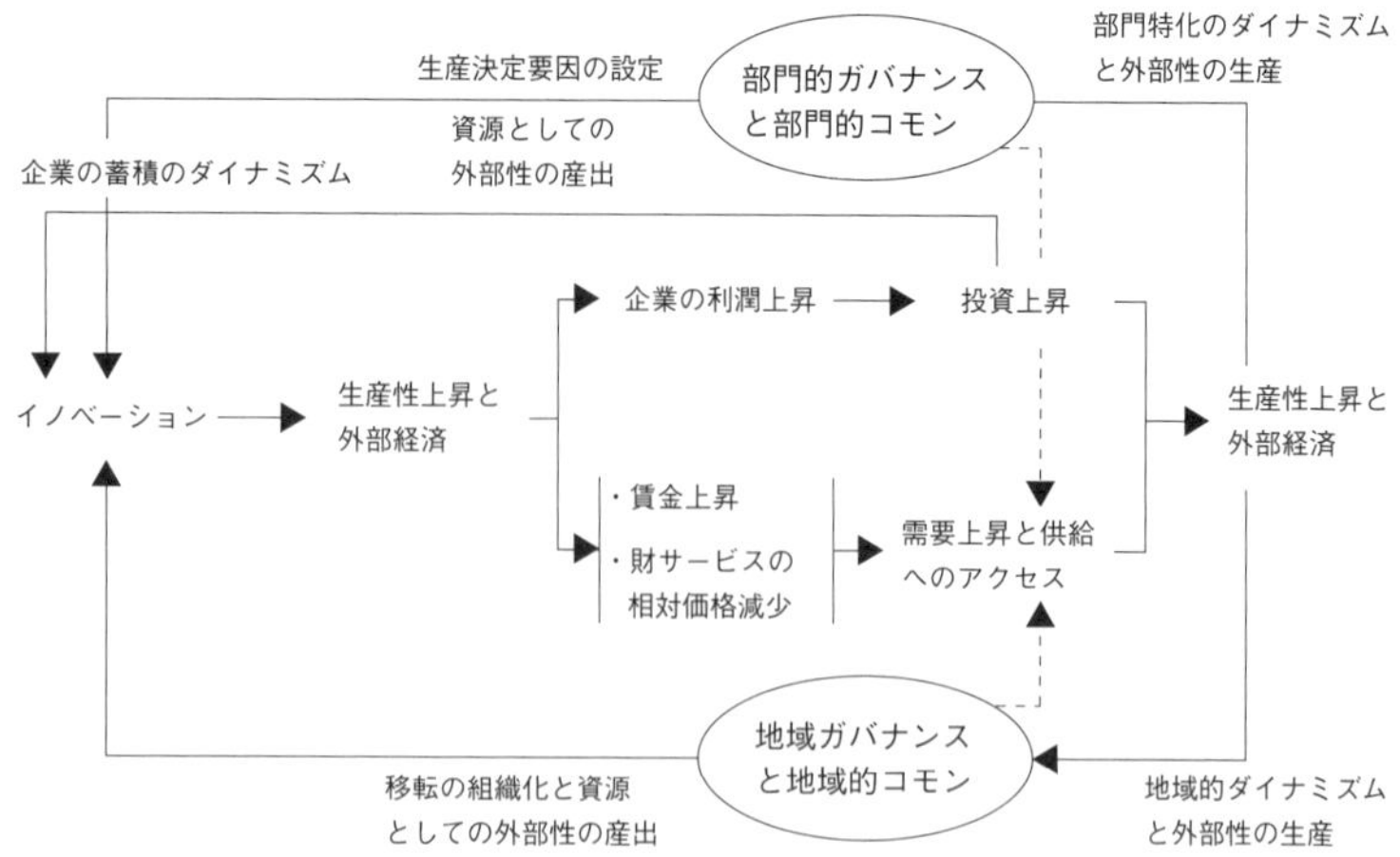


図 4-2　価値創出と資本蓄積、コモン

に応じて展開されうる。価値はアクター（貨幣的活動に従事していようと、いまいと）間でのコーディネーション様式を通じて創出され、それがイノベーションを促す。こうした価値の次元は、「非物質的集合的遺産」の中で蓄積される。こうして、非物質的集合的遺産の同定、制度的側面でのその承認が非物質的蓄積体制という新たなレギュラシオン様式の争点をなしている。デュ＝テルトル（Du Tertre 2007）は、コモンとしての「非物質的集合的遺産」を分析的に、部門的、地域的ガバナンスの論理に応じて、上述の外部性と資本蓄積、コモンの関係を以下のように図示する（図4-2）。

## 三　価値の源泉としての真正性とその逆説

財やサービスの価値としての真正性は、とりわけ外部性および非物質的集合的遺産として検討するに値する。真正性こそは、非物質的蓄積体制における価値の源泉の中心を占めているからである。本章では、高級ワインや有機農産物といった農産品のもつ真正性について検討することにしよう(1)。ワインのテロワールや有機農産物の自然さは事物そのものと同時にイメージないし非物質的価値を産出する。これらはその愛好家集団の間でコモンの中に蓄積されることになる。企業（ここでは農業経営やワイン製造企業）は、こうしたイメージとしての外部性を内部化することで資本を蓄積する。

　しかしテロワール産品は芸術作品と同様、真正性についての根本的な逆説を有している（須田二〇一三、ボルタンスキー&シャペロ二〇一三）。真正な財やサービスが真正であるためには、その特異性を市場領域外からくみ出さなければならず、純然たる使用価値であるような（つまり商品でないかのような）、オリジナルなものを参照しなければならない。ところがこれらの財やサービスが市場で販売され、利潤をもたらすためには、ある種の「コード化」を免れない。こうしたコード化による商品化を通じた真正性への需要の内生化は、熱中と失望の急速な循環を促すことになる。これはすでに有機農業について、しばしば指摘されてきたことでもある。つまり真正な市場財は、市場で流通するためには、市場関係以前の状態を参照して提示されなければならないが、他方で、「ニセモノ」と区別されるためには、生産仕様が厳格に規定され、トレーサビリティシステムなどを通じて、コントロールされなければならない。さらに深刻なことに、真正性を「売り込む」ことによって、真正なる財や、生産者の提供するサービス、感情が、利潤を目的としたものではなく、生《ナマ》の自然発生的表出なのか、それとも、真正な財を商品化するための熟慮の結果なのかを知ることがきわめて困難となる。テロワール産品の真正性は、たんに標準品と差別化するための熟慮の結果ではないのかどうか、を知ることが困難となるのである。要するにテロワール産品による真正性の需要の回収は、当該産品とその生産者に関して新たな不安を惹起する。それは真正であるのか、それとも「ニセモノ」であるのか。テロワール産品は、その特異性を引き出すためには、真正性と「ニセモノ」との間に境界線を作らなければならないことになる。ところがこの境界線は絶えず移動せざるを得ない。テロワール産品は自らの商品化を通じて、真正性の需要を回収すると同時に、他方ではこうした真正性を絶えず修正しなければならないことになるからである。このために、真正性への需要も「素朴」なものではありえず、こうした産品の消費者もまた、真正性を売り込む生産者のたんなる犠牲者なのでもなく、生産者も消費者も、絶えず真正性の構築に反省的にコミットすることになる。

（1）本章でふれることはできなかったが、J・デューイの「価値づけ」論に触発された英語圏におけるvaluation studies の隆盛をふまえた議論として、須田・森崎（二〇一六）を参照されたい。

## 三　テイスト：コモンにおける真正性の評価

### 一　コモンにおける事物の真正性

真正性は非物質的集合的遺産という事物の中心をなしている。それは「資源としてのアイデンティティ」の一部をなし、基準集団の永続性を支える、物質的、象徴的な支柱をなしている（Barrey & Teil 2011）。

我々が事物の真正性を取り扱うのは、「プラグマティック」と呼ばれる立場からであり、事物を相互作用の帰結とするのである。事物のフォーマット化（Callon）の問題は科学の間での論争だけでなく、社会経済アクターの間での問題も引き起こす。ここではワインのテロワールや有機農産物の認証について、事物が自律した「所与」であるという考え方が、アクターたちによって疑問視される。テーユ（Teil 2013a, b）は、品質もしくは事物の真正性の評価の問題を指摘する。つまり客観的で確実な証拠を提供すると承認されてきた試験がもはやうまく機能しないのである。そこではヒトとノン・ヒューマンからなる集団に棲まう事物の二つの存在様式がみられるのである。

### 二　テロワール・ワインの真正性

真正性は情動労働や自然文化遺産のみにかかわらず、本稿で検討する農産品にもかかわる。例えば、ＡＯＣワインのようなテロワール・ワインの場合、原産地呼称に関する規則が真正なる産品をコピーから保護する。

テロワール・ワインの真正性を確保してきたのは、原産地呼称（ＡＯＣ）制度によって、生産者に対して、（そのワインの真正な品質の維持に取り組ませるに違いない）制約と義務を設定してきたからである。つまりブドウ畑の自然条件のみならず、生産地帯の限定、地方的な慣行になじんだノウハウに従ったブドウ生産、ワイン醸造方法が仕様書に決められている。しかしこうした真正性の結果を得るための特定の実践だけでは十分ではなく、結果そのものであるテロワール・ワインの試験、とりわけ官能試験（試飲）がその真正性を登場させる。官能試験は、ＡＯＣ産品の認可にとってきわめて重要なポイントであり、臭覚及び味覚、視覚、触覚の感覚を通じて解釈される。ＡＯＣ生産者の産品のすべてがＡＯＣとして市場出荷されるわけではない。試飲の際には、あらかじめ決められたブラインド化などの透明性のある手続きを通じて、生産者の産品を、手続きに則って標本採取し、これを試飲評価委員会がＡＯＣとして認定する。

### 三　試験の挫折

しかしＡＯＣ試飲評価委員会においても、客観的で、確実な証拠を提供すると考えられている装置がうまく機能せず、あるいは適用できないことがある。特定のワイン生産者にとって、こうした装置は不適切で受け入れがたいと思われるフォーマットを押しつけると考えられている。テロワール・ワインは特異性を付与された事物であり、とりわけ試飲による格付けの論争の的となっている。個人の主観的バリエーション、背景的バリエーションの効果を正確に捉えることはできず、ワインのテイストは、客観的科学を逃れる。官能分析試験では、それぞれの試飲者はワインのテイストを完全には説明できないが、あらかじめ決められたいくつかの基準の有無、その度合いについて示すことができる。これらの度合いとは例えばワインの酸味、アルコール度数、フルーティな香り、色彩などである。これらの度合いの客観的な基準に従って、ワインの特性を明示的で階層化可能にさせることができるが、基準について完全でアプリオリなリストへと、ワインの品質を封じ込めることはできず、官能分析はワインの品質を客観的に示すことはできない。

テロワールは土壌及び気象、農学、醸造学などに関わり、これらの多様な要素の結合であるが、科学は、ワインの特異性のなかにその効果を一対一で対応させるような、そのような諸要素の全体を特定できていない。収穫年のバリエーションのほうが地理的バリエーションよりも大きく作用し、テロワール内部でのバリエーションのほうが、異なったテロワールの間でのバリエーションよりも大きいのである（Barrey & Teil 2011）。官能分析科学もテロワールを証明しようとしてきた。事物により運ばれ、主体により受け取られるや、神経と脳により処理され、その官能的イメージを提供するような刺激の変容過程として知覚は解釈される。ところが刺激とイメージの間で、こうしたシグナルは心理学的、社会的文化的な影響を被ることになり、こうして官能分析の試験装置はブラインド試飲に依拠することになる。しかし著名なプロでさえ、ブラインド試飲において通常ワインとテロワール・ワインを、赤ワインと白ワインを区別することができないことがしばしばである。ブラインド試飲の採用にもかかわらず、異なった試飲者により産出される同一ワインでさえイメージは多様であり、これを縮減することができない。テロワールが実在していようがいまいが、テロワールのテイストは神経生理学によっては認識され得ないことになる（Teil 2012b）。こうして官能分析試験でもワインのテイストの差異をテロワールと関連づけることができないのである。

## 四　テロワールの二つの解釈と二つの試験

二〇〇〇年代初頭から、ワインの認定試飲審査の妥当性が疑問視されるような事態がみられるようになった。

また一九九〇年代末から、多くのワイン生産者は、その同僚たちを、テロワールよりも米国の買い手の嗜好に、ワインを近づけようとしているとして批判するようになっていた。ワイン批評家パーカーの点数を意識した試飲評価方針の全般化を通じてワインのテロワールを重視したワインが、その「味覚」や「外見」、「特異性の欠如」を理由に、試飲審査でAOC認定を受けられないような事例が散見されるようになっていたのである。逆に、これらのワイン生産者にとっては、彼らの実践こそがテロワールの真の表出なのであった。このような動向に対して、テロワールを再発見するために、醸造学的技術の転換（酵母無添加や酸化防止剤の無使用）に取り組む醸造家や、テロワールを尊重した農業実践、有機農業やバイオダイナミック農法、適性ブドウ栽培 viticulture raisonnée 等に依拠した生産者は、ワインの真正性の試験としての試飲審査に疑問を提示するようになったのである。

ここには二つのテロワールの存在様式ないしオントロジー（Teil 2013b）、テロワールに関する二つのテイストおよびその試験が存在することが示唆されている。一方ではモノとしてのテロワールが存在し、これは予め仕様書の中に定義され、安定化された客観的な特徴をもつ自律した存在であり、外から観察可能な事物である。他方ではテロワールのテイストないし真正性を所与として扱うのではなく、アクター全体により実施される、さまざまな評価の集合的で、分散された活動全体の結果として、産出されるべき表現としてテロワールを扱うようなアプローチもある（Barrey & Teil 2011, Teil 2013a, b）。このようにラトゥール流の言い方を用いれば、「モノ」としてのテロワールと、「作られつつある」テロワールという二つのオントロジーがあることになる。すなわち、テーユ（Teil 2012b）はB・ラトゥールに言及して、ワインについて説明している。ラトゥールは確立した科学的知識としての冷却した科学的事物について語る際に、モノは「モノ」ではなく、モノになるのである、としている。つまり科学者による科学的知識の生産過程が、この過程そのものから切り離しがたい事物を、自律したモノへと変換させるという意味で、「作られつつある科学」について語るのである。その意味で、テロワールという事物もつねに「作られつつある」事物なのである。例えば、偉大なるヴィンテージもののワインは絶えず、批評家や生産者、有名料理人との同盟の戦略によっても再格付けされ、特異化される。もちろんそれは、国際レベルでの新興ブルジョワ層の登場とも不可分なのである（Karpik 2007）。またモノや家畜といった事物へのユニークな愛着がこうした事物を特異化することはよくみられる事例であり、有機農産物や地域特産品、地方在来種の活用などでも、こうし

の比較を増殖させることで、その多くの顕現と表出の仕方を通じてテロワールを捉えるのである（Teil 2013b）。

## 五　有機農産物の真正性

フランスで一九八〇年代に一七のNPOが有機農業の公的な表示による保護を要求し、一九八一年には政府から「合成化学産品を使用していない」農業という表示の承認を取り付けている。有機農業を促進する団体と民間商標は有機の解釈について認定申請することができるようになった。最初に認定されたのは「自然と進歩 Nature & Progrès」であった。その後、仕様書の乱立へと有機農業運動がばらばらになることを回避するために単一のフランスのラベルへの要求がなされ、農薬と化学肥料の無使用という点で合意が形成され、一九九一年に有機農業（AB）ラベルが制定された。その結果、一四あった民間表示と仕様書は二つの表示、Nature & Progrès とバイオダイナミック農法系の Déméter のみになり、残りはすべてABラベルとなった。しかしこれらの団体や多くの生産者がラベルの規制において、オルタナティブな社会経済的次元が含まれていないと指摘している。

学問研究レベルでも、こうした点に関して多くの研究がなされている。例えばカリフォルニアでは、有機農業と慣行的農業との接近が示され、有機農業の「慣行化」

た別様のオントロジーがみられることであろう。

二つのテロワール概念がこうした論争から登場する。テロワール・ワインをAOCとして認定する審査員と職能団体は、テロワールを、あらかじめ確立された地理的で技術的な制約全体の結果として考える。こうした全体が「レシピ」に似た実践全体の良好な実践を通じてテロワール品質をもたらし、決定するのである。このレシピを執行する際のブドウ農家の間違いは修正できるし、されなければならない。逆に、その反対者たちにとっては、別様のやり方に訴えさせるよう義務づける。すなわち（テロワールの表出を妨げる化学的生産方法の禁止など）実践のよりドラスティックな転換である。こうした変化が事物としての「テロワール」の存在様式を変容させる。それはもはや事前に決定された原因ではなく、それはもはや製造手続きの機械的な帰結ではない。テロワールは作られつつあり、可能な限りでの探求の帰結である。真正のテロワールはアプリオリな基準により明示化されることもできないし、仕様書への適合性の判断の対象ともならない。しかしそれは単なる欠如ではなく、テロワールを混沌状況に置くものでもない。その存在は事後的に、愛好家たちを含む様々なアクターたちの間で（すなわちコモンで）批評的に判断されるような「生産」であり、それは試験や判断、プロトコル、試飲機会、テロワールの解釈の間でが指摘されている。つまり有機農業という非常に収益性の高い市場セグメントへの参入障壁がなく、大規模な慣行的生産者がこの有機生産方法に参入し、膨大な投資と生産合理化を実施し、彼らの規模の経済により、価格低下圧力が生じ、彼らはさらなる規模拡大を達成した。当初から存在していた小規模生産者は駆逐されることになった。有機産品のコモディティ化が進んだのである。

フランスでも一九九一年のABラベルの制定以来、論争が沸騰した。一九九五年にはNature & Progrèsによるこの表示のボイコットが起こった。Nature & Progrèsは、いったんこうした仕様書が明示化されるや、有機農業の定義が自らの手を離れてしまうと懸念した。有機であることはあらかじめ定義された技術的制約の遵守にあるのではなく、別様の農業の考え方にある。こうして有機的品質の概念に二つの解釈があることがわかる。

二〇一〇年にはフランスのABラベルは欧州の、より制約の弱い有機農業の仕様書に代えられることになる。その結果、先にみえるのは、カリフォルニア同様、自然産品しか用いない生産力主義的有機農業と、化学合成品なしの施設型有機農業である。こうした動向を予測して、DéméterとNature & Progrèsはその仕様書と憲章、指導原則を修正した。こうしてBio-Coherenceという商標が制定されることになった。これはABラベルよりも要請が強く、社会経済的基準を統合しようとした。ところが客観的でテスト可能な社会経済的基準を作るのに困難があったため、これらの基準は農業者が遵守すべきコミットメントとして憲章に統合された。また農業経営の立ち入り検査（コントロール）は、通常のABラベルのように外部第三者機関ではなく、協会メンバーによる参加型の経営評価がなされている。

こうして、有機農業という事物の真正性について、二つの存在様式とその試験が存在することになる（Teil 2013a, b）。最初のものたちにとっては、有機的品質は、ラベルの制約により定義される。生産者がこれを適用する以上、彼は有機を主張でき、かかるものとして彼の産品を販売できる。欧州委員会も国ごとの、異なったラベルを均質化した。市場が理想的に機能するために、有機的品質は、一義的概念でなければならない。したがって、有機を保護するラベルは、すべての国で同一でなければならないというのである。

有機的品質概念のこうした「パッケージ」は、それが流通し、国際的商業の長いネットワークで承認されることを可能とする。それは、需要を拡大し、毎日、新しい消費者（オルタナティブな農業の必要性という考えに同意する）にたいして、有機ラベルを、こうした行動の記号として捉えさせるように促す（別様の農業の実施と定義について考察させることなく)。それはまた、新しい流通業者や生産者の発展を促す。

他方のオルタナティブとしての有機を考える人々にとっては、有機農産物は、化学農薬の代わりに自然な農薬を使用することに制限されることなく、あるいは化学肥料の代わりに有機肥料を使用することに制限されない。大事なのは、作物をエコシステム全体のなかで扱うことであり、作物を土壌のバクテリアとの、その生産者、経済、輸送、流通、社会的諸関係などとの相互作用のより広範な全体のなかに置き換えることである。有機の品質は「全体的品質」であり、製品の細かな特徴ではない。こうしたコミットメントによる保証は、経済的、社会的な次元を含むことを可能とする。こうした二つの認証様式は異なった二つの手続きによりコントロールされる。一方での有機の基準は、仕様書への適合性のコントロールの対象となり、他方での農業者によるコミットメントは、内部での批判的、参加型議論により評価される。

## 四　対立した二つの行為レジーム

上述の二つの状況は、事物の存在様式をめぐってアクターたちの間での論争を登場させる(Teil 2013a)。最初の存在様式は、多くの農学者や経済学者にとって、また公権力(その記号が保護するものを証明しようとする)にとって、生産者(長い流通ネットワークを通じて自らの製品の品質を高付加価値化させたいと願う)にとって、また消費者(自分が買った品質について安心していたい、また表示に対して、この品質の解釈と保証を委任する)にとって「客観化されて」いなければならない。また別のアクターたちは、別様の存在様式の必要性を訴える。そこでは品質は所与のものではなく、「作られつつある生産」、もしくは「解釈」である。特定のクライアント、生産者はテロワールを求め、有機農業者、生産者、消費者はオルタナティブな農業の発展にコミットする。もし論争が絶えないとしても、それは、有機の存在様式、テイスト、テロワールの存在様式が哲学的問題のみに関与するのではなく、証明や判断評価の道具、当該の事物を再現する可能性にも関わるからである。(これら有機やテロワールワインの品質の存在様式証明の二つのレジームにともなう)試験のレジームは、全く異なっており、論理的に両立不可能である。それは、経済的な全く異なったレジームを登場させ、二つの流通様式のなかでこれらの事物が流通することになる。

テーユは上述の二つのレジームの試験装置について詳述する。そのために「客観化された」、定義された事物についての「還元されたレジーム」と、別のものについては「還元されざるレジーム」という概念が使われる。

「レジーム」というタームは設備や道具、手続き、集合的行為を方向付ける推論をそれぞれ装備していることを示している。還元された、もしくは還元されざるレジームは、事物の種別的な存在様式にともなう、方向づけられた行動レジームである。試験のレジームとは逆に、行為レジームは、必ずしも相互に排除的ではない。行為レジームは量販店の棚の上で相互に侵入しあい、生産者向け市況価格表、買い手の推論の比較対象となり、市場で比較されることもありうる。もちろん、それぞれの試験装置が別々の行為レジーム＝市場流通と接合される場合もある。例えばNature & Progrès に加盟する有機農産物生産者の産品はNature & Progrès の店舗で販売され、固定客により購買される。

## 一 「還元された」レジーム

還元されたレジームにおいては、事物は基準全体に対応している。そこでは品質表示が事物の特殊な品質を定義している。AOC表示や多くの国におけるABラベルの承認によって、欧州及びフランスにおいても、またこれらの表示を承認する各国行政においても、これらの品質を評価＝高付加価値化することを可能にする。市場調整装置は、これらの表示に対して、それが「真の情報」を運ぶことを要請している。こうして表示された事物の中で、アプリオリに種別化された要素全体が再び見い出されることになる。この場合、質的情報は検証可能でなければならない。つまり品質表示は、生産仕様書やテスト可能な基準と結合されているのである。流通する財の制約と期待されるその質の明示化が「質的計算 qualcul」(Cochoy 2002, Callon & Muniesa 2003) を可能とし、その改善もしくは最適化と同時に、経済関係の調節を計算することを可能にする。

消費者は高品質の産品を買いたいが、自分たちが購入する産品を自分で評価するという重い課題に自らを投じることを嫌がり、品質のこうした探求を表示に委任する。自らの産品を差別化したい生産者たちは、これらの仕様書を、多くの実践、品質を決定する特性として使用する。もちろん彼らは、ブドウのワインへの加工のエージェントであるが、彼らの逐一の行動は、彼らにとって同定可能で切断可能である。つまり彼らは、仕様書を「適用している」のである。

## 二 「還元されざる」レジーム

この別のレジームにおいて、テロワールや有機の品質は解釈もしくは実現全体であって、独立した諸変数、つまりブドウ農家の実践、気象、ブドウ、醸造実践、伝統的ノウハウなどには還元され得ない。これらのアクターの判断は集合的批評手続きに属する。産品の品質はもはやテスト可能ではなく、事後的に集合的に評価される。批評は、ジェル（Gell 2010）が、事物の「惹きつけ intérêt」と呼ぶものを分析する。それは原因 cause としての事物の中にはあらず、能力としての人の中にもない。この惹きつけは、関与される人々と関与させる事物との間での相互作用を作り出す可能性を示している。関与させる事物は関与させられる人の関心＝関与を作り出し、この関与させられる人は、事物の関与を登場させる。惹きつけは本質的に相互作用的で、ダイナミックであり、それが遂行されるためには、絶えず復活され、喚起されなければならない。惹きつけは、安定化された力としての原因 cause のようには維持されず、逆に、存在物もしくは事物の永続的変容を通じてこそ維持される。関与させる産品がその品質に関する持続的な相互作用を維持するとしても、品質やその評価方法の諸要素は決して固定されることはない。事物の安定化は、関与させるその無能力さの兆候である。常に類似して、順応した事物はもはや関与させることなく、退屈なものとなり、忘却の淵へと追いやられることになる。

「還元されざる」事物が服している事後的な評価は、テストではない。つまりこの評価は、あらかじめ決められていた品質を検証するのではなく、常に不完全で、状況に位置づけられた品質の判断として事物を捉える。事物に対して、その複数の存在を付与するのが、状況に置かれて比較可能な経験としての批評的混合である。お互いに経験を持ち合う、こうした批評的議論は、分散した「個人的」経験を超えることを可能とする。アプリオリには事物の定義が存在しないために、その市場的流通は、貨幣を対価とした「なにがしかのモノ」の移転として説明することはできない。経済活動全体は、生産者や消費者、批評家、流通業者により維持される品質についての検討の批評的活動により分散されている。こうして製品は、生産者、そのドメーヌ、彼らのプロジェクト、過去の経験についての判断と情報の曖昧な全体として流通する。ワインの品質は捉えがたくなる。しかしアカロフの直感とは異なり、品質の非決定性は、市場の確立を妨げず、その不可能な客観化が市場に対して特別な機能を付与する。このレジームの「消費者」は、あらかじめ決定された「テイスト」をもっておらず、自らの「惹きつけ」を強調する。「まずい」ワインでさえ、この「拒絶」の故にこそ消費者を魅了することができるかもしれない。製品の変化する「テイスト」も、試飲者も、暫定的で部分的な安定化でしかなく、批評的作業に必要な産品と判断との間での、状況におかれた、その都度のローカルな比較を可能とする。

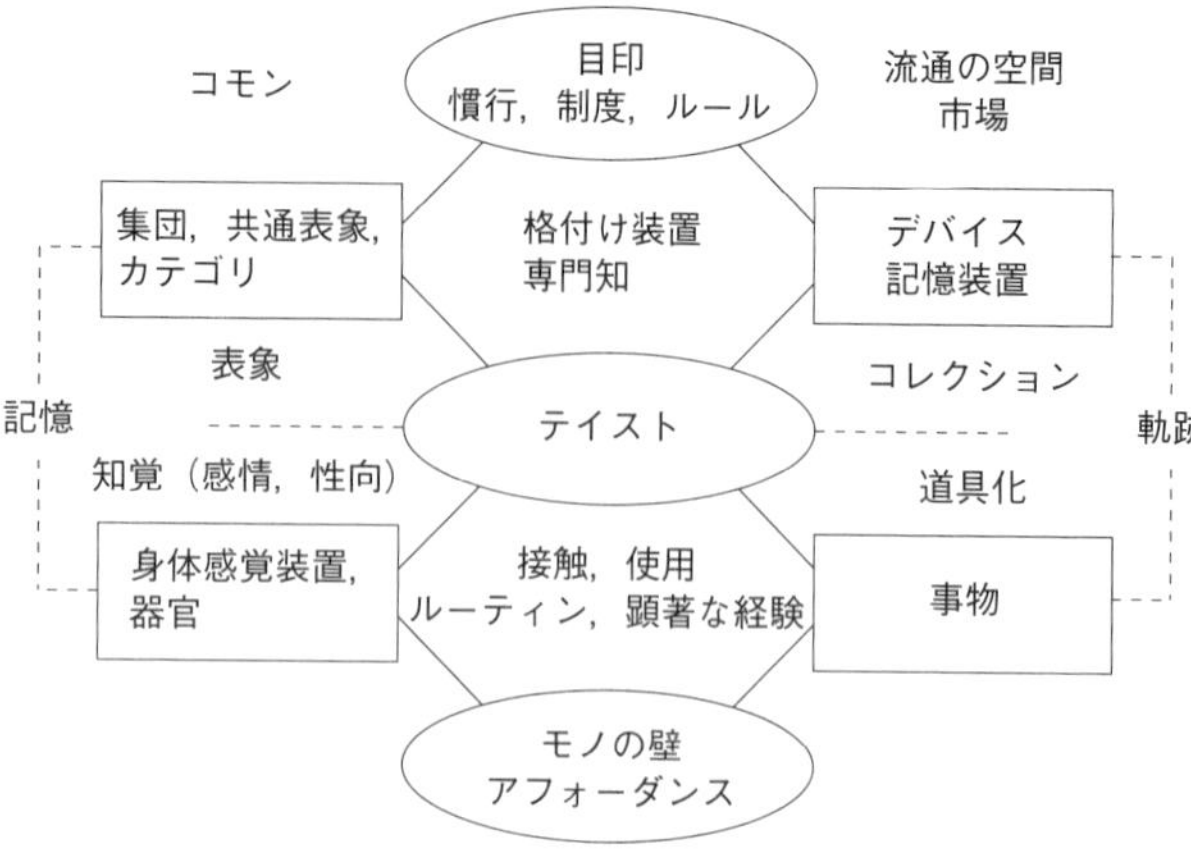


図 4-3　事物とコモンを媒介するテイスト

## 五　テイストを通じたコモンの地主的領有と市場のハイブリッド化：おわりにかえて

ベッシーとシャトーレイノー（Bessy & Chateauraynaud 1995）は、「手がかり prise」という概念により、事物の真正性の試験とこの事物の市場流通について解明している。これは、これまでみてきたテイストという概念に置き換えることができる。彼らによれば、手がかりとは、アクターたちの合意に基づいた慣行的な目印と、事物の「襞《ひだ》」（彼らがドゥルーズのバロック論から引き継いだ概念）との間の突き合わせから登場し、つまり単に感覚装置＝器官や知覚、身体状態のみならず、道具も媒介させる直の接触から登場するのである。要するに一方での共通表象及びそれを抱く集団、すなわちここでの文脈でいえばコモンと、他方での事物の「襞」とを結びつけるものとして、「手がかり＝テイスト」を考えるのである。こうした手がかりは以下のような四つの形態を統合している。すなわち①言語によるカテゴリ化や格付けの装置、集団ないしコモン②事物によりトレースされるネットワーク、事物の配置のアレンジメントとしての状況、③身体による感覚的経験、④事物そのものと、その道具的試験である。こうして、ある手がかりが成功するのは、共通表象と身体感覚、道具による測定、これらが調整されているときなのである。こうした「手がかり」をベッシーとシャトーレイノーは図4-3のように図示しているので（Bessy & Chauraynaud 1995: 243）、この図をもとに説明しておこう。専門家やアクターたちは事物の真正性の判断を行う際に手がかり＝テイストに依拠しているのである。

格付けの試験装置は、まずはコード化やカテゴリ化、フレーミングのように、言語によって事物を客観化ないし定義する表象空間にかかわる。例えば分類規則やコード規則を掌握している専門家は、他のパートナーたちと記述言語を共有している。ここでは事物の真正性は述語の働きと関連づけられ、特異性を内生化させることができる記述上の慣行に従うことで、当事者たちは、あらゆる事物を記述することができる。こうして、あらゆる専門知のプロセスは、相対的に安定した記述言語に基づいている。なお一方で、記述言語の内容や格付けをめぐる合意は物質的試験や感覚的経験にも依存しているのであり、他方で格付けは、事物の物理的ないし感覚的試験の結果を、共通表象のなかに統合するのである。この共通表象こそが、ネグリらのコモンのことなのである。

ところで、こうした真正性の試験装置は言語によるカテゴリ化だけに由来するものではない。この試験によって、専門家やアクターは当該の事物をネットワークやコレクション（ラトゥール）、博物館といった集合体と照合させて、事物の起源を再追跡したりすることで、事物の真正性を試験することができる。この場合、事物は多くのアクターや資源（専門家の必要とする知識を分散的に貯蔵している）を関与させる。アクターネットワーク理論における場合と同様に、こうしたネットワークは単に人々のみから形成されるわけではなく、証言の連鎖は、事物に関わるインスクリプションやトレース、装置や制度にまで拡大される。こうした事物の配置、アレンジメントはデバイスとして状況を構成している。我々のプラグマティックなコモンには、脳の他に、事物とその配置状況、試験装置、評価原則が棲まうことになる。こうして集合的表象と感覚的世界における事物の知覚との間で、手がかり＝テイストが精緻化され、コモンが豊富に形成されることになる。

こうしたコモンにおける格付のテストを経ることによって、事物はその特性を客観化され、真正性を証明されることで、有機ラベルやテロワール・ワインのように、経営者や企業による外部性の内部化を通じて、市場空間で流通することになり、アカロフのレモンのようなアポリアが回避されることになる。

**【引用・参考文献】**


オルレアン・A／須田文明［訳］（二〇一六）「コンヴァンシオン経済学」『総合政策』一七（二）

カロン・M／横田宏樹・須田文明［訳］（二〇一六）「社会学は外部性の経済分析を豊富化できるか」『旭川大学経済学部紀要』七五、一一七-四六

須田文明（二〇〇八）「事物と装置―構築主義的社会経済学の宣揚」『経済学雑誌』一〇九（一）、一九-三六

須田文明（二〇一一）「ガイドブックによる嗜好的評価の学習とコーディネーション」『フードシステム研究』一八（三）、二五七-六二

須田文明・海老塚 明（二〇一三）「プラグマティックな社会経済学のために」『経済学雑誌』一一三（四）、二六-四二

須田文明・森崎美穂子（二〇一六）「真正性の価値づけと市場のハイブリッド化」進化経済学会、東京大会（http://webpark1746.sakura.ne.jp/jafee2015/pdf/SudaFumiaki.pdf）

ボルタンスキー・L&シャペロ・E／三浦直希・海老塚 明・川野英二・白鳥義彦・須田文明・立見淳哉［訳］（二〇一三）『資本主義の新たな精神』［上・下］ナカニシヤ出版

Barrey, S., & Teil, G. (2011). Faire la preuve de l'authenticité du patrimoine alimentaire : le cas de visn de terroir, *Anthropology of Food*, **8**

Bessy, C., & Chateauraynaud, F. (1995). *Experts et Faussaires*, Paris: Metail.

Callon, M., & Muniesa, F. (2003). Les marchés économiques comme dispositifs collectives de calcul, *Réaseau*, **122**.

Cochoy, F. (2002). Une Socilologie du Packaging ou l'Ane de Buridan face au Marcé., PUF.

Du Tertre, C. (2007). Création de valeur et accumulation: capital et patrimoine. *Economie Appliquée*, **60**(3), 157–176.

Du Tertre, C. (2008). Investissements immatériels et 〈patrimoine collectif immatérial〉, in Laurent, C., Du Tertre, C. (eds.). *Secteurs et Territoires dans les Régulations Emergentes*, Paris: L'harmattan, pp.81–98.

Gell, A. (2010). *L'art et ses agents: Une théorie anthropologique*. Les presses du réel.

Karpik, L. (2007). *L'économie des Singularité*, Paris: Gallimard.

Latour, B. (1994). Une sociologie sans objet? Remarque sur l' interobjectivite, *Sociologie du Travail*, **36** (4), 587–607.

Moulier-Boutang,Y. (2010). L'abeille et l'économiste, Carnetsnort

Negri, T., & Vercellone, C. (2008). Le rapport capital/travail dans le capitalisme cognitive, *Multitudes*, **32**, 39–50.

Teil, G. (2012a). Le bio s'use-t-il? Analyse du débat autour de la conventionalisation du label bio, *Economi rurale*, **332**, 102–18.

Teil, G. (2012b). Pluralité du monde et régimes de presence des objets. *Sciences de la société*, **87**, 44-65

Teil, G. (2013a). Pluralité du monde et régimes de présence des objets, *Sciences de la société*, **17**, 45–6.

Teil, G. (2013b). Des controverses à trancher?, *Chaiers d' Agriculture*, **22** (2), pp.133–141.

## 【コラム5】インターネットとグーグル的蓄積？

山本泰三

さまざまな情報が行き交いコミュニケーションが不断に生み出されるインターネットは、一般的知性の大海ともいえよう。コモンとしてのインターネット、そしてそこで展開される現代資本の活動は、認知資本主義を考えるための一つのサンプルとなりうる。「インターネットの主権はユーザーにあるという黎明期からのポリティカル・コレクトネス」（チェン二〇一一）ゆえに、また情報処理速度・通信速度・データ容量の劇的な向上にもとづいた情報環境の遍在のおかげで、わたしたちは多様なサービスを「フリー」で利用できるのだが、そのサービスは慈善事業として提供されているわけではない。

インターネット検索最大手の米グーグルが米ナスダック市場に上場したのは二〇〇四年のことである。その後の一〇年で、売上高は一九倍、純利益は三二倍に拡大、時価総額は一四・七倍に増えた（日本経済新聞二〇一四年八月二〇日）。現在グーグルの収益のほとんどは広告収入によって占められているが、これは「情報のメタ次元を根拠とする」（パスキネッリ二〇一二）利益の創出と捉えることができるだろう。その広告収入をもたらす力はもちろん、一秒未満で検索結果を表示してくれる検索エンジンの性能にもとづく。いまやグーグルは〝人々が見つけたいものを、まだ考えてもいないうちに把握する未来〟という、パラノイアックというしかない欲望を表明し、具現化しようとしている。それは、「日々増大し続ける膨大な量のウェブページをクロールし、評価と索引（インデックス）化を行うアルゴリズムをどれだけ高速化できるかという技術的挑戦として始まった」（チェン二〇一一）。その検索アルゴリズムとして有名なのが「ページランク」である。ページランクのアイデアは、学術論文の引用頻度の計測システムからヒントを得ている。すなわち、「多くの論文に言及されている論文は価値が高い」という発想が、「ウェブ上の多くのページからリンクされているページは価値が高い」という発想へと移し替えられている。この原理にもとづいてグーグルは情報の重み付けを計算し、任意の語句の検索結果を階層化することで可視化する。

羨望を集めるその労働環境（にもかかわらず退職が多いといわれている）はさて措く。そもそもグーグルのような検索エンジンや各種ＳＮＳなどは、「それ自身ではいかなるコンテンツも生産しない」（パスキネッリ二〇一二）。すなわちネットユーザー自身がサービスの中身を生み出しているのだ。不均質なネットワークにおける価値の諸関係に統合的な秩序を与え表示する力によって、グーグルはインターネットの世界におけるある種の覇権を獲得しえたのである。ユーザーはグーグルに囲い込まれてしまうわけではないが、「グーグルで検索をするたびにユーザーは、ターゲット広告のためのアルゴリズムにグーグルが磨きをかけるのを助けている」（アンダーソン 二〇〇九）。グーグルは「インターネットの情報を所有しないが、情報を生産した集合的知性にアクセスし計測するための最速のダイアグラムを所有している」（パスキネッリ 二〇一一）がゆえに、「情報のメタ次元」における特権的地位を築き上げることができた。少なくとも現時点で、この「計測器」を利用するためならレントを貢納することも厭わない企業が非常に多いのは確かである。SNSやグーグルなどにおいて見い出されるのは、いわゆるクラウドソーシング——工場というヒエラルキー組織が確立される前に一般的なモデルであった問屋制を想起させる——の極北ともいうべきモデルではないだろうか。すなわち、「生産手段は大衆の手に渡しておきながら、その共同作業の産物に対する所有権を大衆に与えないことで、ワールドワイドコンピュータは多くの人々の労働の経済的な価値を獲得して、それを少数の人々の手に集約するための極めて効率的なメカニズムを提供している」（カー 二〇〇八）。

グーグルは、巨大なデータセンターをいくつも保有する。大きな工場のような建物の内部では数万台のコンピューターボードとハードドライブが常時稼働している。グーグルがダレスにデータセンターを建設したのは、コロンビア川沿いの多くの水力発電ダムから電力が供給されるからである。「非物質的」蓄積における膨大な電力消費。

【引用・参考文献】


アンダーソン・C／高橋則明［訳］（二〇〇九）『フリー』日本放送出版協会

カー・N・G／村上 彩［訳］（二〇〇八）『クラウド化する世界』翔泳社

チェン・D（二〇一一）「インターネット時間と自然時間の調停」『現代思想』三九（一）、八六-九七

パスキネッリ・M／長原 豊［訳］（二〇一一）「グーグルの〈ページランク〉のアルゴリズム—認知資本主義のダイアグラムと〈共通知〉の寄食者《レンティア》」『現代思想』三九（一）、一一八-一二八

# 第五章　企業と動態能力

## ――日本企業の多様性分析に向けて

横田宏樹　YOKOTA Hiroki

### 一　現代日本企業と多様性

一九九〇年代初めに起こった金融・不動産バブルの崩壊を機に日本経済は「失われた一〇年」あるいは「失われた二〇年」と呼ばれる経済危機に突入し、さらに産業構造の変化にともない「工業化」型社会経済から「知識基盤」型社会経済へと移行していった。そうしたなかで、日本企業を取り巻く社会経済環境は一九九〇年代以降一変した。このようなマクロ社会経済環境の重大な変容に対して、多くの日本の企業はこれまでの成長・競争力を支えてきた組織構造や戦略を体系的に見直す必要に迫られた。いわゆる選択・淘汰プロセスの一局面に直面した諸企業の対応・適応を分析するとき、これまで日本企業論で十分に議論されてこなかった論点が呼び起こされた。

つまりそれは、日本という一つのマクロ経済的環境のなかでも複数の企業成長・競争力のロジックが存在するという「企業の多様性」である。一九九〇年代初めまでの日本企業研究の主な目的は、一九七〇年、八〇年代にみられた日本企業の成長と国際競争力の構築・強化の諸特徴を一般化・普遍化することであった。その結果、意識的にあるいは無意識的に、日本的企業モデル、日本的経営方式、トヨティズムという日本の「国民的代表企業モデル」の存在を前提とする概念が経済学や経営学のテキストに現れた。

一方で、九〇年代以降の経済危機や社会経済システムの転換に伴い、ミクロレベルにおける企業の間に収益性、構造、戦略の観点から多種多様な組織的特徴がより顕著に観察されるようになった。実際に、危機を自力で乗り越えることに成功した企業とそうでない企業、また国内外の他企業との提携・合併に頼らざるを得なかった企業が観察された。さらに成功した企業のなかでもそれぞれの方法や手段は同質的ではない。先行研究はその多様性を分岐の多様性と捉え、一九八〇年代までの「J企業論」（青木・奥野一九九六）に代表される日本的代表企業モデルからの変容を分析した。例えば、企業のガバナンス構造（Corporate Governance：CG）と組織的構造（Organizational Architecture：OA）の関係に焦点をあてる研究（Jackson & Miyajima 2007, Aoki & Jackson 2008, Jackson 2009）は次のように今日の日本企業を分類する。そこでは、関係志向的な金融・所有構造と長期関係ベースの雇用・インセンティブ構造をもつ「伝統的日本企業モデル」（J企業）、伝統的日本企業モデルの対極にあるアメリカ型企業モデル（A企業）、そしてそれらの中間に位置する「ハイブリッド・モデル」の三つに分類される。さらにハイブリッド・モデルは、市場志向的な金融・所有構造をもち、長期関係ベースの内部組織構造を維持する「タイプⅠモデル」と、関係志向的な金融・所有構造と市場ベースの内部組織構造によって特徴づけられる「タイプⅡモデル」[1]に分類される。また、宮本（二〇〇八、二〇一一）は、日本企業の人材マネジメント、つまり雇用形態に関して長期雇用が維持されている場合（LTE）とそうでない場合（NLTE）、報酬形態に関して成果主義が導入されている場合（PRP）とそうでない場合（NPRP）という二つの軸の組み合わせから、既存日本型（LTE＋NPRP）、アメリカ型（NLTE＋PRP）、新日本型（LTE＋PRP）、衰退日本型（NLTE＋NPRP）という四つの雇用パターンに分類する。

本章の目的は、このような先行研究が提起した現代日本企業の多様性の原因を九〇年代以降の社会経済環境の変化という外的ショックに対する単なる企業の多種多様な対応の異質性として静態的に分析するのではなく、動態的あるいは経路依存的視点から企業内に歴史的に蓄積された内在的要因に求めることである。

このような目的の下で、本章は組織における能力（ケイパビリティあるいはコンピテンス）、とりわけ動態能力（ダイナミック・ケイパビリティ）の観点から企業の多様性を考察する。戦後から高度経済成長期を経てバブル崩壊までの日本経済の長期的な成長プロセスのなかで、社会経済的環境の変化に適応しながら日本企業は国際競争力を持続的に高めてきた。その源泉の一つが、藤本（二〇〇三）も指摘するように、企業の組織能力を構築する能力、つまり動態能力あるいは進化能力である。しかしながら、これまでの日本企業研究において、その組織能力と、生産システムの効率性や製品の品質・革新性によって獲得した日本企業の国際競争力とを結びつけて議論した研究は限られている。しかし、知識基盤型経済において強調されるように、能力（ケイパビリティ）は企業の競争力にとって極めて重要な役割を果たしている。そして今日、企業の存続にとって、組織能力の構築はますます核心的な問題として捉えられている。しかし、この企業の能力は各企業内において特有のメカニズムに基づいて長期的に構築されるものであり、他の企業にとっては模倣が極めて困難な能力である。このような観点から、本章は、企業の多様性と組織能力を結びつけた分析アプローチの提供を試みる。

　そこで、本章は動態的な社会経済環境のなかで、企業が諸資源を創造及び拡大し、そして必要であれば修正し再構築しながら持続的な成長を実現する動態能力とそのメカニズムを分析する。とりわけ、本章が分析の中心におくのが、企業のライフサイクルの初期より当該企業の競争力の核として成果を主導してきた能力としての「コア・コンピテンス」（Core Competence：以下ＣＣ）である。また、ＣＣを企業成長の源泉として、創造し、拡大し、あるいは修正することを可能にする組織的環境の構成要因として、経済や産業環境の変化に対する企業行動の原理を表す「動態原理」と、動態能力の構築を構造的に支えるガバナンス構造、労使関係、人材開発システム、研究開発組織といった「内部組織」に注目する。したがって、これら三つの企業の組織的資源の相互連関によって、企業の動態能力の構築メカニズムを特徴づける。

　本章は、このような動態能力構築メカニズムの多様性分析の実証研究の出発点として、日本的代表企業モデルの参照基準としてしばしば引用されてきたトヨタ自動車（以下トヨタ）に対して、同一産業内で活動し、九〇年代危機のなかで勝ち組企業として注目された本田技研工業（本田技術研究所とホンダエンジニアリングを含めて以下ホンダ）に注目する。その結果として、同一のマクロ的環境及び同一のメゾ（産業）環境でも複数の企業のダイナミクスのロジックが持続的に存在し、それが今日の企業の多様性の要因となっていることを示したい。

　以下では、まずわれわれの動態能力分析の枠組みを提示し、そしてその分析枠組みに基づいて、日本企業の動態能力モデルの多様性に関する実証的分析の出発点としてトヨタとホンダの事例研究を取り上げる。

（1）タイプⅡハイブリッドはさらに、情報公開の程度がより高く、成果給導入を進める企業と、それらがより低い企業に分類される。

## 二　動態能力分析の方法論的枠組み：動態能力構築メカニズム

長期的・歴史的観点から企業の多様性を考察するために、本章は企業の（組織）能力を構築する能力、つまり企業の動態能力を分析の中心におく。しかし、動態能力は市場で取引できるような能力ではなく、企業の長期的な進化プロセスのなかで構築される目に見えない能力である。したがって、動態能力とは企業に特有のもので他の企業にとって模倣が難しい。しかし、その動態能力はなぜ企業特殊的で、他の企業にとってコピーすることが困難であるのか。そして、なぜ動態能力は企業の成長・競争力にとって重要なのか。そこで本節では、動態能力の本質を先行研究に基づいて理解するとともに、動態能力の企業特殊性を組織内におけるその構築メカニズムの観点から考察する。とりわけ、本章は企業の動態能力の構築にとって重要であると考える三つの組織的構成要素（CC、動態原理、内部組織）から、メカニズムのフレームワークを提示する。

### 一　動態能力とイノベーション

企業の動態能力（ダイナミック・ケイパビリティ）は、進化経済学者を中心に精緻化されてきた概念である。そこでは、組織が現時点で収益を実現することを可能にしている能力であるオペレーショナル・ケイパビリティに対して、動態能力は変化に力点をおいた組織能力としてみなされる[2]。このような動態能力に対して、ティースら（Teece et al. 2000）は「内部・外部のコンピテンスの統合・構築・再配置を実行し、急速な環境変化に対処する企業の能力」という定義を与える。また、ヘルファットら（二〇一一）は能力を組織の一つの資源として捉え、動態能力を「組織が意図的に資源ベースを創造、拡大、修正する能力」として定義する。これらの定義にしたがいながら、本章は企業の資源の一つであり、企業競争力の核心であるCCという概念を分析の中心に置き、企業がそのCCを動態的な環境下で創造、拡大、修正しながら、当該企業の長期的成長を実現する能力を動態能力として考える。

企業は生産、製品開発、マーケティング、販売、調達といった様々な領域において資源、つまり能力を蓄積することが可能である。しかし、各企業の競争及び成長戦略に応じて、戦略的重要性のヒエラルキー（階層性）が存在する。ヒエラルキーのなかで支配的な領域は他の領域と関連しながら、企業の競争力の核として成長を牽引する。しかしながら、企業がある一時点においてその領域に関する特殊な能力を有するだけでなく、それが持続的あるいは長期的な競争優位性に結びつくことが企業の成長にとって重要である。このような点から考えると、動態的な社会経済環境下で、ある領域において核心的、画期的なモノ・サービスを生み出したり、あるいはそれを生み出すためのプロセス・仕組みを構築することができる能力、つまりイノベーションを興す能力こそが企業のCCであり、その能力を拡大、修正する能力こそが動態能力である。実際に、ネルソン（Nelson 1991）はイノベーションを興し、そこから利益を得る能力の組織的相違こそが、持続的で、簡単には模倣できない企業間の異質性の源泉であると強調する。

われわれは、イノベーションの分類にしたがって、CCを三つのタイプに分類する。

イノベーションは伝統的に次のような性格が与えられてきた（シュムペーター 一九七七）。

（1）新しい商品や商品の新しい品質の開発
（2）未知の生産方法の開発
（3）市場の開拓
（4）原料ないし半製品の新しい供給源の獲得
（5）新しい組織の実現

そして、これらは大きく分けて二つのタイプに分類され、一方で「技術的イノベーション」は新製品の開発や新しい生産技術の開発に起因し、他方で「組織的イノベーション」は生産、労働組織、雇用関係、企業間関係に関する管理や組織の新しい手段の採用によって生み出される。さらに、このようなイノベーションの古典的な二分法に加えて、アベナシーとクラーク（Abernathy & Clark 1985）、モリス（二〇〇九）、コーベル（Corbel 2009）、伊丹（二〇〇九）らは、企業の「市場戦略」あるいは「ビジネスモデル」に関するイノベーションの重要性を指摘する。伊丹（二〇〇九）によれば、このイノベーションは製品の「市場への提供の仕組みや条件（例えば価格）」を大きく変えることによって生み出される革新として定義される。[3]したがって、三つ目の「市場（戦略）のイノベーション」は、

（2）藤本（一九九七、二〇〇三）は、企業のオペレーショナルな競争能力を「静態的能力」（ルーチンを繰り返しハイレベルで行う組織能力）、動態的な能力を「改善能力」（ルーチン的に問題解決を繰り返し、パフォーマンスを改善する組織能力）と、「進化能力」（上記のルーチン能力そのものを構築する能力）に分類する。
（3）例えば、伊丹（二〇〇九）はグーグルの高速な検索エンジンの無料提供やヤマト運輸の宅急便サービスをビジネスモデルのイノベーションとしてあげる。

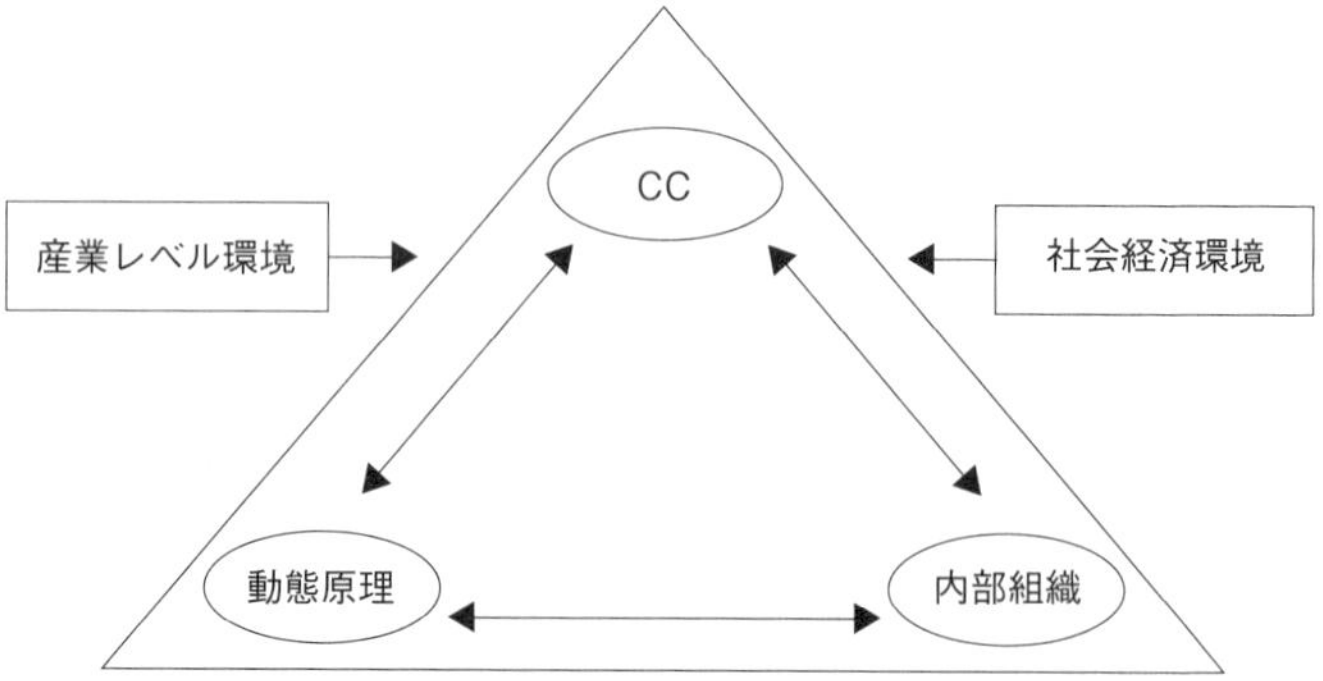


図5-1　動態能力アプローチの分析枠組み

市場への提供の仕組みや条件に関する既存の「ゲームのルール」（Corbel 2009）を変えるような、新しい販路の開拓、消費者への新しいサービスの提供、新しいビジネス手法の開発などによって特徴づけられる。

かくして本章は、外部環境の変化に適応しながら継続的にイノベーションを興し、その能力を拡大させ、企業の成長へと結びつけるトータルな組織の能力を動態能力としてみなす。そして、「技術的イノベーション」、「組織的イノベーション」、そして「市場（戦略）のイノベーション」の三類型に基づき企業の動態能力の構築メカニズムの多様性分析をすすめる。

## 二　動態能力分析のフレームワーク

図5－1は、企業の動態能力とその構築メカニズムの分析枠組みを図式化したものである。

そのメカニズムの核心は、CCである。しかし、企業が時間とともに変化する経済及び産業レベルの環境の下で、CCを創造し、拡大し、そして修正しながら、企業の成長のエンジンとして持続的に機能させるメカニズムが必要である。そこで、CCとともに動態能力構築メカニズムを構成する二つ目の要素が本章で「動態原理」と呼ぶものである。動態原理とは、企業が外的環境及びその変化に対してどのように組織的に適応するのかという意思決定の根底にあり、組織のあらゆるレベルで共有理解された企業の行動原理である。さらに三つ目の構成要素として、雇用関係、製品開発組織、企業統治形態、人材マネジメントなどを含む「内部組織」である。本章では、とりわけ各企業のイノベーションを興す動態能力の構築において重要な役割を担った内部組織の特徴を取り上げる。

## 三　ケーススタディ：トヨタとホンダの動態能力

### 一　日本企業の多様性と自動車産業：多様性分析の出発点としての「トヨタモデル＝日本的企業モデル」からの脱却

第三節では、前節で提示した分析枠組みに基づいて、日本企業の動態能力の多様性に関する実証研究に取りかかる。本章は、日本企業の多様性に関する長期・歴史的分析の出発点として、自動車産業におけるトヨタとホンダの比較分析に注目する。その理由としてまず、既に言及したように、トヨタは日本企業分析の参照企業として長い間扱われ、日本企業モデル＝トヨタモデルの構図が明示的あるいは暗示的に受け入れられてきた。しかしながら、このようなトヨタ研究に傾倒した日本的代表企業モデル論に対して、GERPISAの生産モデル論は重要な論点を提起した（Boyer & Freyssenet 2002）。生産モデル論は、ワンベストウェイとして唯一普遍の生産モデル説に対して、二〇世紀を通した自動車産業における生産モデルの多様性の観点から、日本発の生産モデルとしてトヨタモデルとともに「ホンダモデル」の存在を指摘した。しかしながら一方で、それぞれの企業が採用した利潤戦略――トヨタの「継続的原価逓減戦略」に対してホンダの「イノベーション・フレキシビリティ戦略」――と適合するマクロ的成長体制は異なり、トヨタの利潤戦略が「不足・投資」型あるいは「調整・競争的価格財輸出主導」型体制の下で妥当であるのに対して、ホンダの「イノベーション・フレキシビリティ」戦略は競争型の所得分配体制を含む成長体制と適合する利潤戦略である。つまり、日本という同一の社会経済環境で誕生・活動し、これまで持続的に成長してきた両自動車企業であるが、それぞれの利潤戦略は同一の成長体制の下ではどちらかに妥当性がないという矛盾が生じる。

一方で、企業の能力と成長に関する研究について、トヨタはコリア（一九九二）を初めとする日本企業のイノベーション研究によって頻繁に取り上げられ、その独自の生産システムの構築プロセスのなかで観察された組織的イノベーションを持続的に興す能力が注目された。一方で、ホンダはソニーとともにその技術力とユニークな製品に裏打ちされた技術的イノベーションによって成長した戦後日本の代表的企業として関心を集めてきたにもかかわらず（伊丹二〇〇九）、ホンダの企業成長とその組織的能力の関係性に関する学術的・体系的研究はまだ十分に展開されていない。

こうしたことから、イノベーションにおける動態能力の多様性分析にとって自動車産業におけるトヨタとホンダの事例を研究することは重要であり、そしてこれは自動車産業の分析を越えて、一般的あるいは全体的な日本企業の多様性の歴史的分析への出発点でもある。

## 二　トヨタ：「組織的イノベーション」を生み出す動態能力の構築メカニズム

トヨタの競争力の源泉の一つは、その独自の革新的な生産システムの確立とその進化に見ることができる。コリア（一九九二）は、トヨタ生産システム（TPS：Toyota Production System）をさまざまな組織的イノベーションの集合体としてみなした。つまり、TPSの構築はトヨタという企業のCCを表している。このCCは一時点でのオペレーショナルな能力にとどまることなく、動態的な社会経済環境のなかで生産組織に関するイノベーションを興し、企業の長期的成長を主導したという点で、動態能力である。本節では、TPSの歴史的進化の観点から、トヨタのCCの創造・拡大・修正の能力、つまり動態能力、の構築メカニズムを考察する。

### 二・一　TPSの進化と生産組織に関するイノベーション

**CCの創造と拡大：「オオノイズム」から「トヨタ生産システム」へ**　トヨタの動態能力の起源、つまりTPSの進化の起源は「オオノイズム」（コリア 一九九二）に見ることができる。コリア（一九九二）によれば、TPSの創出者である大野耐一に基づいて名づけられたこのオオノイズムはさまざまな原理、ルール、規約に基づく教義の集大成としての方法論であり、テイラリズムと並ぶ一般的な生産管理手法の革新としてみなされる[4]。

一九五〇年代から、オオノイズムの実践とともに始まったTPSの構築は、まず必要なものを必要な時に必要なだけ生産し、運搬する仕組みである「ジャスト・イン・タイム」（JIT）と、不良品を出さないために不具合が起こった時に機械が自動的に止まるようにした、機械に人間の知能を組み込んだニンベンの付いた自動化、つまり「自働化」という二つの支柱から始まった。JITの思想は、モノの流れとは逆に、「カンバン」（生産指示票）によって情報を後工程から前工程へと流すことで、在庫などのムダを排除することを可能にした。一方で、自働化は、労働者が多工程を受け持つことを可能にし、そのアイデアは、問題が起こった時にすぐに作業者が生産ラインを止め、その異常を「アンドン」という頭上の警告灯によって知らせる「目で見る管理」を作り出した。その結果、これらの新しい生産管理の手法は、よりフレキシブルで、節約的な生産調節を可能にした。また、不良品を後工程に流すことなく、作業者が問題解決に積極的に参加し、それぞれの工程で製品の品質が管理される生産ラインが誕生した。

このようなＴＰＳの起源としてのオオノイズムは、大野のトヨタ社内での地位の向上とともに広まり、一九六〇年代末までにはトヨタの全工場において共有され、一九七〇年に正式に「トヨタ生産システム」として企業内で命名された。ＴＰＳの創造によって、一九六〇年代、戦後の高度経済成長とともに起こった本格的なモータリゼーションによる爆発的な自動車の需要の増大に対して、トヨタは品質が高く信頼性のある製品を市場に送り出した。

一九七〇年代に入り、世界及び日本経済は二度の石油危機に直面し、それは自動車需要の継続的増大に歯止めをかけた。しかし、こうした経済環境の変化に対して、トヨタは量産による「規模の利益追求」から低成長に対応した「質の経営」への転換を図り、原価低減の追求を目標にＴＰＳはさらに改良された（トヨタ自動車 一九八七）。例えば、生産管理の面では、機械がいつでも必要な時に使える状態を表す「可動率」を高め、そして人数を減らすのではなく（「省人化」）、人数が何人でも同じだけのモノを作ることができる「少人化」を実践した。そして少人化を実行するために、技能員の多能工化、作業の標準化、そして生産の流れづくりが進んだ。

トヨタは企業内だけでなく、サプライヤーとの関係も整備していくことでＴＰＳを進化させた（コリア 一九九二）。一九七〇年の生産調査室の設置以降、ＴＰＳの下請け企業への本格的導入が始まった。サプライヤー企業との緊密な企業間関係を構築するなかで、トヨタは部品サプライヤーとの取引パターンに従ってサプライヤー関係の階層化をいち早く制度化した。藤本（一九九七）にしたがって分類すると、第一に、サプライヤーが特定の部品をコンセプト作成から生産まで一貫して行い、自動車メーカ

---

（4）コリア（一九九二）は、「トヨティズム」は、オオノイズムをトヨタという特定の企業に応用する際の整合的な形式に関わるものと定義する。

ーが市販部品としてカタログから購入する取引関係がある。第二に、自動車メーカーとサプライヤーが共同して開発作業を行う部品の取引であり、サプライヤーは部品の詳細設計、開発活動を行い、自動車メーカーは部品図を検討し、実車に装着してテストし性能を確認する。この取引で、サプライヤーが図面を保有する部品が「承認図部品」であり、自動車メーカーが図面を保有し、品質保証責任を負う部品が「委託図部品」である。藤本は、この両者を合わせて「ブラック・ボックス部品」と呼ぶ。そして三つ目は、自動車メーカーが部品図を含むほとんどの開発作業を行う「貸与図部品」の取引関係である。特に、同著者によれば、トヨタは他の日本企業と比べても、ブラック・ボックス部品取引をより体系的に導入し、その社内規定を自動車業界でもいち早く確立したことで、その取引方式を効果的に定着させ、制度化させることに成功した企業としてみなされる。

このように、二度の石油危機とそれに続く低成長時代において、原価低減を目指して、トヨタは企業内の生産管理や労働組織の改革を継続的に実行し、サプライヤーとの階層的な企業間関係を制度化した調達システムをいち早く、より効果的に作り上げた。その結果、石油危機下で世界的に多くの企業が業績を悪化させるなか、トヨタがより多くの利益を達成したことで、生産から調達を含めたトータルな生産システムとしてTPSが評価された。かくして、このようなTPSの構築プロセスにおいて、トヨタのCCとしての生産組織に関するイノベーション能力の創造及び拡大が認められる。

## 労働危機に対する新しい生産システム・コンセプトの提示

一九八〇年代後半から九〇年代初めまで日本経済は不動産・金融バブルを経験した。バブル経済は消費者需要を拡大し、新たなモータリゼーションを起こす一方で、この時期、日本の労働市場は大きく変化した。長期的な出生率の低下傾向によって人口構成が変化し始め、さらに高学歴化した若年労働者は3K（きつい、きたない、きけん）とみなされる自動車の組立ラインのような生産現場を避け、サービス産業への就職を好む傾向が強くなった。その結果、自動車の生産現場では労働力不足と労働者の高齢化が問題になった。このような労働の危機に対して、トヨタはその従来の生産システムを修正し、生産システムのコンセプトを革新した。

このTPSの再構築プロセスを清水（一九九五a、b、Shimizu 1999）は「労働の人間化」として特徴づけ、藤本（一九九七）が主張するように、そのプロセスは田原第四工場における労働環境の改善と組立ラインの自動化からはじまった。しかし、バブル経済の時期に設計され、一九九一年から操業したこの組立ラインは、自動化が過度に追求され、逆にバブル経済が過ぎると、高い固定費負担と低い稼働率に直面した（藤本 一九九七）。こうした田原第四工場の教訓を活かして、トヨタの新しい組立ラインのコンセプトが体系化されたのがトヨタ自動車九州の宮田工場（一九九二年一二月開始）である。組立ラインは半自律的な複数のライン・セグメントに分割され、各セグメントの末端には品質確認工程が設置され品質が保証される「自律完結組立工程」が導入された。そして、「インライン・メカニカル自動化」のコンセプトの導入は、自動化作業をコンベア上のボディに追随・同期化させ、自動化組立エリアと人間の手による組立エリアを混在、共存させた。さらに、人にやさしい組立作業環境を実現するために、様々な組立手作業の作業負荷や作業危険を軽減する設備や仕掛けが導入された[5]。こうした労働の人間化を目指し、いち早く体系化されたトヨタの新しい組立ラインは、「新しいトヨティズム」（Shimizu 1999）や「バランス型リーン・システム」（藤本 一九九七）と呼ばれ、生産システムの新たなイノベーションを興した。

## 二・二　ＣＣの創造・拡大を支える組織的要因：「改善」原理と「協調的労使関係」

### （a）「改善」に基づく企業の行動原理

オオノイズムから始まった革新的生産システムとしてのＴＰＳは、外部環境の変化に対応するために実行されたさまざまな生産管理や労働組織に関するイノベーションが蓄積されて長期的に構築されたものである。こうした変化する環境に組み込まれたなかで、ＣＣの発展的構築と企業成長を支えたトヨタの組織的適応の原理として、本章は「改善」に注目する。

トヨタにとって改善とは作業や設備の問題を解決するための継続的な取り組みであり、大きく二つのタイプに分類される。一方で、それは職務として実行される、生産技術部や技術員室による設備の開発、新しいラインの設計といった「大改善」、あるいは製造部門管理者、現場監督者そして製造課改善班による現場における工程改善や作業改善の「中改善」である。他方で、自主的な創意工夫提案やＱＣサークル活動を通して主に現場作業者によって実践される「小改善」がある。

しかし、本章は、こうした改善原理を、作業や設備の問題解決の活動レベルを越えて企業内で制度化され、組

（5）詳しくは、清水（一九九五a、b）、藤本（一九九七）を参照。

織全体に共有された企業の環境適応行動の観点から注目する。つまり、この改善原理に基づき環境に組織的に対応したことで、トヨタは組織的イノベーションを継続的に生み出し、動態能力を構築することができたのである。

### (b)「協調的労使関係」に基づく柔軟な生産組織

また、TPSの構築・進化がこのような複雑な環境のなかで問題解決を繰り返しながら実現されるには、それを可能にする組織的構造も重要である。そして、実際に多くの先行研究が強調するように（コリア一九九二、Shimizu 1999, Boyer & Freyssenet 2002）、TPSの進化的構築は企業の長期的成長という目標の下での経営者側と労働者側の協力的関係なしには実現され得なかった。協調的な労使関係は一九五〇年の労働争議をきっかけに経営者側と労働者側の間で徐々に形成され、発展してきた。TPSの構築が一九五〇年の労働争議直後に始まり、そして一九八〇年代末からの労働の人間化を目指したTPSは魅力ある職場を作るために労働者側と協力して実践された。このような制度化された協調的労使関係なしには、多様な消費者ニーズに適応するための生産組織の柔軟化を追求した生産システムの革新、つまりトヨタ企業のCCの創造・拡大は不可能であった。

かくして、TPSの進化にみられるように、生産組織に関するイノベーションを興す能力を創造及び拡大する能力、つまり動態能力の構築メカニズムは次の図5-2のように表される。

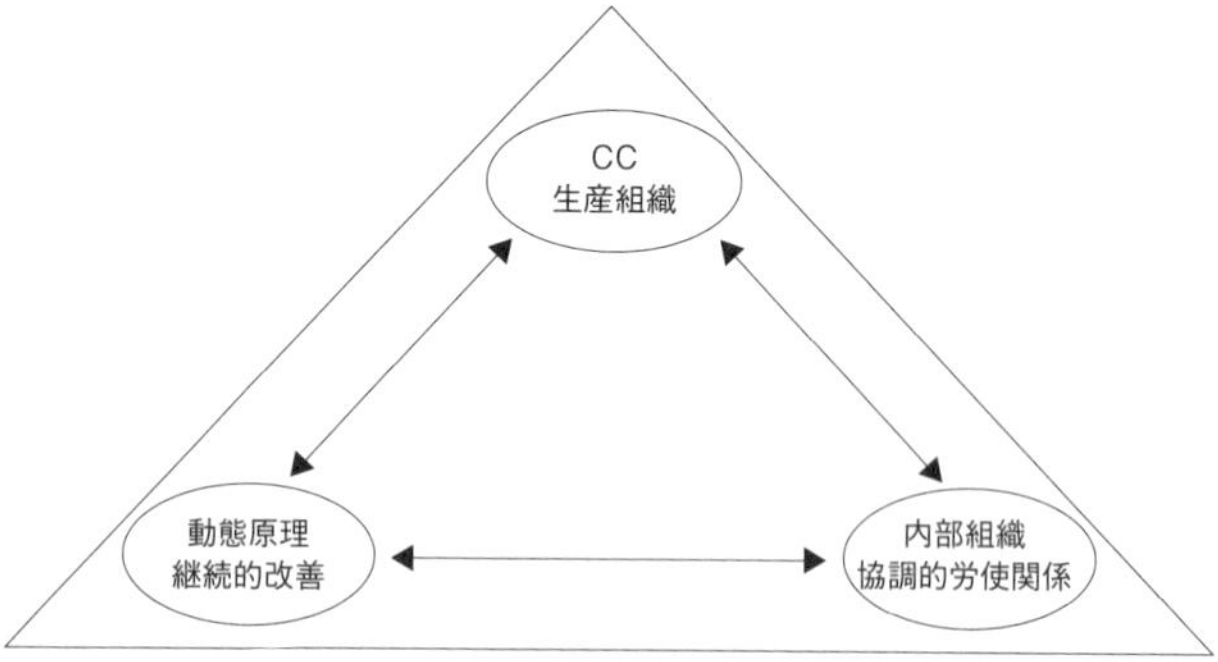


図5-2　トヨタの動態能力メカニズム

## 三　ホンダ：「技術・市場のイノベーション」を生み出す動態能力の構築メカニズム

国民的代表企業モデル概念の下で、日本企業研究はしばしばホンダモデルとトヨタモデルを同一視してきた。しかし、九〇年代以降の経済危機に対するホンダの一早い業績回復と競争力の拡大において、GERPISAのようにホンダの独自性を分析する研究が現れ始めた(6)。本章は、このようなホンダの独自性に注目する研究の枠組みにおいて、ホンダの成長プロセスあるいは進化を可能にした動態能力の構築メカニズムについて考察する。

### 三・一　ホンダのCC：製品戦略にみる技術と市場戦略のイノベーション能力

#### CCの創造：革新的製品による新カテゴリーの創出

一九四六年に二輪メーカーとして出発したホンダは、一九六三年に最後発メーカーとして自動車市場に参入した。しかし、ホンダが真の自動車メーカーとして認識されたのは、軽自動車N360（一九六七年）の商業的成功であった。同時に、それはホンダのCCとしての技術と市場のイノベーションに関する能力の構築の出発点である。

一九六〇年代のモータリゼーションのなか、ホンダは本格的な量産車として軽自動車N360を発売した。この戦略の利点としてまず、「ガマン」車と呼ばれ、性能も快適性も低かった軽自動車の市場は衰退傾向にあり、先行メーカーとの激しい競争を避けることができた。二つ目に、二輪メーカーとして蓄積された技術を利用しながらでも、軽自動車の従来のコンセプトを一変させることができた。例えば性能面では、軽自動車市場で当時最も売れていた富士重工業のスバル360が二〇馬力だったのに対して、N360は三一馬力を実現した（出水二〇〇二）。そして、価格に関しては、スバル360の四二・五万円（当時）に対して、N360は三一・三万円で発売された（岩倉二〇〇三、本田技研工業一九九九）。その結果、N360は発売以来、爆発的な売れ行きを記録し、さらに衰退傾向にあった軽自動車市場はN360の発売によって再活性化され、モータリゼーション前半の火付け役となった。

一九七〇年代に入ると、二度の石油危機と、大都市に

（6）例えば、ボワイエとフレスネ（Boyer & Freyssenet 2002）とフレスネとメア（Freyssenet & Mair 2000）は生産モデル、長沢・木野（二〇〇四）は製品開発システム、岩倉（二〇〇三）はデザイン・マネジメント、河合（二〇一〇）は戦略経営、そして出水（二〇〇二）は企業の歴史的発展プロセスからホンダの独自性を分析する。

おける自動車の増大によって引き起こされた自動車の排気ガス規制の強化によって自動車産業をめぐるビジネス環境は一変した。こうした劇的な環境変化のなか、ホンダの企業発展の歴史のなかでより重要な技術・市場のイノベーションが興った。それは、まず何よりも、低公害エンジンとしてのCVCCエンジン（一九七二年）の開発の成功である。[7]触媒などに頼らず、エンジンそのものを改良することで大幅な有害成分の低減に成功したこのエンジンは、アメリカの一九七五年度版「マスキー法」をクリアした世界初のエンジンとして注目された。[8]そして、この革新的なエンジンが搭載され、「新カテゴリー・ハッチバック車」として新しい小型車のデザインを提示したシビックCVCC（一九七五年モデル）は、アメリカ環境庁（EPA）によって、マスキー法をクリアした最初の車として一九七四年に認可され、最も燃費のよい車としてアメリカ市場で評価された[9]（岩倉二〇〇三）。シビックの後、一九七六年に市場に投入されたスポーツ・タイプのアコードCVCCは、コンパクト・小型車市場におけるホンダの競争力をさらに高める役割を果たした。

これらのホンダの製品は、石油危機や排ガス問題を通じて車に対する消費者の価値観が変化するなか、低燃費・低公害のコンパクトスポーツ車という新しい小型車のコンセプトを提起し、自動車市場で新しいカテゴリーを創出した。そして、このような革新的なエンジンの開発と、新しい自動車のコンセプトとデザインが盛り込まれた二つのコンパクトカーによってもたらされた成功は、「テクノロジー・リーダー」として、ホンダを世界的自動車メーカーへと押し上げた。

### CCの拡大：スペシャリストとジェネラリストの融合

ホンダのシビックやアコードに代表されるコンパクトで低燃費の日本車は海外の市場で受け入れられ、一九七〇年代後半からその輸出が急速に増大した。特に、アメリカ市場では、石油危機のなかで大型車から小型車への需要のシフトが起こり、日本車の市場シェアが急速に拡大した。日本車の増大によるアメリカ自動車メーカーの売り上げの急激な落ち込みは、アメリカとの貿易摩擦を引き起こした。貿易摩擦に対する日本側の自主規制措置が本格的に議論され始めるなか、ホンダはいち早くアメリカでの現地生産工場の計画を立ち上げ、一九八二年に日本メーカーとして初めて自動車（アコード）の生産を開始した。[10]その結果として、シビックやアコードに象徴されるホンダの革新的なクルマは、アメリカ市場で販売数を急速に拡大させ、一九八四年にはトヨタを抜いて日本メーカーのなかで首位にたった（佐藤二〇〇九）。

一九七〇年代から八〇年代初めの自動車産業の環境が

激変する時代において、プロダクト・アウト的要素をもった革新的な製品が次々に市場に投入され、新しい需要層を開拓し、ホンダは技術的イノベーションと市場のイノベーションという二つのタイプの違うイノベーションを持続的に興すことによって自動車市場においてテクノロジー・リーダーとして認識されるようになった。この企業能力はバブル経済にともなう新しいモータリゼーションのなかで拡大され、ホンダのさらなる成長を支えた。

この時期ホンダは、国内外の設備投資を通して生産及び開発施設を充実させる一方で、国内市場での成長に向けて販売チャネルを三系列（ベルノ、クリオ、プリモ）に拡大し、新車開発及び既存車のモデルチェンジを加速させた。ホンダの主力車種のシビックやアコードの新モデルを投入するだけでなく[11]（「シビッククルネッサンス」）、軽・小型車から高級車まで揃えるジェネラリストとして企業を拡大させるために新しい車の開発をすすめた。性能やデザインにおいて他メーカーの車との違いに価値を求めたホンダは、シビックやアコードで開拓した小型車市場を拡大させるとともに、中・上級車カテゴリーにおいてもスポーツ・タイプを中心に他メーカーの既存車とは一線を画す新しいサブ・カテゴリーを創出することで若者層を中心に新しい需要を引き起こすことに成功した。こうした技術と市場戦略に関する能力の拡大は、ホンダの国内外市場でのパフォーマンスを高め、結果としてホンダに国際的な競争優位性をもたらした。

（7）Compound Voltex Controlled Combustion ＝複合化渦流調整燃焼方式。

（8）マスキー法は、アメリカのマスキー上院議員によって大気清浄法（Clean Air Act）を大幅に修正した法案であり、一九七〇年に発効された。その目的は、有害成分である一酸化炭素（ＣＯ）、炭化水素（ＨＣ）、窒素酸化物（ＮＯｘ）を大幅に低減することであった。

（9）シビックは、ホンダ初の本格的乗用車として一九七二年に、ＣＶＣＣ搭載モデルは一九七三年に発売された。

（10）日産は、ホンダの後、一九八三年にアメリカでの生産を開始したが、関税などを考慮してピックアップトラックの生産から始め、乗用車の生産は一九八五年になってからである。一方で、トヨタは、ＧＭとの合弁事業というかたちで、NUMMI を立ち上げ、一九八四年にＧＭ車のＮｏｖａを、そして一九八六年にトヨタ車のCorolla FX の生産を開始した。そして、トヨタ単独の工場における生産は、ＴＭＭ（Toyota Motor Manufacturing）で一九八八年に始まった。

（11）岩倉（二〇〇三）を参照。

### 三・二　CCの創造・拡大を支える組織的要因：「フレキシビリティ」原理と「自律的な製品開発組織」

**(a)「フレキシビリティ」に基づいた企業行動**　技術・市場戦略のイノベーション能力は、環境変化のなかで企業の成長とともに堅固な企業競争力の核として創造・拡大されてきた。その企業の環境適応において重要な役割を果たした企業行動の動態原理として、本章はホンダの意思決定や競争戦略の根底にある「フレキシビリティ」に注目する。

ホンダの競争戦略は、CVCCエンジンやアメリカ現地生産の際に観察されたように、環境の変化に対して素早く柔軟に戦略的な意思決定を下し、競争相手よりも早くに行動することである。この戦略的なフレキシビリティは、例えば「集団指導体制」、それぞれの分野の担当役員を本社の一つの部屋に集めた「大部屋役員室」、そしてその部屋で自由活発に意見をかわす「ワイガヤ」などに象徴されるトップ・マネジメント体制のもとで確立された。企業内におけるこのフレキシビリティの共有理解と追求こそが、技術と市場に関するイノベーションの実行可能性を拡げ、環境への対処能力を産んだ一因になった。したがって、ホンダはフレキシビリティ原理のもと、動態的な環境に対して、競争相手よりも革新的でオリジナルな製品をいち早く商品化し、競争相手によってまだ十分に開拓されていない市場（ニッチ市場）で新しい需要を引き起こすことに成功した。

**(b) イノベーションの源としての「自律的な製品開発組織」**　ホンダの動態能力の構築を企業行動の面で支えた要素として、フレキシビリティに基づく意思決定が重要な役割を果たしたのは確かである。しかし、そのフレキシビリティ原理に基づく企業行動を実行に移し、技術・市場戦略のイノベーションを興すための組織構造が企業内部に形成されていることが不可欠である。そこで重要な役割を果たしたのが、ホンダの独自の「製品開発」（R&D）組織である。既にいくつかの先行研究によって紹介されているように、ホンダの製品開発組織の核は本田技研工業（本田技研）と、独立子会社として設立された本田技術研究所（ホンダR&D）及びホンダエンジニアリング[12]（ホンダEG）の間で自律的に組織された分業体制であった[13]。本田技研が生産と販売を担当するのに対して、ホンダR&Dは製品技術の研究・開発、そしてホンダEGは生産技術の研究・開発を担当する。このような製品開発組織において、技術部門の自律性が保証され、技術者の育成・訓練が促進され、そして製品開発プロセスにおいて三つの会社がそれぞれの担当立場から意見を出し合うことで、革新的だけでなく、市場の期待や需要に適合した多くの製品を送り出すことができた。販売（Sales）、エンジニアリング（Engineering）そして開発（Development）の間で相互補完的に組織された製品開発組織「ＳＥＤシステム」こそホンダの技術・市場戦略に関する能力及びその創造・拡大にとって不可欠な構造的要素であった。

このホンダの動態能力メカニズムは図5-3のように要約される。

## 四　成果と残された課題

本章の目的は、先行研究によって提起された今日の日本企業の多様性に関して、その要因を歴史的観点から分析することであった。その結果として、今日観察される多様性は、バブル崩壊後の経済危機のなかで収益性や組織パフォーマンスの低下に対する企業の一時的な結果や対応手段の相違ではなく、むしろそれ以前までに長期的に蓄積された各企業に固有の能力（ケイパビリティ）といった内在的要因に大きく起因していることを示した。つ

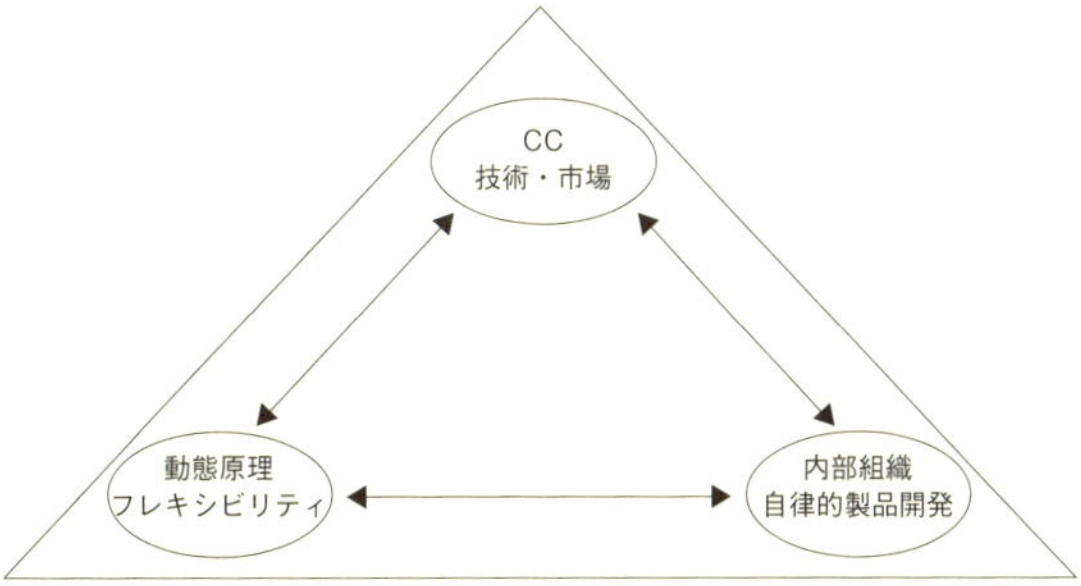


図 5-3　ホンダの動態能力メカニズム

（12）ホンダR＆Dは一九六〇年に設立され、ホンダEGは一九七四年にホンダの生産技術部とホンダ工機（一九七〇年設立）が統合されるかたちで設立された。
（13）例えば、出水（二〇〇二）や長沢・木野（二〇〇四）がある。

まり企業の多様性は歴史的、長期的な構築物である。実際に、トヨタとホンダという二つの代表的な日本自動車企業における一九九〇年代までの成長を動態能力の観点から比較検討したが、一方でトヨタは生産組織の領域において、他方でホンダは技術及び市場戦略の領域においてイノベーションを興す動態能力のメカニズムを構築したように、トヨタとホンダの成長の源泉とプロセスは同質的ではない。

しかしながら、本章の企業の多様性分析はまだ発展途上であり、今後さらに取り組むべき課題が残されている。ここでは、より重要な三つの残された課題をあげたい。

まず第一に、動態能力の分析的枠組みのさらなる精緻化が必要である。本章では紙幅の関係で、CCを中心に動態能力の構築メカニズムを検討したが、その他二つの構成要素の分析をさらに具体化することが必要である。動態原理については、企業のガバナンス構造あるいはトップ・マネジメントと関連させた考察が必要である。また、本章のトヨタとホンダの比較では、内部組織的要因として協調的労使関係と自律的な製品開発組織という性格が異なる領域を比較対象にあげたが、人材開発システムなどのイノベーションや能力にとって重要な内部組織の同一領域での比較を進めたい。

第二に、われわれの多様性分析は自動車産業、しかもトヨタとホンダの二分法に留まっている。確かに、日本企業モデルの多様性を議論する上で日本の国民的代表企業モデルとして扱われたトヨタに対して、同じ自動車産業において異なる動態能力メカニズムをもつ企業の存在を明らかにすることは重要である。こうした観点から、国際的な合従連衡のなかでトヨタと同様に純国産メーカーとして存在し続けるホンダを取り上げた。しかしながら、本章は他の自動車企業の動態能力の有無やそのメカニズムの相違について言及しなかったし、また他の産業、とくに同じ製造業（例えば電機産業）においても、トヨタやホンダとは異なる動態能力メカニズムを構築した企業が存在するかもしれない。したがって、この動態能力の多様性分析により一般性を与えるために、検討対象企業を拡大することが重要である。

最後に、本章は今日の企業の多様性の起源を検討するという目的から、時代設定として九〇年代の経済危機以前を分析対象にした。しかし、九〇年代以降の劇的な社会経済環境の変化のなかで、この二つの企業も含めて、企業の危機を乗り越えるために各企業は再構築策を実行した。したがって、九〇年代以降の分析は、トヨタやホンダだけでなく、それぞれの日本企業の動態能力を改めて検証するうえで極めて重要である。

【引用・参考文献】
青木昌彦・奥野正寛（一九九六）『経済システムの比較制度分析』東京大学出版会
伊丹敬之（二〇〇九）『イノベーションを興す』日本経済新聞出版社
岩倉信弥（二〇〇三）『ホンダにみるデザイン・マネジメントの進化』税務経理協会
河合忠彦（二〇一〇）『ホンダの戦略経営—新価値創造型リーダーシップ』中央経済社
コリア・B／花田昌宣・斎藤悦則［訳］（一九九二）『逆転の思考—日本企業の労働と組織』藤原書店
佐藤正明（二〇〇九）『トヨタ・ストラテジー—危機の経営』文藝春秋
清水耕一（一九九五ａ）「トヨタ自動車における労働の人間化（Ⅰ）」『岡山大学経済学雑誌』二七（一）、一-二四
清水耕一（一九九五ｂ）「トヨタ自動車における労働の人間化（Ⅱ）」『岡山大学経済学雑誌』二七（二）、一九三-二一五
シュムペーター・J／塩ノ谷祐一・中山伊知郎・東畑精一［訳］（一九七七）『経済発展の理論—企業社利潤・資本・信用・利子および景気の回転に関する一研究』岩波書店
出水　力（二〇〇二）『オートバイ・乗用車産業経営史—ホンダにみる企業発展のダイナミズム』日本経済評論社
トヨタ自動車（一九八七）『創造限りなく—トヨタ自動車５０年史』トヨタ自動車
長沢伸也・木野龍太郎（二〇〇四）『日産らしさ、ホンダらしさ—製品開発を担うプロダクト・マネジャーたち』同友館
藤本隆宏（一九九七）『生産システムの進化論—トヨタ自動車にみる組織能力と創発プロセス』有斐閣
藤本隆宏（二〇〇三）『能力構築競争—日本の自動車産業はなぜ強いのか』中央公論新社
ヘルファット・C、フィンケルスティーン・S、ミッチェル・W、ペトラフ・M、シン・H、ティース・D&ウィンター・S／谷口和弘・蜂巣　旭・川西章弘［訳］（二〇一〇）『ダイナミック・ケイパビリティ—組織の戦略変化』勁草書房
本田技研工業（一九九九）『語り継ぎたいこと—チャレンジの５０年』本田技研工業
宮本光晴（二〇〇八）「コーポレート・ガバナンスの変化と日本企業の多様性—人材マネジメントの４類型」労働政策研究・研修機構『日本の企業と雇用』、五〇-一三四
宮本光晴（二〇一一）「日本の雇用と企業統治の行方」櫻井宏二郎・宮本光晴・西岡幸一・田中隆之『日本経済　未到域へ—「失われた２０年」を超えて』創成社、五七-一二六
モリス・L／宮　正義［訳］（二〇〇九）『イノベーションを生み続ける組織—独創性を育む仕組みをどうつくるか』日本経済新聞社
Abernathy, W. J., & Clark, K. B. (1985). Innovation: Mapping the winds of creative destruction. *Research Policy*, **14**, 3-22.
Aoki, M. & Jackson, G. (2008). Understanding an emergent diversity of corporate governance and organizational architecture: An essentially-based analysis. *Industrial and Corporate Change*, **17**(1), 1-27.
Boyer, R. & Freyssenet, M. (2002). *The productive models: The condition of profitability*, Palgrave Macmillan.

Corbel, P. (2009). *Technologie, innovation, stratégie: De l' innovation technologique à l'innovation stratégique*, Paris: Gualino.

Freyssenet, M. & Mair, A. (2000). Le modèle industriel inventé par Honda, in M. Freyssenet, A. Mair, K. Shimizu, & G. Volpato, (eds.) *Quel modèle productif? : Trajectoires et modèles industriels des constructeurs automobiles mondiaux*, pp.139–54.

Jackson, G. (2009). The Japanese firm and its diversity, *Economy and Society*, **38**(4), 606–29.

Jackson, G. & Miyajima, H. (2007). Introduction: The diversity and change of corporate governance in Japan, in M. Aoki, G. Jackson, & H. Miyajima (eds.). *Corporate Governance in Japan: Institutional change and organizational diversity*, Oxford University Press, pp.1–47.

Nelson, R. R. (1991). Why do firms differ, and how does it matter?, *Strategic Management Journal*, **12**, 61–74.

Shimizu, K. (1999). *Le Toyotisme* (Collection «Repères»), Paris: La Découverte.

Teece, D., Pisano, G. & Shuen, A. (2000). Dynamic capabilities and strategic management, in G. Dosi, R. Nelson, & S. Winter (eds.). *The nature and dynamics of organizational capabilities*, New York: Oxford University Press, pp.334–62.

# 第六章　コーチングという装置

## ――認知資本主義における労務管理？

村越一夫 *MURAKOSHI Kazuo* ＋ 山本泰三 *YAMAMOTO Taizo*

みんなが言う「普通」ってさ
なんだかんだって 実際はたぶん
真ん中じゃなく 理想に近い

Perfume 'Dream fighter'

自分自身が作ったものではないカテゴリー、関係、名前において自分自身の存在の承認を求めるよう強いられて、主体は自分自身の存在の記号を自分自身の外側に、支配的であると同時にありきたりな言説のなかに探究する

J・バトラー

### 一　問題の導入

機械システムのリズムによる（マシンペーシングの）労働力管理を可能にした製造業の凋落、また労働組合を通じて結ばれていた労使間の利益シェアの合意の崩壊などにより、これまで通用していた労働力管理手法は有効性を失いつつある。非物質的労働という概念に集約されるような労働の性格の変化が、労働内容とともに雇用関係のあり方にも及んでいること、労働者の主体性の変容が引き起こしたコンフリクトがその淵源にあることは、これまでの章において指摘されてきた通りである。

たとえば、マクドナルドのスマイルはどのように引き出されるものなのか。機械の速度に人間を合わせることも、利益のシェアによる雇用の安定もおそらく中心的な事柄ではない。その一方で、労働者に最高のスマイルを埋め込むことは、業務の性質上、マクドナルドにとって死活的な課題であろう。すなわち認知資本主義における企業にとっての、労働者の自己規律あるいは能動性という問題。

いわゆる「ビジネス」をめぐる近年の言説において、「コーチング」という単語はもはや新しいものではない。端的にいえばコーチングとは、人事労務管理における一つの手法、とりわけ上層ホワイトカラー向けの処方ということになる。コーチとはもちろんスポーツの世界でいうコーチなのだが、ここで取り上げるコーチングということばには、一九七〇年代以降の資本主義の構造的変化を反映した、特殊なニュアンスが含まれるように思われる。コーチングに類したビジネス用語としては「メンタリング」や「カウンセリング」があり、また「キャリアデザイン」はコーチングが関わる主要なテーマの一つでもある。いくぶん性質が異なるが「メンタルヘルス・マネジメント」については検定も存在する。もう少し広げるならば、「ファシリテーション」や「アサーティブ」、さらには「ＥＱ」(Emotional Intelligence Quotient)や「ＮＬＰ」(Neuro-Linguistic Programming)といった、部分的にはアカデミックな人文諸科学の研究に基づいているようにみえる概念や手法などが目につく。

　これらの語彙から浮かび上がってくるテーマは、あえて要約するならば、フレキシビリティが強調される状況下でのコミュニケーションという問題であり、ある種の認知科学的なトーンさえそこには感じられる。そのなかでとくにコーチングに着目する理由としては、以下を挙げることができる。まず、それは個別のビジネススキルではなく、労務管理の手法としてある程度の認知を得ており、上層ホワイトカラーにとどまらない広がりをみせていること。コーチングの普及およびコーチングについての研究の蓄積によって、それが独立した研究分野として確立しつつあること。そして、それがコミュニケーションを通じてコミュニケーション的労働を引き出そうとする点において、現代の労働および企業をめぐる問題を凝縮した形で示しているとみなしうること、である。

　コーチングの基本的スタイルは、心理カウンセリングに近い。仕事上の問題、キャリア形成の方向性などに関して、コーチはクライアントが問題解決を見出せるように、さらには問題解決能力そのものを身につけるようにサポートする。いわばコーチングは、ソフトな労働強化のテクニックを自認し、またそのようなものとしての機能が期待されている。コーチングの一般化はコンサルタント業の成長とも深くかかわっている。「ポジティブ・シンキング」あるいは「自己啓発」産業の成長は、種々雑多なコーチやトレーナー、「モチベーショナル・スピーカー」たちの著しい増加を伴っている[1]。

　コーチングの特質はいかなるものなのか。コーチングに近接する用語であるメンタリングは、良き指導者・教師(メンター mentor)、ときに上司や先輩が助言を行うことを意味する。もちろんコーチングも良き指導を抜きには成立しないのだが、「セルフコーチング」ということばが示すように、コーチングにおいてはむしろ、コーチを受けた人間が自分自身で問題解決できるようになることが主要な関心となっている。いいかえればコーチングとは、「主体的になれ」という呼びかけ、主体化の装置なのである。労使の交渉によって妥協を見出すのではなく、従業員は自己実現し、自己責任において問題を解消せよ、という呼びかけ。

　認知資本主義における労使関係の個人化・不安定化、企業組織のネットワーク化・フラット化、労働過程の非物質化といった過程に対応し、それらを補完・強化するものとしてコーチングを位置づけることが可能である。

　「労働の管理はテイラー主義的な時間と行動の規定という直接的様態をとらなくなる」。

　「企業目標を内在化させるための〈主体性の規定〉[…]は、自律性を高めつつある労働力に対する支配を確保するために、資本が見つけ出した主要な方策なのである」。（ヴェルチェッローネ 二〇一〇）

　以下では、第二節において、企業を装置として捉える理論的観点を導入する。第三節ではコーチングの機制を考察し、アルチュセールによる主体化＝服従化(2)の分析を適用する。第四節では、現代の「エビデンス・ベースト」を自称するコーチングに至る、アメリカの思想的系譜をたどる。第五節では、コーチングの効果と測定の問題を取りあげ、そこにおける原理的な困難を検討する。小括では、コーチング的なものの全般化がいかなる帰結を実質的にもたらすことになるのかを展望する。

## 二　企業という装置

　マーグリン（一九七三）は、資本主義的ヒエラルキーの起源および機能について検討をおこなっている。マーグリンのアプローチの意義は、他の諸議論と対比すること

（1）個人消費者ばかりでなく、企業がモチベーション商品を大量に購入する。アメリカにおける自己啓発産業の市場規模は、二〇〇八年には一一〇億ドルに達したともいわれる（谷本 二〇一三）。

（2）佐藤はバトラーの日本語訳（バトラー 二〇一二）で、subjection は主体になる過程を指すとともに権力によって従属化される過程を指す、という点に留意し、たびたび「主体化＝服従化」という表記を用いる。本章もこれに倣う。「主体的になれ」という呼びかけと応答の両義性に焦点を当てることこそが、アルチュセールのイデオロギー論の要である。

で明確になるだろう。エイマール＝デュヴルネ（二〇〇六）による整理をここで参照しよう。

まず、契約理論のアプローチによれば、企業の特性はそもそもヒエラルキー的関係の存在に起因していない。それはチーム労働という状況のもとでの、複雑な契約の設定に還元される。雇用主－賃労働者の関係は、依頼人－代理人という、より一般的なモデルの一ケースとなる。いずれにせよ契約理論にとって、企業における諸関係は、合理的・自律的な諸個人がとりむすぶ平等な関係なのであり、要するに市場における契約の延長線上にあるとされる。次に、取引費用の経済学のアプローチでは、市場と企業のあいだの断絶が認められる。企業は市場に代替するガバナンス構造とみなされる。取引費用の存在ゆえに、ヒエラルキーによる調整が市場による調整よりも効率的となる場合、そこに雇用関係が成立する。

この二つのアプローチは、企業組織が何らかの権力関係であるという含意を消去すべく、アクターの合理性や経済効率という説明を用いている。それに対してマーグリンおよびアメリカ・ラディカル派は、「ヒエラルキー構造は権威的構造である」といういわば自明の認識から、まっすぐに議論を進めた。資本主義的ヒエラルキーは、効率性や技術的理由からではなく、蓄積を強化する制度として理解されなければならない。生産組織の成立と変化は、相対立する利害をもった階級間の力関係という観点から分析されるのである。もちろん、マーグリンらのアプローチに対して、単純すぎるといった批判はありうる。ヒエラルキーがなんらかの意味での技術的合理性や効率性とまったく無関係であるとするならば、少々行き過ぎであろう。とはいえ、労働および企業を政治経済学的に研究する際に権力関係という観点を排除してしまうならば、分析の有効性を大きく損なうことは明白である。そして、以後の行論にも関わるが、この観点をヒエラルキーという特定のタイプの構造に限定する必要もない。

かりに権力という概念を導入するとして、それは問題を単純化することを決して意味しない。経済学の「純粋」理論に対して「政治」的なモメントを重視するとき、たしかに多くの場合、対立・抗争・抑圧・強制などといった側面がまずは強調されるだろう。だが権力とは、いま列挙したような様相をもちろん孕みつつ、何らかの行為を実現するからこそ権力とみなしうるはずであるから、それはたんなる強制にはとどまらない。萱野（二〇〇七）は、強制と権力の区別を以下のような例示で際立たせる。

「たとえば、イヤがる相手に便所掃除をさせるために、相手の手にブラシをもたせて、その手をつかんで動かす、といった場面である。この場合、腕力の違いに応じて、相手が抵抗しうる可能性はどんどん小さくなっていく。しかし、その結果産出されるのは、なんらかの行為というよりは、たんなる身体の受動的状態にすぎない。抵抗の可能性が減少するとともに、行為を規定しつつ産出するという権力の効力も減少してしまう」。

能動性を前提とすること、能動性を引き出すことが企業にとっての問題となる。

ここで、制度としての企業という観点から、補助線を引いてみたい。植村ら（一九九八）は、アルチュセールをふまえ、制度を「装置」と規定する。アルチュセール（二〇一二）のいう装置の概念ではそもそも学校や教会などの制度が念頭におかれており、その機能は彼のいう意味でのイデオロギーの機能である。それは生産諸関係の再生産という文脈のもとで、諸個人を主体として構成する。大文字の他者に呼びかけられた個人は（「おい、そこのお前！」）、それに対して応答し、さらに自分自身が自己を再認することによって「主体」となる。主体化＝服従化[3]とは、個人や集団が有象無象ではなく、社会的に位置づけられた何者かになる／何者かとして名指されることだといえるだろう。それは不安定な社会関係の規格化としても理解することができる。

企業をこのような意味での装置として捉えることは可能である。たとえば、いわゆる就職活動におけるトピックの一つとして「自己分析」が課せられることは、まさしく「お前は何者なのか」という呼びかけそのものであろう。求職者は当然ながら、（なぜこんなことを、という想いが頭をかすめつつも）自ら進んで懸命に応答しようとするはずである。企業組織が生活世界の全面に広がり根を張った現代社会において、企業による主体化の様態は看過し得ないモメントであるといえる。

ここにコンヴァンシオン派の企業論を接合することで、コーチングを理論的に位置づけることができるだろう。エイマール＝デュヴルネによれば、契約理論や取引費用のアプローチとはまったく正反対に、環境、とりわけ諸制度こそが個人の合理性およびそれを裏打ちする諸能力を構築する。

「エージェントは、自らを過去と結びつける時間的連続性、そして自身を他者と結びつける社会的連続性を保証するような、構造化された環境に身をおいている」。（エイマール＝デュヴルネ 二〇〇六）

組織とは認知的装置である。情報のコード化様式は一元的ではありえないがゆえに、諸価値と不可分である。

（3）もちろんこの過程は、アルチュセールが示唆しフーコーが詳細に示したように、身体を通じて作用する。

ここでいう価値は、ボルタンスキーとシャペロのいうイデオロギーと言い換えることができる。そこから組織は、道具的合理性にかかわる調整と、政治的価値にかかわる協調という二つの次元を支えるものとして理解できる。コンヴァンシオン理論は、アメリカ・ラディカル派による権力論的な企業観を引き継ぎつつも、それをいわば認知論的に洗練する。制度の政治的次元は、複数の価値の間の折衝として捉え直される。ボルタンスキーとシャペロは、九〇年代以降のビジネス言説の分析によって、「新しい資本主義の精神」すなわち認知資本主義のイデオロギーというべきものを検出する。彼らはコーチングという用語の増加を見逃していない。ネットワーク／プロジェクト志向のシテ（第三章）とは、実際のところ、コーチがホワイトカラーたちに埋め込みたい世界観そのものなのである。

## 三　コーチングの機制

### 一　コーチングのプロセス

コーチングに関する書籍は多数存在するが、いずれも実用書的な性格が強い。そのなかで比較的まとまった議論をおこなっているものとして、フォーニーズ（Fournies 2000）、フラーティ（二〇〇四）、ウィットワースら（二〇〇八）などが挙げられる。これらの間の主張の差異は興味深い。フォーニーズは労働者の生産性を向上させるという目的をはっきりと表明し、安易な精神分析的手法による内面的な動機づけには批判的である。これに対しウィットワースらは、人生を豊かにしようというポジティブ・シンキングの性格が極めて濃厚な立場をとっている。ここでは、比較的バランスのとれた見解を述べ、コーチングという技法の特徴をよく表しているフラーティ（二〇〇四）を主に参照しよう。コーチングの実施方法は、一回限りの面接、電話による定期的なセッション、グループ形式など多様であるが、ここでは一対一の面接を一定期間続ける形態を想定しておく。

フラーティによればコーチングとは、「人々に能力を身につけさせるとともに充実感をもたせ、彼らがそれによってさらに組織に貢献し、自分のしていることに意義を見いだせるようにすること」である。それは「何かをするように」と人に指図することではない。自分の行動を、自分の意志で検証する機会を相手に与えることだ」。「コーチは、クライアントに「話すこと」しかできない」。専門知識を教えるのではないという点で、コーチはコンサルタントと区別される。命令するのではないという点で、コーチはマネージャーと区別される。

コーチングが達成すべき目標は、長期にわたる卓越したパフォーマンス・自己修正・自発性の三点にまとめられる。この目標を達成するためにコーチがはたらきかけるのは、クライアント自身がもつ解釈構造、価値観である。

「現象に対する個人の解釈から、ある行動が生まれる」。

「コーチとしての私たちの仕事は、クライアントの解釈構造を理解し、そしてクライアントと協力しながら、その構造を意図した結果に結びつくよう変化させることだ。コーチは、クライアントが新しい視点を持てるような新しい言語を提供することによって、それを行う」。（フラーティ 二〇〇四）

さらに「その新しい言語がクライアントの解釈構造に永久に組み込まれるよう訓練を施すこと」が目指される。このような考え方は、一方では「神経系をコーチする」、「無意識の中に刷り込む」、「習慣に介入する」とも表現されている（精神的記憶にモデルを与えること（ラッツァラート 二〇〇八））。

自発性を引き出すこと、自己修正の能力を身につけさせることがコーチングの目的であるが、裏を返せば、「クライアントからコーチングを求めてくることはほとんどない」。「人はすでにある習慣を確立しており、肉体的にも精神的にも習慣化したプロセスによって何かを達成しているので、コーチングに対して積極的ではない」。コーチングのきっかけ、タイミングを見逃さないことが重要となる。コーチング自体がフレキシブルでなければならない。クライアントは「いつでも何かの最中にある」ので、「コーチングもそれにあわせて行う必要がある」。「テクニックだけではうまくいかない」。ウィットワースらは「クライアントとともに、その瞬間瞬間から創り出す」という考えを打ち出す。

コーチングには、細かなチェックリストをクライアントに与え、具体的な目標と行動計画を作り、自己の行動や思考・感情を観察させ振り返らせる、といった過程が含まれている。クライアント自身が自己を振り返り、自己に働きかけ、自己評価し、コーチに報告する、といった一連の過程を、他者であるコーチが指示し、見守り、方向づけるのである。「コーチは、自ら進んでクライアントに挑戦し、揺さぶり、やる気にさせ、勇気づけ、そして時にはクライアントがさらに主体性を持ってコーチングにかかわるように強く求める」。（ウィットワース他 二〇〇八）

このようなはたらきかけが実行可能になるために、クライアントとコーチ双方の深いコミットメントが不可欠なのは明らかだろう。コーチングは高度な感情労働である。コーチングは命令ではない、と先に述べたが、そもそも自己の開示にまで至るようなコミットメントを命令で強制すれば、重大な倫理的問題を引き起こしてしまう。コーチとクライアントの間の信頼関係を築くことができるかどうかが、コーチングの成否を決めるといってもよい。だからこそ、コーチング全般に関わって「クライアントのために働く」というスタンスが肝要である。「コーチはクライアントとの間に互いを尊重する関係を築き、クライアントが置かれている状況について、クライアント自身の解釈に重点を置いて調査する」。

当然ここで、疑問が出てくる。クライアントが主体的になった結果、企業で働くことをやめたり、場合によっては企業社会そのものに批判的になる、ということはありえないのだろうか。「何よりもクライアントが望んでいることに焦点を当てる」と述べるウィットワースらの世界では、一見するとこのような問題設定自体が無意味であるかのようである。フラーティは、「クライアントの能力を向上させれば、結局は会社のためにもなる。会社とクライアントの利益は相反しない」という立場を取る。フォーニーズにとっては、労働者の特定行動を引き出すコミュニケーションプロセスこそがコーチングなのであり、強制力の源泉として経営者の解雇権にまで言及している。三者の主張はそれぞれであるが、しかしコーチングが賃労働関係のコンフリクトをもたらす可能性を予め否認するという点で、結局は一致する。ウィットワースらは「よくコーチングは「単にやるべきことをやらせ、より高い成果を生み出すための方法」と誤解されることがある」と書く。社会的にはコーチングはそのようなものとして理解され期待されている、ということが如実にこの文言で示されているといってよいだろう。

コーチングという手法が必要とされるようになった文脈を、フラーティは以下のようにまとめる。

(1)ビジネス界ではイノベーションへのニーズは尽きることがない。

(2)昨今のリストラクチャリングやリエンジニアリングによって、企業とその従業員の関係は変化した。

(3)企業は、多様な文化の中で活動する必要がある。

「従来からある〔…〕管理型の組織は、力と知識のヒエラルキーが組織を組み立てるもっとも効果的な構造だという前提の下に成り立っている。〔…〕しかし、実行のスピードは遅く、コストがかかり、性悪説にもとづいた管理が行われる。そのような企業が、今日の世界で大きな成功を収めるのは非常に困難だ」。(フラーティ二〇〇四)

コーチングは、このような状況に対応しうる新しい組織の再編成に貢献すべきものとされる。

現代の企業は能動的・主体的な従業員を求める。それゆえ組織のメンバーは、労働についての価値観をいかに解釈するかという問題に直面することになる。コーチングにおいては個別的な能力や問題解決も取り扱われるが、このような価値、イデオロギーのレベルへのはたらきかけこそがコーチングの特質だといってもよいだろう。この意味で、コーチングの背景をなすアメリカ的な思想であるポジティブ・シンキング――「強く望めば何でも手に入る」、「怒りやネガティブな思考、批判的な思考は、ネガティブな結果をもたらす」――、そして前向きに思考する努力・練習あるいは訓練としての自己啓発は、いかにそれが見え透いたものであるとしても、軽視するわけにはいかない[4]（エーレンライク 二〇一〇）。企業がモチベーショナル・スピーカー（やる気を煽る講師）を職場に招いたり自己啓発本を無料で従業員に配ったりすることと、専門コーチによる管理職教育を学問的言説で武装したコンサルタント企業にアウトソーシングすることの間に、決定的な断絶を認めることは不可能である。

## 二　呼びかけと主体化

コーチングは、認知資本主義におけるイデオロギーを担い、主体化＝服従化の装置として機能しようとする。ただしそれは、原初的あるいは基礎づけ的な主体化ではない。企業に雇用されている労働者は、まさにアルチュセールが論じたように、学校その他の装置によって、すでに「労働者」という「主体」となっていたのだし、専門的なコーチングを受けることができる上層ホワイトカラーであればなおのことである。しかしバトラー（二〇一二）も強調するように、主体化が一度きりの過程で完成することはありえず、だからこそコーチングが用いられる余地があるわけだ。コーチングは、再帰的な主体化と規定されるべきである。ここでいう「再帰的 reflexive」には、二つの意味が込められている。一つは、主体化＝服従化が主体において反復されるということ。もう一つは、ベックら（一九九七）のいう、近代社会が自らを近代化していく段階としての後期近代のありようである。

しかし、いかにして「呼びかけ」が主体化＝服従化を導くのか。なぜ呼びかけられた者は振り向くのか。これは抽象的な問いにならざるを得ないが、現代という文脈におけるコーチングの広がりを理解するために、部分的であれ取り組まなければならない問いである。バトラー（二〇一二）の精緻な読解に依拠し、アルチュセールを敷

（4）ちなみにフラーティは、それとは名指さないにせよ、ポジティブ・シンキング的な発想を明確に退けている。

衍してみよう。

　主体という概念は、自己の行為を発意する者、自己の行為の責任者を意味する。外的刺激にそのまま左右されて動くのではなく、自己について自己が決定するということが主体のあり方である。こうして主体は何らかの意味で時間的連続性をもち、それゆえに名づけられうる存在である、ということになる。そして、何者かであるということは、他者たちとの関係において何者かであることであり、それは社会構造におけるどこかに位置づけられているということでなければならない。まったく特異な存在が社会における場所を見い出すのは困難であろう。そのような者が生きていくことは、容易ではない（力をもつ人間は、そこにつけ込むことができる）。だからこそ人は、権威的な声に対して答えようとする――呼びかけに答える者としての主体になろうとする。

　「主体は存在の前提として従属化を追求する」。（バトラー　二〇一二）

　それは、権威的な声による告発から自らを無罪放免しようとすること、自分の潔白を証明することなのだとバトラーは述べる。まともな市民になるということは、無罪の告白・誇示として労働に従事することを意味するだろう（あるいはマネージャーとして振る舞うこと、あるいは……）。

　このように考えるならば、呼びかけられて振り向くことは、ひとが名指しを受け入れることであるがゆえに、自分自身に対して振り向くということでもある。すなわち自己は二重化される。精神と身体、あるいは自己の良い部分と悪しき部分、形象はさまざまにありうるが、いずれにせよこの二重化は、自己による自己の制御であり、具体的には自己叱責のような形をとることになる。

　バトラーは、自分自身を対象とすること、自己への還帰・撤収は、対象（他者あるいは理想）の喪失や断念の帰結であると述べる。さて、自己啓発やポジティブ・シンキングの世界観に、喪失、罪といった事柄はそぐわないように思える。しかしエーレンライク（二〇一〇）が指摘するのは、アメリカ的なポジティブ・シンキングの言説に見え隠れする「どうにもならない無力さ」である。われわれの願望にまったく影響を受けない「現実世界」が存在すると実はわかっているからこそ、ポジティブ・シンキングは、ネガティブな人やニュースを排除して環境を変えるべきとアドバイスするのだ――エーレンライクはそう指摘する。「自己」の実現に焦点を当てることは、一面では、リエンジニアリングやリストラクチャリングの嵐によってかつての豊かさや安全が失われてしまった現実を否認することの帰結であることが窺われる。

## 四　ニューソートからエビデンス・ベーストへ

コーチングに限らず、昨今のビジネス言説では、人文諸科学の研究に基づいているかにみえる概念や手法に言及されることが多い。コーチングが普及する要因として、このような「アカデミック」な装いも少なからず作用していると考えられる。それを端的に示すのがエビデンス・ベースト・コーチング（evidence based coaching）ということばであり、その理念に基づいて二〇〇三年から刊行されている *International Journal of Evidence Based Coaching and Mentoring* である(5)。

ストーバーら（Stober et al. 2006）によれば、エビデンス・ベーストとは、ベスト・アベイラブルな知識を適用して、エビデンスを重視し、専門家の養成とクオリティの維持をはかることであるが、現状ではコーチングにおいてエビデンス・ベーストを語るためには多くの課題がある。これは、個人的なノウハウやたんなる経験則ではない、アカデミズムのなかである程度まで公認された理論・研究に依拠しよう、という指向を意味している。

まずアボットとロシンスキー（Abbott & Rosinski 2007）をとりあげ、エビデンス・ベースト・コーチングが具体的にいかなる知的資源を動員しているのかをみよう。このケースのクライアントは複雑な文化的問題を抱えており(6)、グローバリゼーション下の多文化主義的状況におけるコーチング（global coaching）の一例とされている。アボットとロシンスキーは文化心理学のG・ホフステードらに依拠し、クライアントがおかれた状況を解きほぐし適切に対処するためには文化的コンテクストに着目する必要があると述べる。ホフステードの研究は、価値観は文化によって異なり、それが組織文化にも影響すること

（5）同誌を主催するブルックス大学のビジネススクールでは、コーチングの修士コースも設置されている。この他にも、*Coaching: An International Journal of Theory, Research and Practice*, *The Coaching Psychologist*, *International Coaching Psychology Review*, *Consulting Psychology Journal: Practice and Research* などのジャーナルが存在する。

（6）彼はグアテマラ生まれのオーストラリア人で、グアテマラでヨーロッパ系多国籍企業のEBMに勤め、グアテマラ人の妻がいる。EBMはアメリカ系多国籍企業や地元企業などの合併・吸収を進めていた。彼の監督者はグアテマラ人で、メンターはケニヤ人、新しいマネージャーはベルギー人。彼は文化的ルーツを求めグアテマラに戻ったのだが、カルチャーショックも受けざるを得なかった。会社での待遇、職場の人間関係にも問題があった。国際的なキャリアを望んでいるが、家族の関係で自由な移動は難しかった（Abbott & Rosinski 2007）。

を主張するものであるが、これはＩＢＭの五〇ヵ国以上のオフィスを対象としておこなわれた調査に基づいている。次いでアボットとロシンスキーは六つの「エビデンス・ベースト」アプローチを挙げる。認知行動理論、精神分析、成人発達論、アクションラーニング、システム論、ポジティブ心理学、である。付言しておけば、たとえば「精神分析」の適用は、本格的な精神分析のセッションをおこなうことを意味してはいない。これらのアプローチを用いるといっても、あくまで、コーチングのプロセスのなかでこれらの研究・理論の知見が参考にされる、ということである。

コーチングがビジネスの現場で活用されるにつれて、経営学や労務管理、心理学、カウンセリングなどの横断的な分野でコーチングに対する興味が高まっていった。グラントとカバナフ（Grant & Cavanagh 2004）によれば、行動科学のデータベースにおけるコーチングに関する学術論文と博士論文の数は、一九三五年から九四年のおよそ六〇年で五〇であるのに対し、一九九五年から九九年は二九、二〇〇〇年から〇三年一一月は四九であり、全体の期間を通して三三の博士号がコーチングに関する研究に与えられている。このような研究活動の増加がその他の分野にも起こることで、コーチングが一つの研究分野として形成されてきたことになる。

こうして学問的な正当化の言説をみずから生み出すようになったコーチングは、コーチが積極的には述べないその歴史的な出自から決別しつつあるのだろうか。エビデンス・ベーストという志向は、現代のコーチングを特徴づけている側面であるが、同時に、コーチングの前史[7]を不分明にもしている。以下では、コーチングの世界観に強く結びついている思想的系譜を概観しよう。

コーチングは、アメリカ資本主義の発達についてのアカデミックな文献では省みられなかった潮流、いわゆる「ポジティブ・シンキング」あるいは「自己啓発」[8]に起源をもつ。コーチングが自己啓発に連なる結節点となるのは、コーチングを今日の姿たらしめたトーマス・レオナルドである。一九八〇年代前半からコーチングのパイオニアであったレオナルドは一九九二年にコーチ・ユニヴァーシティを設立し、プロのコーチを育成する教育プログラムを、電話会議システムを通じて提供するようになる。これにより、スポーツ以外の分野で、コーチを職業とする人の数が一気に増えた（本間・松瀬 二〇〇六）。レオナルドの根本的な主張は、内面的な態度を変化させることで生活に劇的な変化を生み出せるというものである（Leonard 1998）。

「自分自身に、決まり文句を言い続けること、肯定的な考えのリストをつくること、寝室や車のなかで動機づけテープを流し続けること」（Leonard 1998: 38）といった方法・考え方は――レオナルドはこれらと自分の主張の差異を強調しようとするのだが――、いったいどこからやってきたものなのか。二〇世紀のアメリカにおいて発達した自己啓発の原型の一つが、ナポレオン・ヒルである。特にヒル（二〇一四）は、版を変えつつも今日まで自己啓発のバイブルとして読み継がれてきた。ヒル（二〇一四）では、自己の願望の明確なリストをつくりあげ、具体的なイメージをもち、鏡の前で朝晩言い聞かせ、日夜忘れずに心に留めることがくり返し主張される。「コーチングとは、願望を連呼せよというヒルの教えの引き写しである」とレオナルドが言うことはないだろう。だが、どちらの主張も、人間の存在を決定するのはその人間が抱いている思考であり、現状に対して個人がもつ態度が鍵であるとする点で、さほど違いはない。

ポジティブ・シンキングや自己啓発からコーチングへと至る、この「個人的な態度の問題」を正面から扱い、そしてほとんどそれのみに終止する世界観の源流は、一九世紀に登場したニューソート運動（Larson 1987）にある。これは、ピューリタンの入植以来のカルヴァン主義との対比で理解できるだろう（エーレンライク二〇一〇）。カルヴァン主義の予定説によれば、天国に行ける者は生まれる前から選ばれており、生きている人々がなすべきは、自分の胸中の罪深い考えをことごとく取り除くことだった。怠惰や快楽の追求は卑しむべき事柄であり、労働のみが唯一の祈り、救いである。だが、この抑鬱的な信仰に従わない思想が次第に現れてくる。アメリカの拡大につれて一九世紀前半から中盤に興ったトランセンデンタリズムは、知識人や活動家の緩やかな連なりからなる精神運動である。(9) 異端者であったスウェーデンボルグの宗教観、建国間もないアメリカの精神、初めて西洋に

(7) 医学・心理学的知見に基づきカウンセリング的手法を労務管理に適用するという点については、産業カウンセリングが先駆けている。その始まりについては石田（二〇〇二）、CPI研究会他（二〇〇六）、杉溪他（二〇〇七）を参照。一九〇八年にF・パーソンズがボストン市に職業指導局を開設して以降、教育測定運動や精神衛生運動を経て、心理療法による専門的カウンセリングが提案される。二〇年代に入ると、精神科医による「問題従業員」の調査や、採用や人事で心理テストなどの手法を導入した事例が出てくる。オークリッジの原子爆弾の製造工場では、従業員とその家族、地域社会のためのカウンセリング・サービスが実施された。

(8) 日本語の「自己啓発」に相当する英語表現は多様である。self-development はやや高尚な意味あいをもっており、軽い表現としては self improvement が用いられる。書籍のジャンルとしてはself help book という呼び方がある。ほかにself-enlightenment などがあるが、self enlightenment とself improvement もニュアンスはいくぶん異なる。「自己啓発」という日本語の雑駁さが窺われよう。

ふれた古代インド哲学などが融合して生まれたもので、エマソンやソローらが代表的な論者として挙げられる。トランセンデンタリズムにおいては、内的な態度の変化が重視される。ただしそれは、組織に頼らない宗教的な救いの感覚、言いようのないある種の気づきなどをめぐるものであり、そのためには精神的な深化が必要であるという思想であった[10]。

大きな転機は、トランセンデンタリズムの影響を受けつつ登場したニューソートの成功である。人間を自己嫌悪に陥らせるカルヴァン主義と対立するニューソートは、神はもはや敵対的ではなく、遍在する全能の精霊あるいは意識であるとし、幸福に関心を集中することを説いた。人間もまた精霊であり、存在するのはすべてを網羅する一つの意識だけである。ニューソートには現世的かつ即物的な効果を強調する傾向があり、そのひとつが病なおしである。ニューソート運動の創始者たちは、虚弱症の患者の大半がカルヴァン主義であることに気づく(エーレンライク 二〇一〇)。臨床心理学的手法が未発達であった当時、彼らが用いたメスメリズムや催眠術はその原理が未解明でありながらも、場合によっては有効性をもつ治療方法であった。自分の考え方を変えることで奇跡的な治癒をもたらすという触れ込みで、ニューソートは広まっていった。その有力な一派が、独特のキリスト教解釈に基づいてあらゆる現世的救いが態度の変化によって訪れると説いたメアリー・ベーカーであり、彼女の創始したクリスチャンサイエンスである(Larson 1985)。ニューソートは、トランセンデンタリズムに比してはるかに組織指向かつ利益誘導的だった。ベーカーの弟子もその多くが自らの教団を率いてクリスチャンサイエンスの教えを拡大し、そして互いを神をも恐れぬメスメリストと罵りあった。

注意しておくべきなのは、ポスト・カルヴァン主義としてのニューソートは、カルヴァン主義の要素の一部、すなわち性急に罪悪をとがめ、反省の努力を強要するという考え方をそのまま受け継いだ、という点である(エーレンライク 二〇一〇)。それは自発的な感情をたんに重んじるのではなく、自分の内面や行動をつねに監視し自己にはたらきかけなければならない、と主張する。

こうして自己の内面への集中という思想は、順応的・世俗的なビジネスのスキルへと変化していく。宗教としての組織化からは離れ、クリスチャンサイエンス的な教義がビジネスの文脈において発展したのが、二〇世紀初頭に誕生した自己啓発である。ニューソート(そして現代のポジティブ・シンキング)の論者に共通してみられる特徴なのだが、こうした流れに位置するナポレオン・ヒルは自分の思想的出自を曖昧にし、自身のオリジナリティを強調した。しかしその主張は、一世代前のクリスチャンサイエンスとほとんど変わらない。ヒルのオリジナリティはむしろビジネスとの親和性を作りだしたところにあるといえるだろう。ヒルをパイオニアとして、二〇世紀後半には自己啓発ビジネスが隆盛するのだが、そうした論者のほとんどがヒルをひな形としながら、やはりオリジナリティを強調するのである。

以上のような系譜をたどると、コーチングというものは、実はニューソートの教えを転用し、企業の現場に出向いて労働者に伝道する運動であるともみなしうる。伝道者たるコーチは自らのこのような歴史について、おそらく無知であるか、平板な実用主義ゆえに、そもそも関心をもっていない。だからこそ過去への参照なしに同一の枠組みが反復され続けることにもなるわけである。

エビデンス・ベーストなアプローチは、こうした内的な変化を促す技術の、可能であれば科学的な理解の枠組み、その気づきが企業の利益に対してもつ効果の測定、その技術の明確化、洗練、標準化を志向し、その出自の痕跡を拭い去ろうとしている点で、古典的な自己啓発とは異なっている。とはいえ、学問的言説の動員そのものの危うさも指摘しておかなければならない[11]。仮に多様なアカデミックな分野がエビデンスベースト・コーチングを支えつつあるにせよ、コーチングには自己啓発／ポジティブ・シンキングの色濃い伝統が流れ込んでいるのである。

## 五　コーチングの効果と測定？

コーチングのもつ効果はどのようなものか、あるいは

(9) トランセンデンタリズムの歴史についてはVirginia Commonwealth UniversityによるAmerican Transcendentalism Web〈http://www.vcu.edu/engweb/transcendentalism/〉掲載の諸論文を参照。

(10) トランセンデンタリズムの指向する内的変化は既成概念への挑戦をも含意しており、当時の女性運動、奴隷解放運動、社会主義的なユートピア建設運動など多様な運動に力強い息吹を与えた。

(11) 現代的なポジティブ・シンキングの「ニューエイジと保守層の出会い」ともいうべき性格は後退しているわけではなく、しかもそれは安易に科学主義と結びつく。エーレンライク（二〇一〇）によれば「どこから批判してよいのかわからないほど」と評される自己啓発本『ザ・シークレット』の著者は、「科学を土台にしている」と主張する。また、「売れっ子になっているコーチは、ことごとく量子物理学のことを口にする」。エーレンライクは、ポジティブ心理学の科学性についても懸念を述べ、この研究分野を批判する心理学者の発言を紹介している。

そもそもいかにしてその効果が実証されうるのかということがわからなければ、経営者であれ従業員であれ、コーチングという手法の意義を問題にすることは難しい。コーチングの「効果」についての研究は、事例研究を中心として多数発表されている。コーチングが多様な職務階層・目的に対して行われている現状を反映して、以下では管理者レベルを対象とした調査を一つ、現場レベルの労働者を対象としたコーチングを二つ、労働者のストレス削減を目的としたコーチングを一つ、計四つの調査を取り上げよう。

ラスケ（Laske 2004）は、マネジメントレベルのメンタル強化と作業能力強化を目的としたコーチングの実証研究である。コーチングプログラムは、英国のインターネットサービスプロバイダ会社の管理職クラスを対象として実施された。背景として、新部門が立ち上げられたことで、潜在能力の高いと思われる管理者を選別することが必要であった。プログラムは管理職職員の潜在力を量る目的と潜在力を高める目的を兼ね、外部コーチを導入して行われた。コーチングの実施前と実施後で被験者の発達段階が四段階で計測され、六名中三名が一段階の改善がみられたほか、業務を効率的に遂行する能力を量る効率性インデックスにおいて被験者全体の平均で＋二・一七ポイントの改善がみられた。

ハンナ（Hannah 2004）は現場労働者に行ったコーチングプログラムに関する研究であり、プログラムは英国の都市間鉄道運営会社（ＴＯＣ）において三五〇名の対顧客サービスに従事する労働者を対象として実施された。背景として、ＴＯＣは民営化による競争激化のなかでサービス改善に取り組んでいたが、一方的な指導と監視からなる通常のアプローチは、監視が及ばなければ有効ではないという問題があった。一三の地区に分かれている労働者に対して、各地区の顧客サービス責任者がコーチ的手法を学びコーチングを実施する形でプログラムは実行された。コーチに対する被験者の見解の調査では、プログラムの進展にしたがってコーチ的な要素の浸透がみられた。ミステリーショッパー手法を用い、調査していることが従業員には明かされていない環境で行われた業務遂行の調査では、乗客に対してきちんと挨拶ができているか、車内は清潔に保たれているかなどの業務内容について、継続的な改善がみられた。顧客満足調査では、プログラム中の結果が顕著な上昇を示す一方、プログラム後の調査では事前よりは上昇がみられるものの、プログラム中よりは満足度が低下する、という結果が得られた。

ウィーラー（Wheeler 2011）は観光業界における販売現場でのコーチングプログラムに関する研究で、現場管理者が採用したコーチングスタイルの効果について調査している。よりコーチング的な要素の強い現場担当者の売り上げがより高い、という結果が確認された。これはコーチングプログラムの質的な側面を調査したもので、かならずしも売り上げとの直接的な連関を調べたものではないが、プログラムを通じ、命令するのではなく情報を提供する、結論を与えるのではなく枠組みを提示する、ロールモデルの提供、対話など、コーチとして果たすべき要素の浸透が職場環境の改善につながっていることが確認された。

ギレンステンとパーマー（Gyllensten & Palmer 2005）は、英国の金融会社の主に電話を用いた業務に従事する労働者に対して内部コーチによって実施したプログラムを調査している。これはストレスを減少させること自体が目的ではないが、一六名の被験者を対象にコーチングプログラムを実施した結果、ストレスにどのような影響があったかを調べる目的で行われた。質問票に回答を求める形式で調査を行ったところ、コーチングを実施した被験者では、実施しないコントロールグループ（統制群）と比較して不安感とスコアにおいて差がみられ、差は有意でないもののコーチングがストレスの減少に効果をもたらす可能性を示唆した。一方、精神的な落ち込みの項目では、コーチンググループではなくコントロールグループのほうがより回復をみせた。両者のグループでスコアの改善がみられたため、両者に共通する外的な全社的要素の存在をうかがわせる結果となった。

以上の四研究によって、程度の差はあれコーチングの効果が見出された一方で、コーチングの有効性を評価するための課題も浮かび上がってくる。コーチングの結果を明確に示すための調査は、たとえば以下のような条件を満たすものが望ましいだろう。

（1）コーチングの長期的な効果が分析できること。
（2）コーチングが果たすべき目標が明確かつ計量化可能であること。
（3）コーチングのメソッドが標準化されており、コーチの能力が標準化もしくは計量化可能であること。
（4）コントロールグループを用いた分析が可能であること。

だが、これらの条件が十分に満たされることは容易ではない。

コーチングがもたらす成果は、ここでみた研究では管理者の発達段階の上昇、現場の労働者のサービス向上、ストレスレベルの減少など多岐に渡るが、コーチングが企業の長期的なパフォーマンスや存続に関して代替手段よりも効率的に作用できるのでなければ、企業は継続してコーチングを採用しないだろう。しかし、実際の企業はさまざまな諸条件の組合せの下で活動しているため、特定のコーチングプログラムによって確実な効果が生み出されているのかどうかを検出するのは極めて困難である。結局、全体としては、コーチングが直接的に企業の長期的な収益に効果をもたらすということではなく、管理者の能力や、顧客満足、自律的な労働者の行動など、何らかの個別的で中間的な指標を設定し、長期的にはこうした指標の改善を通じて企業の存続可能性を高める、という枠組みにならざるを得ない。

こうした中間的な指標の改善に焦点が絞られる必要があるのだが、コーチングが固有の分野をもたないため、どの指標が取り上げられるべきなのかも曖昧である。管理者、現場、ストレスへの影響など、それぞれ異なる分野でコーチングが役割を果たすとされる一方で、こうした異なる分野に共通して適用されるコーチングの特定のスタンダードというものは確立されていない。ハンナ（Hannah 2004）やウィーラー（Wheeler 2011）においてはそもそもプログラムがコーチング的な条件を満たしているかどうかが調査対象となっていることからも明らかなように、コーチングという技能が明確な定義を欠いているという側面が、計測をより難しくしている。

また具体的なコーチングプログラムが企業で採用される背景は多様であるとはいえ、コーチングの効果を実証する目的でプログラムが実施される可能性は低いと考えられるので、コントロールグループをもった調査を行うことは難しい。ラスケ（Laske 2004）のような管理者対象のプログラムではコントロールグループを作ることは事実上不可能であろうし、ハンナ（Hannah 2004）のような現場労働者向けのプログラムでは、地域特性なども考慮するとコントロールグループの結果を統計的にコントロールするには相当な困難を伴うことが予想される。コーチングの有効性を調査する枠組みは、実施されるコーチングプログラムのなかで妥協を図りつつ具体化されるほかはないだろう。

より広い文脈から考えると、コーチングの効果測定の困難とは、ポスト・フォーディズムにおける労働の評価の困難（マラッツィ二〇〇九）に由来しているといえる。経済パフォーマンスにおける無形資産（あるいは認知資本）の意義の増大は、いわゆる人的資本、生きた労働・生きた知識の問題として捉えられる。物的な固定資本の大きさが企業の価値評価に占める意義は低下し、もっぱら機械設備によって規定される時間あたり生産量で生産性を評価するわけにはいかなくなった。これはフォーディズム的な賃金決定が不可能になるということだが、ここでみたコーチングの効果測定の研究において報酬あるいは分配の問題がまったく取り扱われていない点にも直結する。マクロレベルにおける調整 régulation によって利潤と賃金の分割が決定されるならば、その賃金水準が労働評価のベースとなるが、このような制度的回路が成り立たない以上、一元的な賃金決定の方式はありえず、したがって労働の評価は多元化し、不安定化を通じて（ラッツァラートのいう変調 modulation）雇用は管理されることになる。そしてコーチング自体がそのような雇用管理の一環として位置づけられるのであった。それゆえに、コーチングの効果測定の困難は原理的なものなのである。

本章で取り上げたコーチングの実証研究において報酬や賃金の問題がおもてに現われていないのは、ある意味では自明の事柄であるが、しかしコーチングの「効果」を評価しようとするならば、重大な問題であろう。コーチングの基本理念は、労働者・従業員が自律的に問題解決を行えるよう支援する、というものである。そうであるとすれば、コーチングの効果として、報酬もふくめた労働者にとっての厚生への影響を、労働者たち自身が評価することが可能であるべきではないだろうか。何らかのスタンダードが存在しない以上、コーチングの効果は誰にとってのものなのか、どのような価値に基づくのか、という観点から、何をいかにして測定すべきなのかという問題が争われる余地が十分にある。企業は複数のステイクホルダー間の折衝の場であり、企業活動の慣行は単一ではないのだから（エイマール＝デュヴルネ 二〇〇六）。

## 六　むすびにかえて

適切な環境のもとでのコーチングが、企業、またクライアントの労働者にとって、有意義な成果をもたらす可能性はあるだろう。とはいえ、コーチングは単純なインセンティブの提供とは異なるので、クライアント一人ひとりが着実に取り組もうとするならば、十分な時間とスタッフが必要になるはずである。上層ホワイトカラーが利用するような手厚いケアを、多数の一般労働者が同程度に享受できるだろうか。質の低いコーチングはクライアントの人格・内面に対して侵襲的なものとなりえるので、何よりもクライアントにとって不利益である。

一般的にいって、まともなコーチングは一部のグループに対して用いられるにとどまり、多くの場合は準コーチング的な手法と、とりわけそのメッセージが、グラデーションを伴い薄く広く反復されることになるのではないだろうか。これは、著しく条件の落差がある状況のもとで、同一の評価基準が労働者に課せられるということである。コーチングの普及は、自己実現／自己責任というイデオロギーの、格差を正当化する機能の強化に帰着する可能性が高いように思われる。

同時にそれは、再帰的な主体化は誰にとっても首尾よく達成されるわけではない、ということも意味する。呼びかけに対する応答はうまくいくとは限らず、また呼びかけが失敗することもまれではない。一方でこの両義的な状況は、異なる主体化の可能性を排除するものではない。

## 【引用・参考文献】

アルチュセール・L／西川長夫・伊吹浩一・大中一彌・今野晃・山家　歩［訳］（二〇〇五）『再生産について―イデオロギーと国家のイデオロギー諸装置』平凡社
石田邦雄（二〇〇二）『産業カウンセリング』駿河台出版
ウィットワース・L、キムジーハウス・H、キムジーハウス・K&サンダール・P／CTIジャパン［訳］（二〇〇八）『コーチング・バイブル―人と組織の本領発揮を支援する協働的コミュニケーション（第二版）』東洋経済新報社
植村博恭・磯谷明徳・海老塚明（一九九八）『社会経済システムの制度分析―マルクスとケインズを超えて』名古屋大学出版会
ヴェルチェッローネ・C／朝比奈佳尉［訳］（二〇一〇）「価値法則の危機と利潤のレント化」フマガッリ・A&メッザードラ・S［編］／朝比奈佳尉・長谷川若枝［訳］『金融危機をめぐる10のテーゼ―金融市場・社会闘争・政治的シナリオ』以文社
エイマール＝デュヴルネ・F／海老塚　明・片岡浩二・須田文明・立見淳哉・横田宏樹［訳］（二〇〇六）『企業の政治経済学―コンヴァンシオン理論からの展望』ナカニシヤ出版
エーレンライク・B／中島由華［訳］（二〇一〇）『ポジティブ病の国、アメリカ』河出書房新社
萱野稔人（二〇〇七）『権力の読みかた―状況と理論』青土社
渋谷　望（二〇〇三）『魂の労働―ネオリベラリズムの権力論』青土社
杉溪一言・中澤次郎・松原達哉・楡木満生［編著］（二〇〇七）『産業カウンセリング入門 改訂版―産業カウンセラーになりたい人のための』日本文化科学社
高木浩人（二〇〇五）「やる気を引き出す」田尾雅夫・佐々木利広・若林直樹［編著］『はじめて経営学を学ぶ』ナカニシヤ出版
谷本真由美（二〇一三）『キャリアポルノは人生の無駄だ』朝日新聞出版
バトラー・J／佐藤嘉幸・清水知子［訳］（二〇一二）『権力の心的な生―主体化＝服従化に関する諸理論』月曜社
ヒル・N／田中孝顕［訳］（二〇一四）『思考は現実化する』［上・下］きこ書房
フラーティ・J／桜田直美［訳］（二〇〇四）『コーチング5つの原則』ディスカヴァー・トゥエンティワン
ベック・U、ギデンズ・A&ラッシュ・S／松尾精文・小幡正敏・叶堂隆三［訳］（一九九七）『再帰的近代化―近現代における政治、伝統、美的原理』而立書房
ボルタンスキー・L&シャペロ・E／三浦直希・海老塚　明・川野英二・白鳥義彦・須田文明・立見淳哉［訳］（二〇一三）『資本主義の新たな精神』［上・下］ナカニシヤ出版

本間正人・松瀬理保（二〇〇六）『コーチング入門』日本経済新聞社

マーグリン・Ｓ／青木昌彦［訳］（一九七三）「ボスたちは何をしているのか」青木昌彦［編著］『ラディカル・エコノミクス―ヒエラルキーの経済学』中央公論社

マラッツィ・Ｃ／多賀健太郎［訳］（二〇〇九）『現代経済の大転換―コミュニケーションが仕事になるとき』青土社

村越一夫・山本泰三（二〇一〇）「コーチングという言説―ポスト・フォーディズムにおける労務管理」進化経済学会第一四回大会報告

村越一夫・山本泰三（二〇一二）「コーチングの効果と測定における問題」進化経済学会第一六回大会報告

山本泰三（二〇〇九）「ポスト・フォーディズムにおける労働と企業―コーチングを手がかりとして」経済理論学会第五七回大会報告

ラッツァラート・Ｍ／村澤真保呂・中倉智徳［訳］（二〇〇八）『出来事のポリティクス―知‐政治と新たな協働』洛北出版

Abbott, G. and Rosinski, P. (2007). Global coaching and evidence based coaching: Multiple perspectives operating in a process of pragmatic humanism, *International Journal of Evidence Based Coaching and Mentoring*, **5**(1)

ＣＰＩ研究会・島田　修・中尾　忍・森下高治［編著］（二〇〇六）『産業心理臨床入門』ナカニシヤ出版

Fournies, F. (2000). *Coaching for improved work performance*, Revised Edition. McGraw Hill.

Grant, A. M., & Cavanagh, M. J. (2004). Toward a profession of coaching: Sixty-five years of progress and challenges for the future, *International Journal of Evidence Based Coaching and Mentoring*, **2**(1)

Gyllensten, K., & Palmer S. (2005). Can coaching reduce workplace stress?: A quasi-experimental study, *International Journal of Evidence Based Coaching and Mentoring*, **3**(2)

Hannah, C. (2004). Improving intermediate skills through workplace coaching: A case study within the UK rail industry, *International Journal of Evidence Based Coaching and Mentoring*, **2**(1)

Larson, M. (1987). *New thought religion: A philosophy of health, happiness and prosperity*. New York: Philosophical Library.

Laske, O. (2004). Can evidence based coaching increase ROI?, *International Journal of Evidence Based Coaching and Mentoring*, **2**(2)

Leonard, T. (1998). *The portable coach*, Scribner.

Stober D. R., Wildflower L., & Drake D. (2006). Evidence-based practice: A potential approach for effective coaching, *International Journal of Evidence Based Coaching and Mentoring*, **4**(1)

Wheeler L. (2011). How des the adoption of coaching behaviours by line managers contribute to the achievement of organizational goals?, *International Journal of Evidence Based Coaching and Mentoring*, **3**(2)

## 【コラム6】認知科学

山本泰三

認知科学に関する積極的な言及が認知資本主義論の中で頻繁にみられるわけではないが、「認知」という問題意識の意義を了解するために、そして「マネージメントのある種の言説とニューロサイエンスのある種の言説との近似性」（マラブー二〇〇五）を鑑みても、認知科学の動向を瞥見しておくべきだろう。すでに一九八五年に「認知革命」についての包括的な著作が現われており（ガードナー一九八七）、そこでは哲学・心理学・人工知能研究・言語学・人類学・神経科学といった分野が横断的に取り扱われている。概して言えば、認知科学はいわゆる行動主義に対するオルタナティブとして登場した。「心」というものは、それ自体を外的に観測することが不可能な事象であると考えられる。そこで行動主義の心理学は、直接に心を対象にしようとすることは非科学的とみなし、観察できる〈刺激〉-〈反応〉の関係のみを実験によって分析すべきであるとした。これに対して認知科学は、情報処理あるいはサイバネティックスという基本的観点から出発して、〈刺激〉と〈反応〉の間にある過程こそを問題にしようとした。

初期の認知科学は人工知能のモデルに依拠していたが、一九七〇年代以降はよりニューロン的・生物学的な性格が強まっていく。この方向性は、機能主義からコネクショニスト、さらにそこからエーマジェンティストへ、という進化として捉え直すことができる（下條一九九九）。すなわち、中央集権の計算機というイメージから出発した認知概念の行き詰まりを克服するものとして分散的なモデルが現われたのだが、さらにこれまでは周辺的なものとされていた身体や環境世界を包含するダイナミクス、知性の創発というプロブレマティークが認知科学において展望されているようである。この段階に至って、認知科学のフロンティアは、ネグリらのいう一般的知性あるいはコモンという概念を著しく刺激することになったわけである。ラッツァラート（二〇〇八）による脳の協働についての考察は、直接ニューロサイエンスの成果を参照しているわけではないが、非中心的なネットワークという観点に依拠している点において、両者を交差させてみることも興味深いかもしれない。

一方ハードサイエンスとしての認知科学の発展は、潜在的な認知過程のメカニズムを明らかにしはじめているが、そこからは「認知過程にはたらきかけることで人間の行為はコントロールできる」という発想が当然のごとく引き出される。このような知は、脳科学を典型として、科学的な妥当性の検証云々とは別の次元で大きな影響力をもちつつある。認知を技術的に制御する可能性（モレノ 二〇〇八、リンチ 二〇一〇）、そして「人間能力のフレキシビリティ」への認知科学的な信奉。現代の労働・生をめぐる問題状況のなかで、それが企業（社会）による労働強化や消費の誘起という関心へと結びつくことの危うさを忘れるべきではないだろう。

【引用・参考文献】

ガードナー・H／佐伯 胖・海保博之［監訳］（一九八七）『認知革命―知の科学の誕生と展開』産業図書
佐々木正人（一九九四）『アフォーダンス―新しい認知の理論』岩波書店
下條信輔（一九九九）『意識とは何だろうか―脳の来歴、知覚の錯誤』講談社
高野陽太郎・波多野誼余夫［編著］（二〇〇六）『認知心理学概論』放送大学教育振興会
西川泰夫・阿部純一・仲真紀子［編著］（二〇〇八）『認知科学の展開』放送大学教育振興会
マラブー・C／桑田光平・増田文一朗［訳］（二〇〇五）『わたしたちの脳をどうするか―ニューロサイエンスとグローバル資本主義』春秋社
モレノ・J・D／西尾香苗［訳］（二〇〇八）『マインド・ウォーズ』アスキー・メディアワークス
ラッツァラート・M／村澤真保呂・中倉智徳［訳］（二〇〇八）『出来事のポリティクス―知‐政治と新たな協働』洛北出版
リンチ・Z／杉本詠美［訳］（二〇一〇）『ニューロ・ウォーズ』イースト・プレス

# 第七章　クリエイターの労働と新しい地域コミュニティ

今岡由季恵 *IMAOKA Yukie*

主力産業が製造業からサービス業へと移り変わり、知識や情報、情動を生産する労働が優位となりつつある世界的潮流を背景に、労働の現場や居住地域における個人と組織、ないしは個と個のつながりにも変化が生じつつある。日本において非物質労働に携わり、まさに柔軟性や不安定性に直面していると考えられる層は、実際に居住する地域に対してどのような要素を求め、それらは日々の労働にどう影響するのであろうか。この章では首都圏のクリエイティブ産業従事者と大阪市内のクリエイター集積地域である西区新町のコミュニティ参加者という二つの対象への実態調査を通じて、労働内容に寄り添った変化が求められる地域コミュニティのありかたを考察していく。

## 一　日本のクリエイティブ産業

### 一　経済転換と非物質労働の趨勢

産業資本主義以降、工場労働を典型とする雇用において、同じ業務に携わる人々は企業によって同じ物理的空間に集められ管理されてきた。ことに日本では終身雇用や年功序列型賃金といった制度や慣行のもと、会社が労働者の家庭やレクリエーションといった再生産の領域をもバックアップする一種の共同体として機能していた側面がある。しかしポスト・フォーディズム以降の人々の労働は、物理的空間に拘束されないかわりにPCや携帯電話で世界中のネットワークに接続され、変化への即時性を要請されるものへと変質している。それは日本も例外ではなく、長引く不況を背景に、労働の水平移動や成果主義導入といった形で制度や慣行は崩れつつあり、会社が果たしてきた共同体的機能もその力を弱めている。

このような変質は生産活動における「二次生産から三次生産への転換」を示すものであり、生産において「認知的なもの＝非物質的なもの」が優位にある資本主義の形態といえる（ネグリ＆ハート二〇〇三）。非物質労働を作り出し、非物質労働によって作り出されるのは、いずれもコミュニケーションそのものであり、「リズムや職務の変化に高度な適応能力を有するタイプの労働力、情報の流れを「読み」、「コミュニケーションしながら働く」ことのできる多機能な労働力」（マラッツィ二〇〇九：二八）が求められる。そして人も「状況のわずかな変化にも柔軟に対応できるように」労働内容、雇用形態を含め、再編成されることとなる（山本二〇一一：七〇）。

## 二　日本のクリエイティブ産業が抱える構造的問題

こうした動きを日本で最も顕著にあらわす産業の一つとしてクリエイティブ産業が挙げられる。日本のクリエイティブ産業政策は一九九〇年代後半のブレア政権下でのそれに倣う形で導入され、定義を「個人の創造性や技能・才能に由来し、また知的財産権の開発を通して富と雇用を創出しうる産業」とされている。その範囲は「広告、建築、舞台美術、アート、デザイン、音楽・ビデオ、映画、テレビ・ラジオ、コンピュータサービス、出版などのサービス業に、繊維・アパレル、工芸、玩具、家具、食器、ジュエリー、文具、皮革製品といった製造業を含む全十八産業分野」としている。特に近年は海外へ日本発ポップカルチャーを輸出する動きも目立ちつつあり、クール・ジャパンという打ち出しのもと、国際市場で競争力を高める重要な切り札の一つであるとされる。しかしながら高付加価値な成長分野とされているものの、いわゆる大手の放送や建築などといった免許事業や資格職も含む一方、業種によって生産現場は下請けや孫請けに支えられ担い手の多層化が進行しているなど、労働問題を産業単位で一括りに論じるのが非常に困難な分野でもある。

その裏付けとして、二〇一〇年に東京都労働局が発表した「クリエイティブ産業の実態と課題に関する調査」によると、「広告」業の五三・〇％を筆頭に、おおむね四から五割の企業が「作品・製品の制作・生産・撮影・編集」というクリエイション業務を他社（個人含む）へ外部委託している（東京都労働局二〇一〇）。さらに「ファッション」や「デザイン（インダストリアル）」などの有形商品よりもコンテンツなどの無形商品を制作する業種、創業年の早い業種ほど外注率が高い傾向にある。実際、比較的創業が早い出版業や放送業では、放送局と番組制作会社、出版社と出版プロダクションなど「発注元社員と外注先スタッフ」が混在し、所属や待遇の異なる人々が同一職場で同一商品の制作に携わる事例も珍しくない。関わってきた番組や出版物が事業戦略上消滅すると同時に仕事そのものを失ってしまう層と、次の仕事と一定の給与が保証されている層とが同じ現場で生産にあたるのがこれらの業種の特徴でもある。

このように同じ業種や職場という単位においても厳然と格差や矛盾が存在するうえ、日本社会の諸制度は戦後の高度成長期の労働や家庭モデルを前提に組み立てられているために、クリエイティブ産業従事者の働きかたとはそもそもミスマッチを起こしやすい。さらに日本では「本人が職業選択において自ら希望し合意した」という新自由主義的な自己責任論に帰結されがちな風潮にも注意しておく必要がある。

## 三　クリエイターの労働と生活実態

これまで述べてきた変化や問題点を検証するため、クリエイティブ産業の集積地域である首都圏エリアのクリエイター五名を対象に、それぞれ労働内容や生活実態を尋ねる聞き取り調査を行った。いずれも分野や年代、雇用形態は表7-1のように多岐にわたる。

Aさんは広告出版関連企業に二〇年以上勤めたのち教

表7-1　首都圏のクリエイター実態調査対象者（出典：筆者作成）

| | 性　別 | 年　代 | 現　職 | 前　職 | 居住地 | 最終学歴 | 雇用形態 |
|---|---|---|---|---|---|---|---|
| Aさん | 男　性 | 40代前半 | 教　育 | 広　告 | 千葉市 | 四大卒 | 正社員 |
| Bさん | 女　性 | 30代後半 | 広　告 | 音　楽 | 世田谷区 | 四大卒 | 契約社員 |
| Cさん | 女　性 | 30代中盤 | 舞台・芸術 | 舞台・芸術（アーティスト） | 新宿区 | 四大卒 | 業務委託（フリーランス） |
| Dさん | 女　性 | 20代後半 | 放　送 | 放　送 | 新宿区 | 専門卒 | 業務委託（フリーランス） |
| Eさん | 男　性 | 30代前半 | 写真兼運搬 | 音楽（アーティスト） | 杉並区 | 高校卒 | フリーランス兼アルバイト |

育産業へ転じた。転職にあたっては転職エージェントを利用しさまざまな異業種や地方への移動も含めてじっくり検討したが、前職の視点が活かせるという点で最終的に現職を選択した。対象者五名のなかでは唯一家族があり、住居やクルマの購入、売却も複数回行っている。職場は同じ県内にあり通勤は電車とバス移動で一時間程度である。

Bさんは音楽、広告業で非正規・正規に関わらず六社での就業経験がある。新卒から十数年は契約社員であったが、三〇代半ばで大企業の広告部門に異業種転職した。正社員として生活は安定的であり給与も不足なかったが、職場の閉塞的な雰囲気に失望し、三〇代後半で関西から知り合いも多い東京へ職を求めて移住した。アルバイトや貯金切り崩し生活を経て知人から広告会社に誘われ、契約社員として採用され今に至るという。自宅のある世田谷区から職場のある港区までは私鉄乗り入れの地下鉄一本で、終電を逃してもタクシーで帰宅できる距離である。

Cさんは現在、フリーランスでイベント演出会社に席を置きながら劇団主宰者としても活動している。演劇の先輩に一年ほど前に紹介されたのが現在の会社に関わるきっかけとなった。職業は「脚本家」、「演出家」であるが、対外的に認定されるものではない自称的職業であることにはややためらいを感じてしまう。多忙だが仕事は楽しく、季節変動はあるものの収入面での苦労はない。最近職場近くのマンションに引っ越してからは生活も充実しているが、メーカー勤務の友人には仕事内容がどういうものなのか理解できないといわれるという。職場は同じ新宿区内で一駅程度なので徒歩でも通える距離であり、昼に出勤し明け方近くまで働く日も珍しくない。

Dさんはフリーランスで放送局に通い番組制作アシスタントを務めている。同業種の前職場で学生時代から憧れていた番組のプロデューサーに知り合い、直接志願して採用され上京し半年になるという。「とりあえず一年クビにならないこと」を目標に番組ウェブサイトの運営や投稿を受けた聴取者と放送前に打ち合わせをするなどの裏方業務に携わっている。新宿区の自宅から千代田区の職場まで自転車で一五分程度で、おもに平日の夜に出勤し翌日朝に帰宅することが多い。土日にカフェやギャラリーを巡ると文化的刺激があり公私とも日々充実していると感じる。

Eさんはフリーのスチールカメラマンと時給制メッセンジャー（自転車便配達員）という二つの職をもつ。尊敬する写真家との出会いをきっかけに関西から上京したという。企業間でやりとりされる書類などを届ける自転車便の仕事は一刻を争う時間勝負の世界だが、さまざまな有名企業の現場の雰囲気を感じ取れる点、給与が成果主義である点もやりがいの一つである。居住する杉並区では、飲食店を核に顔を合わせる同世代メンバーと清掃などの地域活動にも参加、震災以降人づてに縁を感じ通っている東北地方でも地域活動にコミットしている。自宅から職場の港区までは自転車で三〇分程度である。

以上が聞き取りからの要約であり、サンプル数や方法の面でもさらなる材料が必要ではあるが、結果としてAさんからEさんへ至るまで世代が若くなるにつれおおむね次のような傾向がみられた。

まずはクリエイターとしての職は世代が若くなるほど「個人的つて」を通じて得られているという点である。Cさん以降の世代は初職を得るのに企業の採用試験を受けた経験がなく「好きなことに携わっているうちにそれが仕事になった」というケースであった。また、Bさん以降は、現職を本人が各ジャンルのキーマンに直接関与することで機会を得たという結果になっている。

次に、第三者に自身の職業を明確な分類や定義で説明しづらくなっているという点が挙げられる。Bさんまでは「営業企画」、「広報」などの明確なカテゴリーで語ることが可能なのに対し、Cさんは自称がそのまま職業になることへの躊躇があることを、Dさんは「番組アシスタント」といっても音声コンテンツという狭義での番組制作には直接関わっていない実態とのギャップを、Eさんは兼業のための定義のしづらさを語った。

また職住近接という面では、この五名については世代が若いほうが職場の近くに住居を構え、核となる事業所への通勤時間も短いという結果となった。移動手段も電車やバスより徒歩や自転車をメインとしているが、実際の仕事現場は「今日は秩父の小さな町のお祭り会場」（Cさん）であったり、都内一円のオフィスビルや仕事ごとのロケ地（Eさん）やウェブサイトという仮想空間（Dさん）であったりと、必ずしも固定的でない場合も多い。郊外から都心に通勤するフォーディズム期モデルでは明確に分離していた生産と再生産の場の認識が、認知的領域をも含めてボーダーレス化しているように思われる。

## 二　認知資本主義時代の〈共〉的コミュニティ

### 一　地域コミュニティ視座の転換

労働と地域コミュニティを関連づける近年の研究といえば、クリエイターという階層こそが地域活性の鍵であるとしたフロリダのクリエイティブ・クラス（創造階級）論が想起されるであろう。彼はクリエイティブ・クラスの中核をなす「クリエイティブ・コア」に分類される分野を「科学、エンジニアリング、建築、デザイン、教育、芸術、音楽、娯楽」としてその周縁に「ビジネス、金融、法律、医療とそれらの関連分野」のクリエイティブな職業人の集団があると定義し、そうした分野に携わるクリエイターに選ばれる都市の条件がいかなるものかを論じている。今後「強い絆や長期的な関係」ではない「より柔軟で半匿名的なコミュニティ」（フロリダ 二〇〇八：二八三）が求められるとしている。

ただし日本においては第一節でみてきたような独特な労働慣行が存在してきたことから、フロリダの主張の有用性は慎重に議論されねばならない。特に近代化にともなって農村型ゲマインシャフトから都市型ゲゼルシャフトへ変質する際に、第一章で述べたように会社が共同体として従業員の仕事以外の部分を支援してきた点を再確認しておく必要があろう。日本の高度成長期以降に趨勢を示したサラリーマン化と長距離通勤、都市部の賃貸住宅居住といったライフスタイルが、都心住民を地域コミュニティから遠ざけてきたと認識されているのは確か（厚生労働省 二〇〇六）で、日本の都市コミュニティは居住地域ではなく、職場に展開されてきたのである。広井はこの種のコミュニティがむしろ「農村型コミュニティ」と同質であるとし、日本の「高い自殺率」に関連づけ、日本の都市で過度に進行した「農村型コミュニティ」を脱し現在の社会構造が要請している「都市型コミュニティ」へ転換する必要を説いている（広井 二〇一一：八二）。したがって日本における労働の転換は、すなわち都市コミュニティのありかたの転換とも不可分といえる。

### 二　日本における〈共〉的コミュニティの先駆事例

そういった流れのなかで、非物質労働が優位になりつつある現代の都市コミュニティに一つのヒントを示すのがネグリとハートが提唱するマルチチュード論における〈共〉（コモン）の価値観ではないだろうか。「マルチチュード」とは新しい形の社会変化の主体として所属や居住地を問わずさまざまに活動し偏在する多様な個人の集合を指す（ネグリ&ハート 二〇〇五）が、その舞台であり成果物となるのが〈共〉、コモンと呼ばれるものである。マルチチュードの人々は〈共〉という場に存在し、また

〈共〉を生産する。〈共〉はコミュニティというよりもネットワークに近い存在ではあるが、これまでのネットワークという概念には含まれない「コミュニティ的特徴」を含むものである。そして非物質労働において生産と消費の現場となるのもまた〈共〉である。

私有より共有を志向する〈共〉の進行は、グーグルやYouTubeなど匿名個人の集合知で形成されるインターネットサービスのなかに散見される。なかでも日本発の動画共有サイト「ニコニコ動画」を例に「ユーザーたち自発的にアップしたコンテンツを見る別のユーザーが次々にコメントすることで、そのコンテンツの「価値が高まる」点が魅力とユーザーに認識されている」（山本二〇一二：五）とした指摘は、日本人のクリエイティビティと〈共〉との親和性を考察する上で非常に興味深い。

匿名個人の集合体による生産と消費の一体化、価値の連鎖という〈共〉的価値観をコミュニティ観と関連づけて解釈を試みると、日本のコンテンツ分野ではまさに〈共〉的といえる市場が早くから存在してきた。たとえば一九七五年の開始以降、毎回五万人以上を動員する同人誌即売イベント「コミックマーケット」は、参加者のほとんどがコンテンツ生産者かつ販売者であると同時に消費者であり、参加者の中にプロのクリエイターも多く含まれる（コミックマーケット準備会・コンテンツ研究チーム二〇一一）。さらに昨今製造業や流通業とのコラボレーションで認知度を上げている「初音ミク」もまた、あらかじめ特定の作者や世界観をもたない架空のキャラクターであるが、音楽、デザインなど無数のクリエイターによる作品の表現者として、商品やさらなる価値を生み出しつづける、世界に類をみない先駆的事例である。

これらを生み出したのは特定企業や個人ではなくまさに「匿名の個人たち」であった。彼ら、彼女らを〈共〉の構成者という意味において〈弧〉と定義づけると、〈弧〉の人々が集う〈共〉にこそ、これからのコミュニティのヒントが潜在しているように思われる。換言すれば、会社への所属が核となるゲゼルシャフト型コミュニティ優位の社会に適応ないし満足しなかった〈弧〉の人々が創り出してきた〈共〉が、コミックマーケットに代表されるイベント会場という一時的空間、コンテンツという仮想空間を経て、実際の居住地域のコミュニティに形成される段階にあると考えられないだろうか。

先のクリエイター調査で「職を得るきっかけは人づて」、「自身の職業定義の不確かさ」、「生産と再生産の場のボーダーレス化」といった傾向がみられたが、これは働く人々が会社などすでにある組織へ所属しつづける忠誠によって安定や信頼を得るモデルから脱し、個人が自律的に連帯することで市場や社会を生き抜くという価値観の変容と関連するものと考えられる。この点で、物理的境界をもつ地域コミュニティには新しい役割が期待されている可能性がある。

## 三　クリエイター集積地域のコミュニティ

### 一　大阪市西区および新町地区の概要

ここまでは日本のクリエイティブ産業に携わる人々が直面する変化と実態を確認しつつ、〈共〉的コミュニティがもつ可能性に焦点を当ててきた。ここからはその可能性を、大阪市西区新町地区に興ったコミュニティの事例から掘り下げていきたい。

大阪市西区はキタ、ミナミの繁華街の間にある。地形は極めて平坦で、市内東側に位置する上町台地エリアとは対照的に、空襲から免れた地域に残る入り組んだ住宅街が少ないこともあり歩きやすい街並みになっている。戦前は府庁や市役所も置かれ政治経済の中心地として大阪の急速な都市化を支えた。現在の西区の文化やそこに集う人々に関する言説として、関西の地域情報誌『ミーツ・リージョナル』の「大阪、西区観光」と題した特集記事には、個性の強い店舗が偏在しクリエイターによりムラ的コミュニティが興っていることなど、本章と共通する視点が確認できる（ミーツ・リージョナル編集部二〇一二）。

新町地区は西区の東南部に位置し、戦前までの約三〇〇年間、大阪で最大にして唯一の幕府公認遊郭が存在したいわば行政特区であった。そして大阪空襲で一帯が焼失した戦後も、このエリアに商店会組織は存在していない。かつては船場や本町のオフィス街に近い飲み屋街として認識されていたが、一九九〇年代中ごろより飲食や物販など若手オーナーたちが個性的な店舗を構える例が多くみられるようになった（勝田・横田二〇一〇）という。現在では都心回帰の住宅地として大規模マンションや有料老人ホームの建設が進む一方、「オリックス劇場」、「大阪スクールオブミュージック専修学校」などの芸術に関わる施設、学校を擁しているのも特徴の一つである。

### 二　新町コミュニティと美容師NPOの誕生

後述する複数の調査対象者たちの発言によると、このような背景をもつ新町界隈で、二〇〇〇年代中頃から飲食店などを回遊している人々が自ら「新町〝村〟」と表現するようなコミュニティを形成するようになった。参加者は近隣マンションに居住するおもに二〇代から四〇代の男女で、単身者のほか世帯をもってそのままこの地域に住みつづける人々も増えつつある。職業はデザイン、飲食、ＩＴ、広告、美容などが多く、会社員、経営者、フリーランスなど雇用形態も多岐にわたる。こうした人々の労働時間は長く、深夜帯でも開いている飲食店が複数あることで交流の場の役割を果たしているという。コミュニティの結節点となる小規模店舗では店と客という関係性を超えたイベントが習慣化しており、忘年会や県人会等親睦目的の集まりや餅つき、書初めなど季節行事、遠足やバスツアーといった、これまで学校や職場、地域コミュニティが担ってきた行事も多い。特徴的なものとしては「周年」と呼ばれる慣行があり、これは年に一度の開店記念日前後に特別メニューや価格などキャンペーンを打ってリピーター集客を図るものだが、同時に近隣や親交のある店主や従業員同士が訪問しあう、いわば節目の営業活動でもある。また他にも、店舗が厨房を一日客に貸し、客自身が周知を行って集まった人々に料理を有料で提供するような形態もあるという。

コミュニティの変化として注目すべき事象は、二〇一〇年、地域振興を目的の一つに掲げるＮＰＯが登場したことである。もともと界隈は大阪二四区にある美容室の約一割が存在する美容室集積地であった。現在は特定非営利法人として活動する団体「CONCENT（コンセント）」は、おもに新町エリアと隣接する堀江、南船場エリアなどに店舗を構える美容室経営者六名によって立

表7-2　CONCENTのおもな活動（出典：NPO「CONCENT」Webサイトより筆者作成）

| | 項　目 | 内　容 |
|---|---|---|
| 1 | アジア美容交流 | 日本の美容文化が支持される台湾、ベトナム等へ出かけ、技術交流をおこなう |
| 2 | 大阪コミュニティー | 地域との交流、ワイナリーなど地域農産物を学ぶ活動も |
| 3 | 人づくり事業 | 日本文化の美感を学び発信する。アパレルやデザインなど近接業種との交流会 |
| 4 | 社会貢献事業 | 防災・救命・災害支援、地域グリーンプロジェクト、児童施設チャリティカットなど |

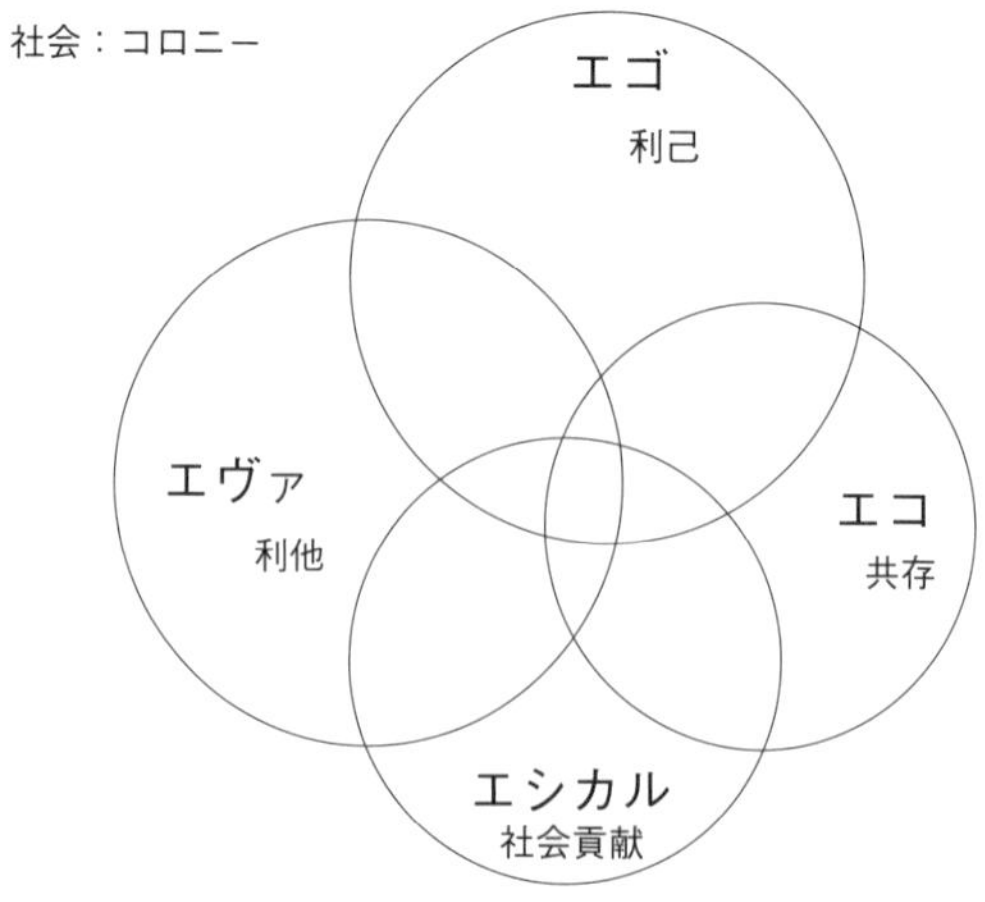


図7-1　CONCENTの考える「エゴ、エヴァ、エコ、エシカル」
（出典：NPO法人「CONCENT」資料より）

ち上げられたグループである。参加店は現在三〇店舗に及び全国各地や国内外でのボランティアカットや近隣住民も参加する清掃活動を行っている（表7-2）。

発起人の一人である美容室経営者Y氏は、もともと地域活動を目的に発足した団体ではなく、地域活動は「業界で生き残っていくうえで差別化するための一つの方法だった」という。希望者も脱落者も多い若手美容師の育成に関する危機感から、美容室を横断した技術交流会などの場を設けていたが、「人を美しくする」という目的を突き詰めていったところ、日本古来の「美」を学ぶことや街をきれいにすることなどにもメンバーの関心が広がっていった。結果、決して業界団体の枠に収まらない活動に拡大した。その過程でNPOとして申請するという選択を行ったということである。

資料に示されたシンボリックなグラフィックは、社会をコロニーになぞらえており、この活動に賛同する人々の価値観を象徴的に表現している（図7-1）。

## 四　新町コミュニティの実態と価値観

### 一　調査対象者

二〇一二年一一月、この新町コミュニティのメンバー五名へグループインタビューを行なった。場所はマンシ

表7-3　新町コミュニティーメンバー調査協力者一覧（出典：筆者作成）

| | 性　別 | 年　代 | 現　職 | 新町出入り歴 | 備　考 |
|---|---|---|---|---|---|
| T　氏 | 男　性 | 30代後半 | 商社営業 | 10年以上 | NPO発起人の一人 |
| Y　氏 | 男　性 | 30代後半 | 美容室経営 | 10年以上 | NPO発起人の一人 |
| Fさん | 女　性 | 40代前半 | 商社事務 | 4　年 | |
| Gさん | 女　性 | 30代後半 | グラフィックデザイナー | 3　年 | |
| Hさん | 男　性 | 20代中盤 | 広告制作 | 2　年 | |

ヨンの半地下にある座席数二〇席ほどの小規模飲食店で、このコミュニティで習慣化している様式に倣いテーブルを囲んで飲食しながら回答を得たものである。調査協力者への呼びかけにあたっては携帯メールやTwitter、Facebookなどソーシャル・ネットワーキング・サービス（以下SNS）を利用した。メンバーは互いに顔なじみで普段は愛称で呼び合い、エリア外で行動を共にすることもあるが正確な本名や出身地、具体的な勤務先まで把握してないという組み合わせもある。全員がSNSなどを介し日々の行動パターンや思想を理解し、気が向けば交流するというまさに緩やかなつながりといえる。対象者は表7-3の通りである。

先に確認しておきたいのが、メンバーにはクリエイティブ・クラスや日本におけるクリエイティブ産業の分類に含まれない人も混在しているという点である。たとえば「美容室」をフロリダは工場と対照的な労働現場として取り上げている（フロリダ二〇〇八）が、日本ではサービス業の「美容・理容業」に分類され、定義上のクリエイティブ産業には含まれない。ここでは職業分類よりもむしろ、彼ら、彼女らに共通する生活様式や価値観に浸透している〈共〉的要素に注目していく必要があると思われる。所属や職業に関わらず行動する主体の集合体、マルチチュードの一つのサンプルとして捉えることは可能であろう。

先の首都圏クリエイター調査では「会社などすでにある組織へ所属しつづける忠誠によって安定や信頼を得るモデルから脱し、個人が自律的に連帯することで市場や社会を生きる」という価値観が確認されたが、この点が新町コミュニティにも関連がみられるのかどうか、そしてさらにその先にある新町エリアへの評価や意義について、メンバーの発言を参照しながら考察していく。

## 二　新町コミュニティへの評価

五名はいずれも区内もしくは隣接区の事業所ないし店舗に通う職をもち、終業後に新町コミュニティにあるいくつかの飲食店に顔を出すことで顔見知りとなっている。他エリアとの比較において新町エリアに特徴的な傾向としてメンバーから上がった意見のひとつは「(だいたい深夜二時以降) 早朝まで営業している店舗が複数ある」のを前提に、飲食店から「翌日の仕事に備えて早く帰る人が少ないと感じる」ということであった。地域の取り決めや慣行に由来する制約を感じることなく好きな時間に活動できるという実感は、住宅街や商店街には例が少ないと思われる重要な要素の一つのようである。

Fさんは「人と街にも相性のようなものがある」と言う。「引っ越しの際にいろいろなエリアを検討したが、私は御堂筋よりも東へは行けないと感じて」新町へ引っ越してきた。府内のベッドタウンに実家があるが、彼女の母親は「地元にせよ嫁ぎ先にせよどこかの街に愛着を感じたことはなく、そういった (特定の街が好きという) 感覚を持つことを不思議に感じる」とよく言うのだという。

Gさんはコミュニティのメンバーが遠方から戻る際に「新町に帰ってくる」という表現を使用することを挙げた。さらに「行きつけのお店が一軒だったらそれだけだけど、三軒や五軒あったらそれが輪っかになってつながる」という感覚をもっており、これが「ムラ的」という評価につながるのでは、という見方を示した。

職業上全国各地の店舗と関わりがあるT氏は、この複数店舗が結節点となって形成される「輪っか」という感覚に関連し、「他店のフライヤー (チラシ) やショップカードを置くなど、競合する店舗の宣伝に直接つながるようなことにはどの地域でもう少し慎重になる」のが普通で、新町エリアでは「お店の人同士も仲良くて自分たちだけの利益を考えているような感じがない」点が、顕著な傾向であるとした。もっとも、商店会などで同一地域に根差す店舗が組織的に協力すること自体は決して珍しくないと思われるが、ここでは会話の流れのなかで「街との相性」や「行きつけ」という住民視点の言葉から、「店舗や街が複数候補のなかから主体的に選択され、その経験がメンバー同士で語られることで認知的に肯定的な評価を高めている」図式が成立している点に注目しておきたい。

## 三　個人の信頼と産業のエコシステム

次に地域と仕事との関連性という点を掘り下げていく。とはいえメンバー個々の現在の職に就くまでのライフヒストリーや実態は多岐にわたり、第二節のクリエイター調査のようにそこから共通する傾向を見い出すのは非常に困難であるが、逆にいえばそれらの多様さが存在することそのものがコミュニティの特色であるともいえる。

労働実態の多様性を示す一例として、FさんとGさんは昼間の会社勤めとは別に「飲み歩くための資金稼ぎ」に「新町で出会ったSさんという店舗オーナーに話をもらって、難波の小さな店で店番」というアルバイトをしている。そういった話はこのコミュニティに出入りしていることで「たまたま」得たものであるという。また、Hさんにとって新町エリアは自宅と職場の中間に位置し、取引先の知人に誘われたのをきっかけに週二回程度訪れているが、「仕事とか全然関係ない趣味の話」ができることに価値を置いている。またY氏は同じ区内の店舗経営者だが「刹那的な居心地のよさがあり、仕事や自分の利益のことを離れて楽しめる（異業種の）仲間がいること」にこのエリアに出入りする意義を感じている。職住近接ではあるがまったく同一ではない、適度な距離感とでもいうべき感覚が両者に存在するようである。

ちなみにGさんとEさんはデザイン関連の職に就いているが、店で知り合った人と直接受発注するような話や仕事の回し合いなどの経験はなく「できればしたくない」という意見で同意した。仕事上関連のありそうな人を軽く顔つなぎする程度の会話はあるが、本業での取引は「タダでもいいと思える人となら考える」（Fさん）と言い、仕事はあくまでも個人同士の信頼関係を優先したうえで発生する二次的なものと認識しているようである。

さらにこのエリアでの地域と仕事の関連性について特徴的な点として「無職の人でも飲み歩いている」という実感が述べられたことも付け加えておきたい。実際、Gさんが新町エリアに引っ越してきたきっかけとなったのは、前職であるデザイン会社の勤務と通勤がハードで耐えられず退職し、その後の無職期間に友人に連れて来られた店で系列店のアルバイトを紹介されたという経験に由来している。また、日本のクリエイティブ産業の集積地である東京との比較について、「東京は仕事ありきの街」であり無職では居づらいが「この街はお金を持っていなくても飲んでいる人がいる」ために「下町感」を感じるという見解もあった。

いわゆる異業種交流会のように企業名や職種などある程度の限定を前提に名刺交換することで始まる関係ではなく、無職も含めて「あくまでも匿名の個人同士が感覚に基づいて空間を共有することから信頼関係が芽生え、そのうえで仕事が発生ないし流通する」という事象がこの地域ではすでにみられている。共同体の中で自身がいかに作用するかという「産業のエコシステム」(グラットン二〇一二:三七)という考え方が地域内で確認されているとみなすことも可能で、これもまた先の項で確認した地域への愛着や評価の高さにつながる事例の一つといえるだろう。

# 五　NPOが示す現在の地域コミュニティのありかた

## 一　コミュニティを形成する多様な目的の「個」

ここまで新町コミュニティがメンバー個人の感覚に基づいて選択的に集まった人々により形成されたものであるという事例を多く示してきたが、CONCENTの存在はそれをより強く形づけるものといえるだろう。

発起人であるT氏は新卒入社した大企業がその年に破たんしたという経歴をもち、次に入った会社の同僚に誘われ三社目で美容専門商社営業という現職に至った。「はじめから美容や商社の仕事をやりたかったという思いはほとんどなかった」が同業者で十年来の友人であるY氏との出会いも含め、日々人々と関わるなかでこの仕事の面白さを実感しているという。

このNPOは、T氏が業務上さまざまな街の美容室と取引するなかで、あるとき「横のつながりがない」と気づき、Y氏と「美容業界についてああだこうだと語って」構想するうちに「十年越しで実現したプロジェクト」(Y氏)である。立ち上げ時に美容室一〇〇店舗近くが集まり徹底的に話し合った。Y氏いわく論点は「この活動は自分たち(個々の店舗)にとって得かどうか」で、「いまは(店舗単体が独立的に経営していても)いいけど、将来のために(連携して)やっておこうという考えで、それぞれの目的があって結果的に残った三〇店舗で「奇跡的に」形になった」のだという。これが先の図にあった彼らにとっての「個(エゴ)」の真意である。

美容関係者のみならず、地域の小規模店舗が活動の結節点になる理由、地域活動についてのT氏の考え方を、次に発話形式のまま引用する。

「美容業に限らずですが、「Eという店のNちゃん」や「Mという店のYさん」といった人たちを通じて人と人がつながったらいいんじゃないかと思ったんです。昔は何でも揃っている大きな店というのがよくて、うちの親父なんかも一緒に食事となるとすぐにファミレスと言いますけど、これからはそういう「何でもあって大きいところが安心」というんじゃなくて「小さくても何か自分の好みに合う」お店というのが重要になってくる」。

「地域活動といっても（参加の）きっかけは「合コン的」なもので良いんです。

例えば「毎日自宅と職場を往復しているＯＬさん」が出会いの場として参加してくれる感覚でよいと思う。地域や世の中を良くするとかいう意識でやっているわけでは決してなくて、かつて日本の地域で住民が普通に参加して当たり前に行われていたことをやっているだけ。利己的なものを否定するわけではなく、むしろ「個」というのが重要で、みんな「個」だから人はつながっていくと思います。家族と職場以外にも自分をちょっと見てくれる人がたくさんいる、っていうのがいいいんじゃないでしょうか」。

## 二　コミュニケートできるコミュニティ

先の表7-2の通り、現在CONCENTは児童施設でのボランティアカット、台湾やベトナムなどアジアの美容師との技術交流、住民も参加可能な地域清掃や大阪の農業支援、イベント会場でのセミナー展開など実にさまざまな活動を行っているが、T氏いわく、これらの内容はすべてメンバー自身もしくはメンバー個人の人脈による提案、持ちかけを契機に決定してきた。

T氏が「これがコミュニティ的な出来事だと思う」として紹介した事例を一つ挙げたい。東日本大震災発生の約三か月後、CONCENTの呼びかけに応じ数百人規模の美容師が東京や大阪から被災地へボランティアカットに訪れたが、その際この取り組みが「問題になった」という。被災した美容師から「事前に内容を伝えてほしい」と言われてはじめて、この活動が「立ち上がろうとしている現地美容師の仕事を結果的に奪うことになっている」と彼らは気づいたのである。その後は現地美容師へのツール寄贈や、市民へのドライシャンプー（水がなくても可能なシャンプー）の指導などへ支援の内容を変更した。T氏が「コミュニティ的」と表現したのは、そういったワンウェイでないやりとりをもとに、誤りがあればそれを正して次の活動につなげられる柔軟な機動力をもっていたことではないだろうか。

彼らは別の活動事例でも、「活動を通じて」、「たまたま」イベント出展者を探している担当者や新聞社幹部の親族といったキーマンに知り合う縁を得たこと、そうした偶然につながる支援者への謝意、当初から強い目的意識や方向性に沿ってやり遂げているのではなく結果論として想定外にうまくいっている面があるということを強調した。そしてこの調査を締めくくる最後のメッセージとして次のように述べている。

「これまでいろんなことを述べてきましたが賛同者が増えたり活動の幅が広がったりしたのもはっきり言ってすべてが結果論で、大義名分は後付けです。「たまたま」というきっかけが非常に多い。あとは、職場や家族とは違う角度で自分を見ていてくれる人が少しでも増えてくれたらということ。そのためにも（個人には）「自分に合う人やモノを見つける動物的な直感」が大切だと感じます」。

## 三　個人の経験限界としての地域コミュニティ

会社や家庭での所属や役割にとらわれない匿名の個人同士が、トライ&エラーで経験を重ねて活動を継続し発信することで自らの感覚と機動力を磨く。さらに偶然性までをも味方にして自分やそのコミュニティにとってより有用な連帯へとつなげていける、この地域の産業エコシステムのなかで誰かの役に立てると主体的に実感できる空間、これが新町コミュニティやCONCENTにみられる新しいコミュニティのありかたであった。

逆にいえばこうした人々が敬遠するのは、所属や役割によって個人の働きを制限されることや庇護と依存など主体性のない関係、そもそもトライの機会が与えられない、エラーが許されない場の雰囲気、組織力優位や予定調和であり、これらが感じられる集まりや地域には〈共〉的コミュニティはなじまないということになろう。

それを経験ないし実感できる範囲が、彼や彼女らにとっては大阪市西区というエリアにあったというのがこの調査から得られたことである。「ムラ的」というのは人のつながりを経験していくなかで認識可能なある種の物理的限界、良い意味での「大都市と思っていたが意外と狭い街」という感覚といえる。職場に「コミュニティ的」に参加することに強制力もメリットもないと気づき、個人として地域にそうした場を作ることに可能性を感じる人が、かつての日本社会よりも増加しつつあることの一つの端緒なのかもしれない。労働の場が、農村型ゲゼルシャフトから日本社会独特の会社を核とした都市型ゲマインシャフトを経て、〈共〉的コミュニティへ移行している事象と位置づけることもできよう。

## 四　限界を補完する経験語り

もう一つの興味深い兆候として、個人の経験には限界があるが、経験を語ることによって〈共〉感覚が拡張するという点が挙げられる。クリエイター調査、コミュニティ調査のいずれにおいても対象者たちは、経験や思いを他者に語ることによって、自身の置かれている状況について自己評価を深めているように思われた。

SNSで体験を共有することは昨今では珍しくないことであろうが、新町コミュニティのメンバーであるFさんは、昼間に、前日深夜帯に街で起こった出来事を知るのにSNSチェックが欠かせないという。自身の体験していない時間帯に誰が誰と出会い何が起こったかをチェックする行為がほぼ日課であり、彼女はその行為を「新町新聞をチェックする」と表現した。そうした発信とチェックの習慣が、参加する人々にとって新町がより好ましいイメージの地域であると認知する一つの要素になっている可能性はある。

また、T氏は「企業がホームページで公表しているCSR活動に本気で取り組んでいるかどうかを、日々業務で接する現場社員個人の言動で判断する」と語った。大きな、有名な会社に所属しているから個人が信頼されるのではなく、個人が信頼に値するから、その人の属する会社も評価されるという図式である。これに象徴されるように、たとえば著名企業などではコンプライアンスとして従業員個人の情報発信に慎重さを求める場合があるが、そういった実名コミュニティに相対するものとして地域のような半匿名コミュニティへの希求が高まることもあろう。地域でも職場でもそこへコミットしている人そのものが、その人が属するコミュニティの評価軸になっている。そういう意味では、情報、知識、情動生産のプロフェッショナルを多く含む地域であるからこそ「新町」という〈共〉空間が、彼ら、彼女らの参加する別の〈共〉的コミュニティに発信され伝播することで、むしろ願望も込めた望ましいイメージの街として認知的に形成されている可能性はある。

## 六　〈共〉的地域コミュニティのこれから

クリエイティブ・クラス論におけるクリエイターは、まず明確な職種で切り取られる階層であることを前提に、かつてさまざまな地域で熱心に誘致された工場に代わる存在と置換されているといってよい。しかし特に日本においては、独特な労働慣行からその有用性は極めて慎重に議論されねばならない。

すなわちこれがまさに〈共〉的地域コミュニティのあり方なのではないだろうか。新町で地域の人々の重要な結節点となっているのは美容室や飲食店などの小規模店舗であり、そこで働く人々や出入りする人々は地域にこだわり生きているが、日本のクリエイティブ産業にもフロリダのクリエイティブ・クラスにも含まれていない。新町コミュニティは既存の商店会や町内会のような「あらかじめルールや地理的境界が明確に共有された地域コミュニティ」ではなかったがゆえに〈弧〉の人々が各々「地域の産業エコシステムの一員としてどう働くか」を模索できる裁量をもっていたのである。そういった意味で、街を変革するクリエイティブな人々は、業種では区切られない無数の匿名の個人たち、まさに〈共〉を生きるマルチチュードである。

日本のクリエイティブ産業最大の集積地である東京との比較において大阪がもし優位に立つ点があるとすれば、個人が接続できるエコシステムの範囲の「狭さ」であり、これがいわば「ムラ的」と呼ばれた感覚なのではないだろうか。戦前、大阪市人口がピークを迎え日本第二の都市であった時代に西区はその政治経済の中心機能を果たしていた。二〇〇〇年代後半から都心回帰で再び上昇に転じているものの、大阪市は実は先駆的な人口縮小都市であり、戦後も一九六〇年代以降約半世紀にわたる人口減少をすでに経験している。日本全体が人口縮小時代を迎えたこの先は、組織力より機動力が閉塞する社会の突破口となろう。

ネグリとハートは大都市の特性を「〈共〉の浸透」に加えて「予測できない偶然の出会い、もっといえば他者との出会い」(ネグリ&ハート 二〇一二:下巻八七)にあるとし、「こうした出会いを自律的に組織し、大都市の政治に必要な種類の実習訓練を配置し、始動させ」(ネグリ&ハート 二〇一二:下巻九四)る必要を謳っている。

多層的組織の中で合議を重ねる意思決定はフォーディズム期以降の会社や地域運営の基盤となったシステムであるが、そうしたかつてのシステムの有効性を無批判に受け入れ、加速する市場スピードにブレーキをかけられずに労働にひずみを起こしているのが現在の日本社会であろう。そこへ早くから適応ないし満足しなかった〈弧〉の人々が創り出す〈共〉的空間が、イベント会場、コンテンツやネットワークを経て、ついに地域づくりに反映されているとも考えられないだろうか。

CONCENTが語ったのと同様、新町コミュニティそのものもメンバー個人が試行錯誤を経て得た自律性の融合による成果であり、今後の維持発展や他地域へ応用できるか否かは全くの未知数である。ただ〈共〉があらゆる個人の生活に溶け込んでいることが事実として存在する限り、本章で考察してきた事項は新町の事例を超えてクリエイターの労働や都市コミュティの問題を検討する際の糸口となるのではないだろうか。

**【引用・参考文献】**

大阪春秋編集部[編](二〇一〇)「特集　新町」『大阪春秋』第一三八号、新風書房

勝田裕子・横田隆司（二〇一〇）「大阪市西区新町における店舗分布の変化とファサードの特性に関する研究（建築計画）」『日本建築学会近畿支部研究報告集・計画系』五〇、二九三-六

グラットン・L／池村千秋［訳］（二〇一二）『ワーク・シフト―孤独と貧困から自由になる働き方の未来図』プレジデント社

小長谷一之（二〇〇五）『都市経済再生のまちづくり』古今書院

コミックマーケット準備会・コンテンツ研究チーム（二〇一一）「コミックマーケット35周年調査　調査報告」

立見淳哉（二〇一〇）「創造都市と知識創造―認知、制度、コミュニティ」大阪市立大学大学院創造都市研究科［編］『創造の場と都市再生』晃洋書房、九七-一〇九

東京都産業労働局（二〇一〇）「クリエイティブ産業の実態と課題に関する調査報告書」

西六地域社会福祉協議会（二〇一三）「西六社協だより」

ネグリ・A＆ハート・M／水嶋一憲・市田良彦［監修］幾島幸子［訳］（二〇〇五）『マルチチュード―「帝国」時代の戦争と民主主義［上］［下］』日本放送出版協会

ネグリ・A＆ハート・M／水嶋一憲［監訳］幾島幸子・古賀祥子［訳］（二〇一二）『コモンウェルス―「帝国」を超える革命論［上］［下］』日本放送出版協会

長谷川浩己・山崎　亮（二〇一二）『つくること、つくらないこと―町を面白くする11人の会話』学芸出版社

広井良典（二〇一一）『創造的福祉社会―「成長」後の社会構想と人間・地球・価値』筑摩書房

ブリントン・M・C／池村千秋［訳］（二〇〇八）『失われた場を探して―ロストジェネレーションの社会学』NTT出版

フロリダ・R・L／井口典夫［訳］（二〇〇八）『クリエイティブ資本論―新たな経済階級の台頭』ダイヤモンド社

フロリダ・R・L／小長谷一之［訳］（二〇一〇）『クリエイティブ都市経済論―地域活性化の条件』日本評論社

マラッツィ・C／多賀健太郎［訳］（二〇〇九）『現代経済の大転換―コミュニケーションが仕事になるとき』青土社

ミーツ・リージョナル編集部［編］（二〇一二）「大阪、西区観光」『ミーツ・リージョナル 二〇一二年四月号』京阪神エルマガジン社

山本泰三（二〇一一）「非物質的労働の概念をめぐるいくつかの問題」『四天王寺大学紀要』五二、六九-八六

山本泰三（二〇一二）「認知資本主義におけるコモンとレント」進化経済学会第一六回大会報告

鷲田清一（二〇一二）『だれのための仕事―労働VS余暇を超えて』講談社

■ウェブサイト

・大阪市西区
http://www.city.osaka.lg.jp/nishi/

・経済産業省「クール・ジャパン／クリエイティブ産業政策」
http://www.meti.go.jp/policy/mono_info_service/mono/creative

・厚生労働省「厚生労働白書」
http://www.mhlw.go.jp/toukei_hakusho/hakusho/

・特定非営利活動法人CONCENT
http://www.concent2010.com/
・内閣府「国民生活白書」
http://www5.cao.go.jp/seikatsu/whitepaper/

## 【コラム7】協働コーディネーターという仕事（京都府の場合）

松井朋子

コミュニティの形が変化し、同一自治体内であっても都市部から中山間地まで幅広い社会課題が山積している昨今、行政がそれらに全て対応できるはずもなく、住民も一方的な受け身ではいられない。そこで叫ばれるのが住民、行政が参加する課題解決のための場づくりであり、そこから生まれる協働（住民と行政の効果的な役割分担、連携）である。ところが両者の間では共通の文化や言語がないために直接会話が成立しないことが多々ある。そこで協働コーディネーターが通訳の役割や、両者が安心して話し合いが行える場をつくるのである。京都府では二〇〇七年度から「地域力再生プロジェクト」が立ち上がり全庁的な事業として住民自治社会の新しいモデルをつくることを目指している。京都府は人口当たりのNPO法人認証数が全国二位（二〇〇九年時点）と市民活動が盛んではあるが、NPO法人を含めた地域力再生活動団体がさらに増加、活発化されるよう助成金、人材育成等支援メニューを拡充してきた。地域力再生プロジェクト二年目の二〇〇八年からは自治会、NPO、大学、企業、京都府、市町村などが共通する課題に応じて集まり、それぞれが得意とするネットワークや知恵を活かしながら地域の課題解決や新しい価値創造に向けた施策や協働事業を生み出すことを目的とする場である「地域力再生プラットフォーム」がスタートし、現在九四ものプラットフォームが存在する（二〇一四年九月時点）。これら地域力再生プラットフォームを含めた協働の場づくりを応援し、協働のお手伝いをする窓口を協働コーディネーターは担っている。二〇〇七年度の二名から始まり、二〇一四年現在、府庁NPOパートナーシップセンターに五名、四地域の振興局に一名ずつの計九名が配属している。コーディネーターは非常勤嘱託職員という京都府職員の身分をもつ傍ら、各自地域でのNPO活動、まちづくり活動も主体的に行うという二束のわらじをはいている。各自の得意分野、ネットワークを活かしつつ、活動に役立つ施策、事業を府民にわかりやすく伝える、または府民、活動団体の想いを施策立案、新規事業に活かす、そんな役割をもつ。京都府という広域行政でありながら地域や活動団体と府政を直接結び、地域を超えた情報やネットワークのハブという役割であり、また単なるつなぎ役ではなくつながったその先を見据えて動く仕事であることは信頼と非常に重い責任も担う。

# 第八章　ドイツの労働組合による組織化戦術の新展開

北川亘太 *KITAGAWA Kota* ＋ 植村 新 *UEMURA Arata*

## 一　はじめに

資本主義諸国のなかで最大級の労働者団体は、ドイツの産業別労働組合（以下、「産別労組」という）[1]である。その上部団体であるドイツ労働総同盟（ＤＧＢ《デーゲーベー》）[2]は、二〇一三年時点で六一四万二七二〇人の構成員を擁する。ＤＧＢの構成員数は、（東西統一前では）一九七〇年代から八〇年代にかけてピークを迎え[3]、最大で七九五万七五一二人に達した（一九八一年）。このドイツ産別組合の隆盛は、産別組合が、テイラー主義の生産過程及びフォーディズムの

（1）日本において一般的な企業別労働組合とは対照的に、ヨーロッパにおいて一般的な産別労組は、ある産業（ときには複数の産業）の労働者を組織化の対象にしている。大ざっぱにいうと、ドイツにおける産業統治では、この産別労組と、企業内の事業所単位で従業員を代表する「事業所委員会」（Betriebsrat）とが「利益代表の二層性」を形成している（ホフマン 二〇〇四：一三八）。両者は、法律上は別組織であるが、産別労組の組合員が事業所委員会の構成員を兼ねる場合が多いなど、その実態において重なり合いがみられる（IG Metall 2009：66-9）。

（2）ＤＧＢ（Der Deutsche Gewerkschaftsbund）は、ＩＧメタルを含む八つの産別労組から成る。

（3）一九五〇年から近年までのＤＧＢ構成員数の推移について、詳細はhttp://www.dgb.de/uber-uns/dgb-heute/mitgliederzahlen を参照のこと。また、労働協約適用率の推移についてはhttp://www.boeckler.de/index_wsi_tarifarchiv.htm を参照のこと（"Statistisches Taschenbuch Tarifpolitik" で検索）（二〇一四年六月一四日に閲覧。以下同じ）。

マクロ経済レジーム[4]のなかで有効に機能していたことを示している（ホフマン二〇〇四：一三八）。産別労組は、業種レベルにおける生産性上昇分の分配チャネルや、正規雇用形態（職場移動が少ない、フルタイムかつ期間の定めのない雇用形態）で就労する労働者（以下、「中核労働者」ともいう）のニーズに適合するかたちで、労働組合の組織文化や組合員獲得の方法を形成・確立していった。

しかし、フォーディズム期に確立した組織文化や組合員獲得の方法は、フォーディズムの変異、あるいは、勃興する「認知資本主義レジーム」と齟齬をきたすようになっていった。このことは、東西統一を経て一九九一年に一一八〇万四一二人にまで達したＤＧＢの構成員数が、二〇年間で約五六四万人も減少した点に明瞭に表れている。組合員数の減少は、労使交渉における組合の交渉力の低下、企業の意思決定過程に影響力を及ぼす回路の喪失に直結する。こうして、組合員数の減少を食い止めるべく、組合員獲得の方法を現代の生産過程及びマクロ経済レジームに適合させることが、ドイツ産別組合にとって主要な課題の一つになっている。

個別にみると、ＤＧＢ加盟組合のなかでも最大級の産別組合である金属・電機産業労組[5]（IG Metall：以下ＩＧ《イーゲー》メタル）は、一九八〇年代末から二〇一〇年まで組合員数を減少させ続けてきた。現在公開されている統計資料によれば、一九九四年には二四七万一二六人であった組合員数が、二〇一〇年には二二三万九五八八人にまで減少している。この減少の理由として、以下の三点が考えられる。第一に、産業構造の変化にともない、資本財産業や自動車産業といったＩＧメタルの所管産業に従事する労働者の絶対数が減少した点である[6]。第二に、若年層の組合離れである。第三に、認知資本主義レジームの特徴を構成する以下の変化が生じたことである。それは、金融市場チャネルの拡大に伴う労働コストの削減インセンティブの増大である。金融市場の短期業績圧力を受けて、経営者は、賃金及び社会保険料負担が中核労働者のそれよりも低額の雇用形態にある労働者を採用することで、あるいは、人員それ自体を削減することにより、労働コストを削減せざるをえなくなっている（Urban 2013）。労働コストは、生産の外注化、雇用の多様化、中核労働者層の縮減といった方法で削減されていった。ＩＧメタルは、従来、組合の職場代表や事業所委員が、長期にわたり職場で就労する中核労働者に働きかけるという方法で組合員を獲得してきた。しかし、組合員獲得の場である職場が掘り崩され、ターゲットである中核労働者が減少してきたのである。

本章は、ドイツ資本主義の一翼を担う産別労組、とりわけその代表格たるＩＧメタルが、以上のような問題系に直面するなかで、どのように組合員獲得の方法を発展・転換させようと試行錯誤してきたのかを検討する。

　本章の構成は、以下の通りである。まず、第二節において、ドイツの生産過程及びマクロ経済レジームがどのように変容したのか、そして、IGメタル幹部は変容したマクロ経済レジームをどのように認識しているのかを確認する。ここから、IGメタル幹部は、認知資本主義論の枠組みを明示的に用いてはいないが、それとほぼ同様の視点から現在のマクロ経済レジームを説明していることが明らかになる。次に、第三節では、現在、IGメタルが新しい組織化戦術として注目しているアメリカ型の組織化戦術の特徴を指摘する。(7) 第四節では、IGメタルが、ドイツでは有効に機能しないと考えられたアメリカ型の組織化戦術を、いかにして受容したのかを検討する。ここでは、IGメタルがアメリカ型の組織化戦術を内面化するに当たり、新しい戦術の単なる「学習」に留まらず、「内省」を通じて、それを自身の過去の経験と結び付けたことを指摘する。第五節・第六節では、IGメタルがアメリカ型の組織化戦術をドイツ固有の歴史的・制度的な文脈に取り込んだうえで駆使した例として、派遣労働者の組織化活動を取り上げる。第七節・第八節では、本章の結論として、IGメタルが組織化戦術にアメリカ型組織化戦術の要素を取り入れるという新展開がみられることを確認し、認知資本主義論の立場から、この新展開に解釈を加える。

　結論を先取りすれば、組合員獲得方法の先駆的事例の分析により、次の二点が明らかになる。第一に、IGメタルが、未組織労働者自らの「問題発見・問題解決」と

（4）ドイツにおける「テイラー主義」と「フォーディズム」には、以下でみるように、クラフト的要素が多分に混在していた。しかし、DGBやIGメタルは、これらの用語を当時の生産過程とマクロ経済レジームを特徴づけるものとして使用していた。

（5）Die Industriegewerkschaft Metall.

（6）IGメタル所管産業の就業者数と一致するものではないが、一つの目安として、製造業就業者数は、一九九一年から二〇一二年にかけて二六・三%減少した（DESTATIS 2013 : 342–3）。

（7）議論の前提として、労働協約適用率でみたときに、ドイツの労働組合とアメリカの労働組合が労使関係に与える影響力には圧倒的な格差があることを、まず指摘しておきたい。ドイツにおいて、全労働者の中で協約が直接・間接に適用される労働者の割合は、二〇一〇年時点で六一・〇五%であった。その一方で、アメリカのそれは、二〇一一年時点で一三・〇〇%に留まっている。なお、日本のそれは、二〇〇八年時点で一六・〇〇%であった（OECD 2014 : 103, Figure 3.13.）。

いう自己参加型の取組みが有する加入の契機を意識的に重視し、その取組みを全組合的に普及させようと試みている点である。第二に、IGメタルが、組織化の伝統的な場である職場を補完する組織化の機会として、社会一般に向けたキャンペーン・デモンストレーションに注目している点である。組織化を進めるためのこうした新しい認識や取組みには、「闘争志向」という気質がセットになっている。これらの新展開は、フォーディズム期に確立した、産業画一的なサービスを誘引とする組織化や、使用者との「協調・妥協志向」という従前の傾向とは対照的なものであり、認知資本主義化の趨勢に対応するものであるといえる。

## 二　生産過程及びマクロ経済レジームに関するIGメタルの認識

本節では、ドイツの生産過程及びマクロ経済レジームがどのように変容したのか、そして、IGメタルは現在のレジームをどのように認識しているのかを確認する。

生産過程の変容を概観すれば、以下の通りである。まず、一九五〇年代から六〇年代にかけて、生産過程のテイラー主義化が進行した。次いで、一九七〇年代から八〇年代にかけて、生産過程について「労使の妥協にもとづくフレキシブル化」が進行した。これに対して、一九九〇年代から顕在化してくるのが、「使用者側が主導するフレキシブル化」であった。この時期のフレキシブル化は、生産過程の外注化、雇用の不安定化、労働強化に基づくものである。この「使用者側が主導するフレキシブル化」により、一部の生産過程では、「再テイラー主義化」が進行した。

以下では、まず、以上のような生産過程の変容過程を詳述する。

### 一　労使の妥協に基づく生産過程のフレキシブル化

効率的な少品種大量生産を志向するテイラー主義・フォーディズムは、一九五〇年代から六〇年代にかけて西ドイツの自動車産業に普及していった（風間 一九九七：六〇）。しかし、マクロ経済全体の水準でみると、西ドイツ経済は「全体として大量生産体制に支配されながらも、工作機械産業への要請が存在したために、クラフト(8)組織による生産が生き続けた」（ピオリ&セーブル 一九九三：一九三、風間 一九九七：六一）。ただし、伝統的な熟練工だけが、この「クラフト的生産パラダイム」の担い手だったわけではない（ピオリ&セーブル 一九九三：一九三）。彼らの役割は、戦後の技能教育システムのもとで技能資格を付与された労働者に徐々に奪われていった。これらクラフト的生産パラダイムの担い手は、企業の組合代表や事業所委員として労働組織の中核を形成していた。西ドイツにおけるテイラー主義・フォーディズムは、このクラフト的パラダイムの修正を受けたものであり、これら労働組織の制約及び支援を受けつつ普及した（風間 一九九七：六二）。このような、大量生産・大量消費とクラフト的生産パラダイムの混合形態である西ドイツ的な「フォーディズム」のもとで、IGメタルは、「生産性インデックス賃金」のチャネルの担い手として、一九八〇年代にかけて組合員数を着実に伸ばしていった[(9)]。

一九七〇年代初めから、製品市場の構造変化によって、テイラー主義・フォーディズムの限界が露呈しはじめた。この変化に対応するため、マイクロ・プロセッサー技術の導入や上記のクラフト的性格の再活用を通じて、一九八〇年代にかけて「フレキシブル生産方式」が創りあげられていった[(10)]（ピオリ&セーブル 一九九三、風間 一九九七：六二）。もっとも、このフレキシブル化は、新たな企業戦略の実施や新技術の導入という使用者の主導みから生じたものではない。一九六〇年末以降に労働組合が展開した「労働の人間化」運動もまた、このフレキシブル化を促進し、同時に、これに一定の枷をはめてきた。「労働の人間化」運動とは、テイラー主義による「労働疎外」を克服するために、賃金、労働時間、解雇保護といった量的な労働条件だけでなく、労働力の利用条件[(11)]という質的な労働条件の改善をも、協約政策を通じて使用者側に要求する取組みである（風間 一九九七：九三）。I

(8) ここでいう「クラフト」とは、市場のニーズの変化に柔軟に対応できる幅広い生産技術や、そうした技術をもつ熟練工を指している（ピオリ&セーブル 一九九三：六）。クラフト的生産体制の基礎にあるのは、「機械と作業工程は熟練工の技能を高めうるものであり、労働者は彼らの知識を生かすことによって常に変化に富んだ製品を創り出すことができる」という考え方である（ピオリ&セーブル 一九九三：二五）。それに対して、大量生産体制を主導するのは、「ある特定の製品を造るために必要な人間の技能が機械によって代行されうるとしたら、その製品を造るためのコストは一挙に削減される」という考え方である（ピオリ&セーブル 一九九三：二五）。ピオリとセーブルは、生産体制におけるクラフト的な要素と大量生産の要素との相克という視点から、各国産業の変化を描き出した。

(9) 戦後ドイツの労働組合は、対抗運動というよりも、むしろ労使間の緊張や対立を調整する「戦後和解体制」の一部、つまり社会秩序を担う組織として発展してきた。戦後和解体制については、新川他（二〇〇四：第一章）を参照のこと。

(10) ホリングスワースとボワイエ（二〇〇〇：三五-七）は、西ドイツ諸州の一部にこの生産方式を認めながらも、一九八〇年代における西ドイツ全体のレジームを、「多品種大量生産」と特徴づけた。これは、規模の経済と範囲の経済を結合した型として理解される。

Gメタルは、「労働の人間化」運動により、効率性のコントロールの仕方や作業条件など生産過程に関する企業決定に影響を及ぼそうと試みたのである。

労働の人間化運動において、当初DGBは「半自律的集団労働」（半自律的な作業チーム単位での労働）を拒否していた（所一九九九：一九〇）。その理由は、コミュニケーションの分権化が、産別労組と事業所委員会という労働者の利害を集約する公式のチャネルを分断し、その有効性を弱める危険性を孕んでいたからである。しかし、当時圧倒的な国際競争力を誇っていた日本車メーカーに対抗する必要などから、IGメタルは、一九八六年の組合大会において「テイラー主義の克服に寄与するものとしての集団労働」という意義を強調しながら、半自律的集団労働の普及を明確に支持するに至った（所一九九九：一九六）。これ以後IGメタルは、「日本的生産システム」や「リーン生産システム」[12]といった日米の言説とは一定の距離を置きつつ、生産過程のフレキシブル化を社会的にコントロールすることを使用者側に要求した（風間一九九七：九五、一五四、図1／cf. マラッツィ二〇〇九：一〇一二〇）。

要するに、この時期のドイツにおけるフレキシブル化は、安定的な労使関係のもと、自動化技術、技能形成、集団労働を核として、高品質・高付加価値・多品種の生産体制を目指して展開された（風間一九九七：一〇〇－一）。このフレキシブル化は、テイラー主義・フォーディズムの限界に対応するという使用者側の思惑と、労働疎外を克服するという労働組合側の利益の妥協に基づくものであった。

## 二　使用者側が主導する生産過程のフレキシブル化

労使の妥協に基づくフレキシブル化と並行しながら、一九七〇年代から一九八〇年代にかけて、労働力の削減、及び、相対的に生産性の低い職務や部署の外注化が徐々に進行していた。使用者が外注化の可能性をちらつかせるなかで、中核労働者は、雇用保障と引き換えに、労働強度の増大や職務範囲の拡大を徐々に受容せざるを得なかった（Palier & Thelen 2010: 122）。

こうした傾向は、経済の慢性的な低迷に悩まされた一九九〇年代に一層加速した。この慢性病は、賃金はもとより、世界最高水準の社会保険料から生じる高額の労働コスト、EU域内の労働者移動などに起因する高失業率の常態化と関連するものであった（熊谷二〇〇六、マラッツィ二〇一〇：五八、Palier & Thelen 2010）。経済のグローバル化やEU市場の拡大・深化によって使用者にかかる厳しい競争圧力の増加、生産設備の国外移転という使用者にとって魅力ある選択肢の出現、労働組合の交渉力の相対的低下も、この傾向を加速させた。

この経済の慢性的な低迷に大鉈を振るったのが、ゲアハルト・シュレーダー政権（ドイツ社会民主党ＳＰＤと緑の党／同盟九〇との連立政権、一九九九-二〇〇四）であった（熊谷二〇一四）。シュレーダー政権が二〇〇〇年代前半に断行した一連の新自由主義的な労働市場・社会保障改革は、「ハルツ改革」と呼ばれる。(13) 失業者の迅速な労働市場への復帰を目的とするハルツ改革は、非正規雇用の規制緩和、失業保険の給付期間短縮、就労支援の拡充など多岐にわたるものであった（cf. ロート二〇一〇：二〇九）。特に、本書の議論との関連では、派遣労働の規制緩和が重要である。派遣期間制限が撤廃された二〇〇三年以降、派遣労働者数は急激に増加した（図8-1）。

ハルツ改革を背景に生産過程や労働の一部を外注化することによって、生産過程のフレキシブル化が進められていった。先に見た労使の妥協に基づくフレキシブル化と異なり、この時期のフレキシブル化は、いずれも使用者側が主導するフレキシブル化であった。ＩＧメタル本

(11) 生産過程の合理化が進むと、作業が過度に単純化される、ある単位の作業をこなすためにかけることのできる時間が極度に短縮化されるなどの弊害が生じる。これらの弊害に起因する労働者の負担や不満を緩和するために、ＩＧメタルと事業所委員会は、生産過程の構築の仕方や稼働のさせ方を労働協約と事業所協定とによって一定程度コントロールすることを試みた（風間一九九七：九二-三）。

(12) ＩＧメタルは、「リーン生産方式」に全社会的な視点が欠如している点、例えば、本社、工場、下請けの階層性に基づく社会的不平等、「道路の倉庫化」などに起因する社会的費用の増大などを指摘したうえで、ドイツ独自の道として「知的生産システム」という理念を打ち出した。これは、二層からなる労使関係システムのコントロール下で、労働者の柔軟性を存分に活用することを意図する理念である。この理念は、個別企業の生産過程のレベルでの効率性の増大や柔軟化と、社会のレベルでの生産性上昇分の公正な分配や雇用の安定、社会的費用に配慮した生産過程や製品の創造との両立を試みるものである（風間一九九七：二〇一-一二）。このように、外来のコンセプトを自国の文脈に当てはめた場合の長所と短所とを分析したうえで、そのコンセプトを自国の文脈において、より有効な言説へと昇華させる力は、後で取り上げる事例からもわかるように、ドイツ労働組合が有する優れた能力の一つであるといえる。

(13) さしあたり、小泉純一郎政権の構造改革を想起されたい。ハルツ改革について詳しくは、労働政策研究・研修機構二〇〇六、二〇〇七、Palier & Thelen 2010 を参照のこと。ＳＰＤは労働者政党であるため、当然、この改革に対する党内の反対は強かった。シュレーダーがこの反対を押し切って改革を断行したため、ＳＰＤの伝統的左派の一部が離党した。彼らが現在の左翼党（Die Linke）の一部を担っている（熊谷二〇一四、星乃二〇一四）。

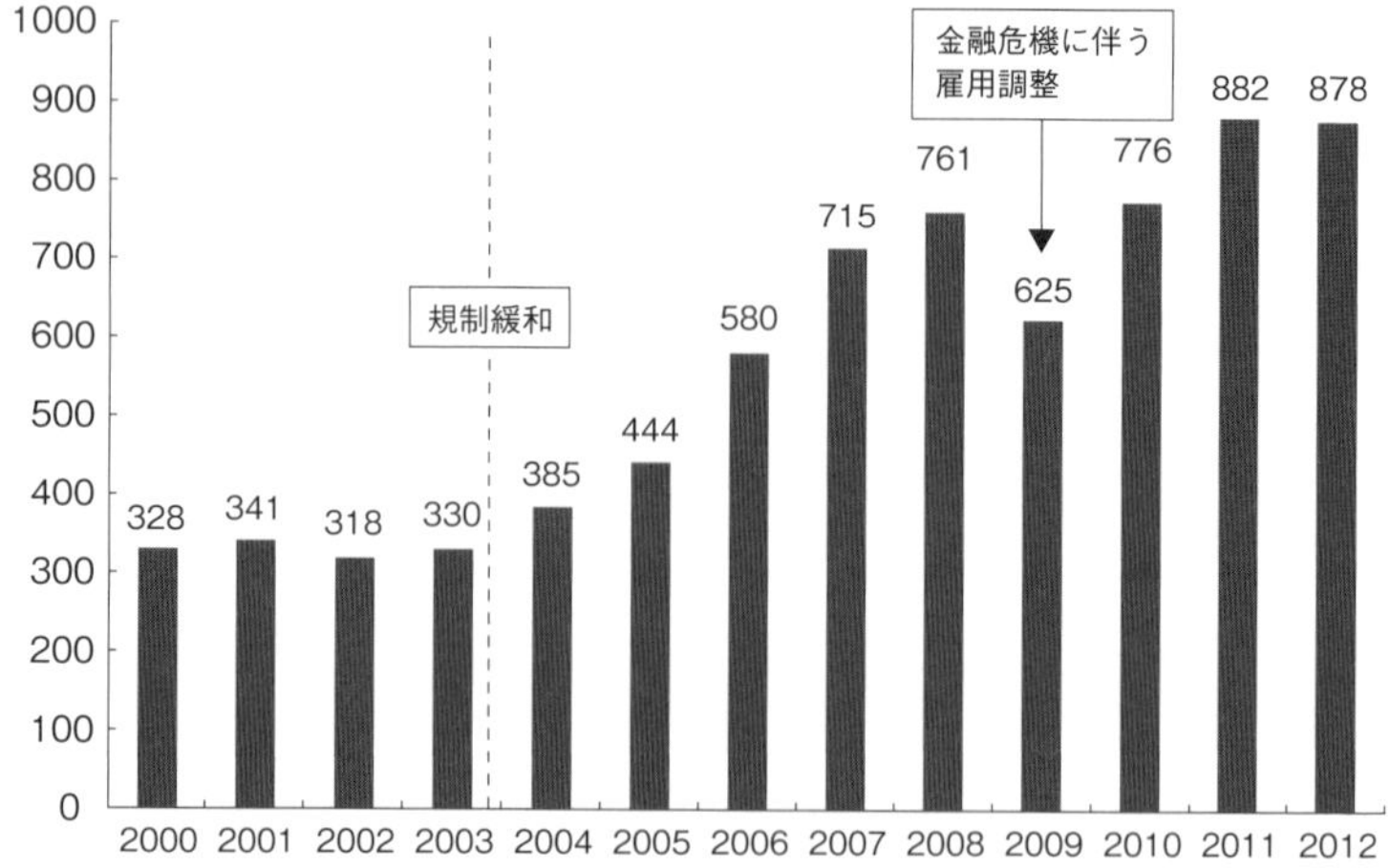


**図 8-1　派遣労働者数の推移**
（出典：Bundesamt, Bundesagentur für Arbeit）

部のロート（Roth 1996: 143）によれば、このフレキシブル化は、集団労働の「再テイラー主義化」の傾向を有しているという（cf. 風間 一九九七：一五六–九、一七六）。

## 三　IGメタルの打ち出すマクロ経済レジーム認識

近年、IGメタル幹部は、こうした状況を理解する切り口として、第一に、ネットワーク型規範秩序の勃興、第二に、「危機コーポラティズム」（Krisen-Korporatismus）という観点を打ち出している[14]（Brinkmann et al. 2008: 12, 20, 129, 146–8）。

IGメタルの幹部は、ネットワーク型規範秩序における労働組合の困難を論じるときに、ボルタンスキーとシャペロ（二〇一三）『資本主義の新たな精神』を頻繁に引用する（e.g. Urban 2013：202-6, 234-7）。ボルタンスキーとシャペロによると、ネットワーク型規範秩序においては、ますます多くの集団が、ますます小さな単位で構成され、集団間協働・下請け・外注などによるネットワークの発展が、市場に柔軟に対応しながら有力な地位を確保することを可能にする（ボルタンスキー＆シャペロ 二〇一三：上巻三〇五）。このうち雇用の外注化は、職場に、多様な身分規程が適用される労働者のモザイクをもたらす（ボルタンスキー＆シャペロ 二〇一三：上巻三一五）。例えば、一つの企業の中に、無期雇用契約で就労する労働者、有期雇用契約で就労する労働者、派遣契約・請負契約で就労する労働者、下請け企業や子会社の労働者などが併存することになる。このモザイク化は、労働者の連帯や集団性という、戦後から労働組合の繁栄期にかけて重視された価値、及び、事業所委員会や組合専従による一元的な代表性を掘り崩すものであった。組合の存立基盤であった、職場に根付く中核労働者層は、生産体制の変容やネットワーク型規範秩序の隆盛[15]、より具体的には、雇用の個別化、流動化、外部化といった趨勢の中で、徐々に縮小していった。

IGメタルの幹部が引用するボルタンスキーとシャペロは、もちろん認知資本主義の論者ではない。しかし、認知資本主義の論者であるマラッツィ（二〇一〇：四三）が、ポスト・フォーディズムの生産様式を理解する際にボルタンスキーとシャペロを参照していることからも明らかなように、ボルタンスキーとシャペロと認知資本主義論者は同様の問題意識に立脚している[16]。それゆえ、ボルタンスキーとシャペロの研究を頻繁に引用するIGメタル幹部もまた、認知資本主義論と同様の問題意識から、フレキシブル化が組合にもたらす負の影響を認識し、対策を練ってきたといえる。

さらに、IGメタル幹部は、危機コーポラティズムという認識枠組みを用いて、金融化が進展するマクロ経済レジームにおける労働組合の位置づけを考察している（表8-1）。

日本と同様、ドイツにおいても、資金調達方法として

(14)「資本主義の新たな精神」、すなわちネットワーク型の規範秩序の勃興に伴う組合の衰退について、詳しくはボルタンスキーとシャペロ（二〇一三：第五章・第四章）を参照のこと。

(15) IGメタル幹部は、彼らの著作の中で明示していないものの、労働運動や社会運動のネットワーク化という傾向の中で、この水平的な関係性を維持・制御するために如何にして垂直的な権力関係をそれに結びつけるかという問題が、巨大組織を運営するうえでの論点になるはずである。換言すると、この問題は、リーダーがいかにしてネットワーク化する組織や運動を制御するか、という認知資本主義における統治の問題である。認知資本主義論の強みは、自発性をもつ主体を生成する巧妙な政治的メカニズムを浮き彫りにすることにある。したがって、労働運動における自発性、ネットワーク、統治の関係という論点は、認知資本主義論が、その強みを十全に発揮できる論点である。この点については、今後の課題として取り組みたい。

(16) 山本（Yamamoto 2013）もこの点を指摘している。

表8-1　コーポラティズムの変異（出典：Urban 2013: 205, Abbildung 3）

| | 社会コーポラティズム | 競争コーポラティズム | 危機コーポラティズム |
|---|---|---|---|
| 金融資本主義における時期 | 前フェーズ | 形成フェーズ | 危機フェーズ |
| プレイヤー構成における権力委任 | 強者同盟<br><br>労組：強<br>資本：強<br>国家：強 | 非対称的同盟<br><br>労組：弱<br>国家：弱<br>資本：強 | 弱者同盟<br>チャンピオン：金融資本<br>労組：弱<br>国家：弱<br>実質資本：弱 |
| 分配レジーム | 労働／資本／国家の間の対称的な（階級間）分配妥協 | 資本に有利かつ労働・国家に不利になるような傾向での非対称的な分配 | 金融資本に有利かつ労働／国家／実質資本に不利になるような構造での非対称的な分配 |
| 規範となる主導的理念 | 再分配－連帯性 | 競争－連帯性 | 窮境を打開する必要に迫られて緊急に結成された共同体（akute Notgemeinschaft）としての社会協定 |
| 国家タイプ | 福祉国家 | 競争国家 | 危機国家 |
| 労働組合タイプ | 分配プレイヤー | 競争パートナー | 危機モデレーター |

直接金融がより重視されていったことに伴い、企業が投資家や株式市場の短期的思惑に左右される度合いが高まっていった。これは、組合と事業所委員会を受容する、中長期的視点に立ったコーポラティズム（協調主義）に基づく「コーディネートされた市場経済[17]」の性格が弱まる一方で、株主利益を優先する経済の性格が強まっていったことを意味する（ホフマン二〇〇四：一五三－四、Streeck 2009, 北川二〇一二）。危機コーポラティズムというIGメタル幹部ウルバンの認識もまた、認知資本主義レジームの出現の中で金融が前面に押し出される一方、組合が後景に退くという認知資本主義論の見方と軌を一にしている（Urban 2013）。表中、「社会コーポラティズム」はフォーディズム期のレジーム、「競争コーポラティズム」は高品質・高付加価値・多品種の生産レジームが形成されていったポスト・フォーディズムの初期、危機コーポラティズムは認知資本主義レジームに埋め込まれた政労使の関係として理解される。

## 三　アメリカ型の組織化戦術の特徴

ネットワーク型規範秩序及び危機コーポラティズムという総体的な認識のもと、IGメタルは、現代的な生産過程とマクロ経済レジームの問題系（具体的には、派遣労働や請負労働などの雇用調整が容易な雇用形態の増加、生産過程の一部外注化に伴う、中核労働者の労働強化、労働時間と余暇の明瞭な境界の消失など）に対応しうる組合員獲得の具体的な方法を模索していった（Böhm 2012）。レジームの変容と、それに伴う組合員数の漸減に直面したIGメタルは、従前の組織化方法の有効性を低下させるこれらの問題系に対応するための方策として、当時アメリカで行われていた組織化戦術に注目した。ドイツに比べて流動的な労働市場のなかで活動し（ホール＆ソスキス 二〇〇七：三四）、しかも事業所委員会といった制度的基礎を有しないにも関わらず、アメリカの労働組合は、一九九〇年代以降、むしろ従前よりも活動を活発化させ、未組織の領域での組織化に一定程度成功していた。それゆえ、アメリカで実践されていた組織化戦術が、ドイツの労働組合にとって有益な示唆をもたらしうるものとして注目されたのである。

アメリカ型の組織化戦術の特徴は、以下の三点にまとめられる[18]。

第一に、組合の内部組織のあり方として、組合員の直接的な参加・関与が重視される点である。アメリカ型の組織化において、組合員は、活動方針の決定の多くに直接関与する。これは、ドイツにおいて、権威的な代表者が、協約交渉を通じて、末端の組合員に対してトップ・ダウン式に成果を配分するのとは対照的である（Gumbrell-McCormick & Hyman 2013: 193, 197–8, Niemann-Findeisen et al. 2013: 70）。

第二に、活動の方針として、労働組合の組織基盤が存在しない職場へのオルグ（組織化専門員）の投入が積極的に行われる点である（このような活動方針は、「拡大」（expansion）と呼ばれる）。これは、労働組合の組織基盤が既に存在する事業所において、新たな組合員のさらなる組織化を志向するドイツ労働組合の一般的な活動方針（このような活動方針は、「強化」（consolidation）と呼ばれる）と区別される。

第三に、活動の態様として、センセーショナルなキャンペーンや社会運動組合主義[19]（social movement unionism）[20]など、闘争的な組織化の傾向を有する点である（Dörre et

(17) ドイツを典型例とするコーディネートされた（高度に調整された）市場経済に対置されるのが、アメリカを典型例とする「自由な市場経済」である（ホール＆ソスキス 二〇〇七）。

(18) なお、組織化のイメージをつかむうえで、高須（二〇〇五）のほか、ロサンゼルスの建物清掃業を舞台に行われた労働運動を描いた映画『ブレッド＆ローズ』（『ケン・ローチ傑作選DVD-BOX』ケン・ローチ監督）が大いに参考になる。

al. 2009 : 35）。

このように特徴づけられるアメリカ型の組織化戦術は、事業所委員会や職場代表を通じて組織化を行うドイツ労働組合の伝統的な組織化のあり方とは異質なものであった。このことは、ＩＧメタル副委員長ヴェッツェルが、ＩＧメタルが注目し重点的に取り組んできた組織化戦術ついて述べた自著（Wetzel et al. 2013）の表題（「組織化」）を、ドイツ語の Organisierung ではなく、あえて Organizing と英語表記したことに象徴的に現れている。

ヘーリーとアドラー（Heery & Adler 2004）は、独米間に見られるこのような組織化戦術の相違を、両国の労働組合を取り巻く法制度の違いから説明している。すなわち、アメリカに特有の排他的交渉代表制（全国労働関係法九（a）条）は、「組織化活動を刺激し、とりわけ拡大の試みを刺激するものとして機能する。この法律はまた、組合が集中的な組織化キャンペーンに依拠するよう促す。このキャンペーンは、とりわけ使用者が組合に敵対的であるところでは、好戦的な傾向を帯びる」。さらに、アメリカの民間セクターの大半においてユニオン・ショップ協定が有効とされている点を捉えて、このことが「強化の必要性を減少させ、したがって、組合資源を拡大に差し向けることを可能にする」という（Heery & Adler 2004: 59）。

しかし、アメリカ型の組織化戦術がアメリカに特有の法制度に根差すものであるとすれば、アメリカと異なる法制度の下で活動するドイツの労働組合では、アメリカ型の組織化戦術は有効に機能しないのではないかとの疑問が生じる。ニーマン＝フィンダイゼンら（Niemann-Findeisen et al. 2013: 70）は、この問題を以下のように敷衍している（cf. Rehder 2008）。

> 「第一に、ドイツ労働組合の組織的学習と構造的転換は、非常にゆっくりとしか行われない。その理由は、以下の通りである。まず、アメリカの労働組合とは異なり、非常に稀にしか〔労働組合内での〕人事異動が行われず、しかも、労働組合の仕組みは、社会的な運動の状況から影響を受けず、〔労働組合の組織としての決定に対して〕拒否権を有する者を回避し、取り替えることは簡単ではないからである。次に、多くの幹部がとる社会的パートナーシップの方針を問題視する攻撃的なキャンペーン運動は、支配的な組織体制にとって受け入れ難いものだからである。
>
> 第二に、アメリカ型の組織化により、コーポラティズム的な特徴を有する秩序モデルは、社会的な無秩序に取って代わられる傾向にある。なぜなら、組合員の利益は、資本の利益に反してでも貫徹されるからである」。（Niemann-Findeisen et al. 2013: 70）[21]

それではこのような疑念はどのように解消されたので

あろうか。ＩＧメタルの組織化戦術の新傾向を理解するために、次節以降、この問いを検討していく。まず、次節では、ドイツの労働組合が、ドイツとは異なる制度的環境の下で展開されてきたアメリカ型の組織化戦術を受容した過程を検討する。

## 四　学習と内省を通じた組織化戦術の受容

二〇〇八年五月、ＩＧメタルは、約一〇〇人が参加した組合内の会議において、アメリカ型の組織化を開始することを公式に決議した（Niemann-Findeisen et al. 2013: 76）。

前述のように、（学界も含め）ドイツでは当初、アメリカの文脈に特有の組織化戦術が、協調的体制に内化した組合という、アメリカの労働組合とは対照的なドイツの文脈では有効に機能しないのではないかという懐疑的な見方が支配的であった（Niemann-Findeisen et al. 2013: 71）。しかし、ＩＧメタルは、アメリカ型の組織化戦術をアメリカ特有の文脈から切り離し、そのエッセンスを以下のように抽出した上で、これを方法論として「学習」することが重要であると強調する。

「われわれの定義では、アメリカ型の組織化には、個人をして、以前は受け身であった状態から、積極的で自覚的な、権限のある集団的な行為者になることを可能にする、集団的な意識構造の形成が必要である。その集団的な行為者とは、問題が生じるごとに、特殊具体的な社会的状況と紛争を変化させ、以前よりも解決に向かわせるようなものである。この定義によれば、〔ＩＧメタルが実践中の〕最低賃金、派遣労働、あるいはコンツェルンに関連するキャンペーンも、組織化のキャンペーンとされ得る。決定的に重要なのは、それらのキャンペーンが、広範な活動主体の基盤の形成を伴っているか否か、キャンペーンが、活動主体の利害をめぐって実施され、その結果、活動主体がそのキャンペーンの担い手、原動

（19）社会運動組合主義について、詳しくは、鈴木（二〇〇五：一-二）を参照のこと。

（20）他の方法として、勧誘活動を組合活動家の基本的な責務に位置づける、加入促進活動に多くの組合員が参加するよう働きかける、従業員に関するマッピング（潜在的組合員を明らかにする）、潜在的組合員への家庭訪問、組織化のターゲットとなる職場の綿密な事前調査が挙げられる（ワディントン＆ホフマン 二〇〇四：四三、Wetzel et al. 2013: 63）。

（21）本章の引用について、傍点による強調は引用者によるものであり、〔 〕内は引用者による補足である。

力となり、そのキャンペーンの主役となっているか否か、である」。(Niemann-Findeisen et al. 2013: 72)

このようにIGメタルは、アメリカ型の組織化戦術の核心が、組合員に対する産業規模での〔トップ・ダウン式の〕画一的なサービスの提供にではなく、ある地域や職場に固有の問題に対する個別具体的な解決策を、個々人が主体となって闘争的に模索するという〔ボトム・アップ式の〕集団的な意識構造の形成にあるとみている。その上で、IGメタルにとって、アメリカ型の組織化戦術の学習は、道具の単なる輸入以上の意味をもつという。それは、IGメタルがすでに有していた経験や知識を掘り起こし、再評価するという、「内省」の契機ともなったのである。

「長年専従であった組合員は、かなりの割合で、アメリカ型の組織化は広く行われている労働組合の実践に適合的であると力説した。〔アメリカ型の組織化では〕一般に、事業所委員会が設立され、人々との話し合いがもたれ、組合員を関与させ、闘争が指導されているという。市民社会の活動家たちとの同盟も、広く行われているという。それゆえ、アメリカ型の組織化の方法は、〔IGメタルにおける〕相当数の活動家たちに、週三五時間を要求する取組み(22)をめぐる自分たちの実践を想起させるとのことである。／実際に、アメリカ型の組織化の個別具体的な方法は、〔IGメタルにおいても〕伝統的に存在してきたものであり、あるいは現代の実践的活動のなかにも見出されるものである。忘れ去られていた組合活動の手法をふたたび実践するために、大西洋に目を向けることは、絶対不可欠というわけではない――ドイツ自身の歴史のなかに、貴重な経験と刺激的な戦術とが見出されるのである。とはいうものの、〔IGメタルが〕かつての経験と戦術とを思い出そうと動き出すためには、間違いなく〔アメリカ型の組織化戦術の学習という〕刺激が必要であった」。(Niemann-Findeisen et al. 2013: 73)

ニーマン=フィンダイゼンら(Niemann-Findeisen et al. 2013)も述べているように、固有の問題を争点化し、その解決を個々の組合員が自発的に模索するという手法は、アメリカ型の組織化に固有のものではない。それは、当時一般的な手法ではなかったものの、ドイツにおいても、古くから確認されるものであった。その具体例として、たとえば、「フォード・アクション」(Ford-Aktion)という、一九六〇年代にフォード社ケルン工場で実施された組合員獲得の重点プロジェクトが挙げられる。

「この試み〔フォード・アクション〕の肝は、労働者の活性化と参加である。〔…〕プロジェクトの初期段階において、経営の社会的構造と、従業員の関心事、意見、問題が、調査やアンケートによって、集中的に分析された。そして、高い事故発生率が、事業所の重要なテーマであると特定された。活動家を取り入れるため、事故の調査員が個々の領域で指名され、さらに、活動家たちの組織が構築された。組合員および未組織者が、自分たちの目的に合致した要求を行うために、カルテへの記録が正確に行われ、経営計画が作成され、家庭訪問が実施された」。(Niemann-Findeisen et al. 2013: 73-4)

では、ドイツでも古くから実践されていたこれらの手法は、なぜ、時代の経過とともに後景に退いてしまっていたのか。その理由の一つとして、労働組合がフォーディズムという従前のレジームの中で、組合員に対して、労働協約の締結等を通じて、十分な経済的利益を提供できていた点を指摘できる。

「〔一九七〇年代以降〕組合員の数が増加したことにより、組織の力も増大し、共同決定が拡大し、労働組合を志向する事業所委員会は、組織の力の本来的な源となった。組織化は、長年、社会的な妥協が基本的な成果をもたらす中で、組合員を増加させる豊かさを提供できていた労働組合運動にとって必要のないものと思われ、そのなかで、労働組合は社会政策の策定における主要な当事者へと上り詰めた」。(Niemann-Findeisen et al. 2013: 74)

本節での検討をまとめると、以下の通りである。多くの先行研究が指摘するように、確かにドイツの労働組合は、「戦略的選択」としてアメリカ型の組織化の方法を輸入し、咀嚼しつつある (e.g. Heery & Adler 2004, Gumbrell-McCormick & Hyman 2013)。しかし、ここで重要なのは、アメリカからの学習と同時に、組合内の討議のなかで、自らの経験の再評価が行われた点である。「organizing」という外来の組織化戦術は、従来の組織化を批判的に検討する契機となり、自らの過去の経験を再評価する推進力となった。学習と並行してなされた、このような過去への照射があったからこそ、IGメタルは、第三節で述べた疑問にも関わらず、アメリカ型の組織化の核心を速やかに摂取できたものと解される。

では、IGメタルは、自らの過去の経験を映し出す鏡として位置づけたアメリカ型の組織化を、どのように実

(22) IGメタルは一九八四年の労使交渉時に、週三五時間を要求して全国規模のストライキを行った。これにより、IGメタルは週四〇時間から週三八・五時間への時短を達成した。最終的に週三五時間が実現されたのは、一九九五年であった（風間 一九九七：九二）。

践したのであろうか。

先述した二〇〇八年五月の決定以降、IGメタルは、「既存の取組みとキャンペーンに、アメリカ型の組織化の要素を直接投入する」試みを開始した[23]。このような組織化方針の実践例としては、第一に、オルグの投入を契機とする風力発電や太陽光発電等の新産業での組織化、第二に、事業所委員会を有しない事業所の開拓、第三に、派遣労働や請負労働の社会的不公正を社会一般に訴えるキャンペーン・デモンストレーションの展開が挙げられる（Wetzel et al. 2013: 63）。これらのうち、第三の派遣労働者の組織化活動が、IGメタルがアメリカ型の組織化戦術を受容し、内面化していく過程を理解するうえで、とりわけ注目に値する。なぜなら、派遣労働者の組織化活動を検討することで、アメリカ型の組織化戦術が、「良い仕事」（gute Arbeit：グーテアルバイト）という、IGメタルが従来から練り上げていた組合活動構想の中に位置づけられ、活用されていることが確認できるからである。派遣労働者の組織化活動は、ドイツ固有の歴史的・制度的な文脈にアメリカ型の組織化戦術が取り込まれた格好の例といえる。

以下、第五節で、派遣労働者の組織化活動にアメリカ型の組織化の要素が確認できることを示し、第六節でアメリカ型の組織化戦術が、IGメタルが従来から有していた活動構想に、どのように位置づけられているかを示す。

## 五　派遣労働者の組織化

IGメタルは、二〇〇八年から派遣労働者と派遣先企業の労働者との「同一労働、同一賃金」を訴えるキャンペーンを全国規模で展開し、街頭や派遣先企業で派遣労働者の組織化を推進してきた[24]。このキャンペーンの特徴は、派遣労働者の労働条件が不公正であるということを広く社会に訴えるために、市民団体や教会・ユダヤ社会・経済学者・政治家との連携、及び、通行人やメディアの注目を集めるためのセンセーショナルなデモンストレーションが、積極的に活用された点にある。具体的には、「公正な派遣トラック」ツアー、「現代の囚人」キャンペーン、フラッシュ・モブなどが駆使された[25]。

派遣労働者の組合員数は、二〇一〇年後半から急激に増加し、二〇一一年末には約三万六千人、二〇一二年末には約四万四千人、二〇一三年九月には約六万人に達した（Wetzel 2014: 68）。

以上のように、IGメタルによる派遣労働者の組織化活動は、一般組合員の主体的・自発的な参加を重視し、デモンストレーションやキャンペーンを駆使した社会一

(23) ここでは、「闘争的な取組みの増加」、「直接的な参加と責任の引受けの強化」、産業画一的な政策ではなく、個別具体的な「事業所政策の増加」、及び「「全く組織化されていない領域」の開拓」というアメリカ型の組織化に特徴的な哲学が、組織化の基本方針とされた(Wetzel et al. 2013: 62)。ただし、ＩＧメタルをはじめ、ドイツの労働組合は、アメリカ型の組織化の要素を、事業所委員会の設立、及び、その委員選挙において職場の組合員が当選することという伝統的な目標を達成するための手段として援用している。この点で、組織化の目標自体は変化していない。

(24) 派遣先企業における組織化については、既存のドイツ型の組織化方法と重なる部分が多いため、ここでは取り上げないが、派遣先企業の事業所委員や組合の職場代表による組織化活動、派遣労働に関する相談専用のコール・センターの窓口相談などによっても、組織化が進められていた。詳しくは、北川他（二〇一四）第三節を参照のこと。

(25) 第一に、「公正な派遣トラック」(Fair-Leih-Truck) とは、二〇〇八年四月から開始された、派遣労働の社会的不公正を訴えるツアーである。ツアーでは、「公正な派遣トラック」と名付けられた大型トラックが全国を行脚し、各都市を移動しながら、派遣労働者の実情を告発した。ツアー当初には、音楽ライブの開催やグッズの配布、子供の遊び場の提供などを通じて、幅広い世代の耳目を引きつける工夫がなされた。年を追うごとに、派遣労働の問題そのものに焦点が当てられていった。例えば、パネル・ディスカッションや派遣労働者の要望を聴取する公聴会がそれに当たる（詳しくはhttp://www.gleichearbeit-gleichesgeld.de/initiative/kampagnen-tour/を参照のこと）。第二に、「現代の囚人」キャンペーンでは、二〇一一年二月に、「現代の囚人」と題して、バーデン＝ヴュルテンベルク州の女性囚人拘置所近くで、囚人服を着た派遣労働者が行進した。第三に、フラッシュ・モブ（「瞬間的な群衆」）とは、「電子メールやSNSなどでの呼びかけに応じた不特定多数の人々が、公共の場に集まり、あらかじめ決めておいた共通の行動をとってすぐに解散すること」である（デジタル大辞泉）。二〇一一年五月にはヴァイルハイムのマリエン広場で不安定雇用への反対を訴えるフラッシュ・モブが行われた。フラッシュ・モブの企画と実行には、主に若年組合員が携わっている。若年層の積極的な参加に基づくこうした手法は、それ自体が若年労働者同士の連帯感や組合への帰属感を醸成するものであり、したがって、彼らの組合離れを食い止める効果をもつ (cf. Gumbrell-McCormick & Hyman 2013: 78)。

なお、ＩＧメタルのフラッシュ・モブは、キャンペーンの趣旨を伝えるための瞬間的なデモンストレーションとしての性格が強い（その模様についてはhttp://www.igmetall.de/internet/bayernweiter-aktionstag-zur-kampagne-arbeit-sicher-und-fair-7768.htmを参照のこと）。これに対して、統一サービス産業労組（ver. di：ヴェルディ）によるフラッシュ・モブのなかには、ストライキの一環として行われる攻撃的なものが確認される。二〇〇七年一二月、ver.diの呼びかけに賛同した約五〇人が、同時刻に食品スーパー店舗内の少額商品を大量にレジに持ち込むことによってレジの機能を麻痺させた（岩佐 二〇一三：一七四-五）。

般への訴えかけを行う点で、従来の活動とは異質なものであり、アメリカ型の組織化戦術の色彩を濃厚に有するものであったということができる。

## 六　問題発見・問題解決型コンセプトとしての「良い仕事」

本節では、ＩＧメタルが派遣労働者の組織化活動において実行したアメリカ型の組織化戦術が、ＩＧメタルの従来からの活動構想に関連づけられ、その構想を実現するための一手段として位置づけられていることを明らかにする。

　そのために本節が検討するのは、以下の三点である。第一に、アメリカ型の組織化戦術を本格的に導入する以前、ＩＧメタルでは、派遣労働問題についてどのような議論がなされていたのか（検討①）。結論を先取りすれば、ＩＧメタルは派遣労働者の組織化活動を、自身が従来から掲げていた「良い仕事」という大きな活動構想のなかに位置づけて議論していた。第二に、では、派遣労働者の組織化活動を一項目とする「良い仕事」とはどのような活動構想なのか（検討②）、第三に、「良い仕事」構想と派遣労働問題、アメリカ型の組織化戦術とはそれぞれどのような関係にあるのか（検討③）。これら三点を検討することによって、アメリカ型の組織化戦術が、派遣労働問題の改善を含むＩＧメタルの「良い仕事」構想を実現する一つの手段として位置づけられていることが明らかになる。

　まず、ＩＧメタル内での派遣労働問題に関する従来の議論・認識を確認する（検討①）。ＩＧメタルは、派遣労働者に対して以下の二つの認識を有していた[26]。第一に、派遣労働者が派遣先の中核労働者の労働条件に対して下方圧力を加えるという認識である。二〇〇三年の規制緩和以降、派遣労働者は、使用者にとって、経営戦略の柔軟化を労働力において進展させる存在であると同時に、交代可能性をちらつかせることで中核労働者に労働の強化を押し付けるための道具ともなった。使用者にとっても、ＩＧメタルの主要な構成員たる中核労働者にとっても、派遣労働者は「現代の産業予備軍」だったのである。第二に、派遣労働が最も「不安定な」（prekäre）雇用形態であるという認識である。一方で、中核労働者は、一貫性のある指揮命令系統、労働組合や事業所委員会といった労働保護システム、社会保障システムに統合されている。他方で、その対極にある派遣労働者は、派遣元企業と諸々の派遣先企業が接する境界面を周縁的存在として移動し続けるがゆえに、労働保護システム、訓練システム、情報の流れ、親密なコミュニケーションを通じて醸成される社会的紐帯から遠ざけられたままである。

中核労働者への下方圧力の緩和及び派遣労働者の肉体的・精神的負荷の緩和という観点から、派遣労働者の待遇改善はＩＧメタルにとって喫緊の課題になり、この課題に取り組む前提として、派遣労働者の組織化が必要となった。そして、派遣労働者を効果的に組織化するために援用されたのが、「良い仕事」構想であった。ＩＧメタルは、「良い仕事」というコンセプトを分析軸に、労働の質を表8-2のように区分した（Kasch 2007: 255）。

この区分は、正規／非正規という法制度や雇用関係上の区分のみならず、不安定な状態に陥ることへの恐れという感情の有無、労働保護システムや企業内の社会的関係への統合あるいは分断という観点からも段階づけられたものである。派遣労働者は、その者の感じ方や労働条件にも依存するものの、一般に「悪い仕事」（schlechte Arbeit：シュレヒテアルバイト）である「分断のゾーン」あるいは「不安定のゾーン」に位置づけられる。この不安定雇用を中心に据えた区分の仕方は、労働者間の利害の対立や無関心を前景化させにくい点で、運動の下地となる認識枠組みとして有効であった。すなわち、「不安定さ」が濃淡をもつ捉え方であるために、この認識枠組みは、直接に「不安定のゾーン」に属さない人々にも、その潜在性を想起させ、そのことが運動への支持に結びつくのである。この区分は、労働契約上の相違や資本の戦略から帰結される「認知的分業[27]」といった、分断を認識させる区分を、組合員をはじめとする運動の参加者の側ではあえて採用しないことを意味する。

では、ここで援用された「良い仕事」とは、どのような構想なのだろうか（検討②）。「良い仕事」とは、賃金、労働時間という比較的計量しやすい項目に加えて、健康保護、業績の過大な要求からの保護、学習の機会、年齢に見合う職務設計といった、労働の質全体を高める運動において掲げられる活動構想であり、一九九〇年ごろから、ＩＧメタル所管産業の事業所で用いられ始めたものである（IG Metall 1999-2002：146）[28]。「この事業所にとって良い仕事とは何か」という問いに対し、その裏面として従業員自らが「悪い仕事」を確認・自覚し、良い仕事を具体的に定義した上で、最終的にはより良い職場環境に

(26) 北川他（二〇一四）第二節及び第三節参照。
(27) 詳しくは、ネグリ&ヴェルチェッローネ（二〇一一：四七）、ヴェルチェッローネ（二〇一〇：九二）、マラッツィ（二〇一〇：五三）を参照のこと。

**表 8-2　労働者の安定の段階**（出典：Kasch 2007: 257 Übersicht 8.2）

| |
|---|
| **統合のゾーン** |
| ・安定した人々は、期間の定めのない労働契約でのフルタイムまたはパートタイムの雇用者。月当たり税引前2000ユーロ以上を稼ぎ、不安定さは一切ない。<br>・自己管理する人々は、通常の職場をまったくもたないが、高い所得と仕事における統制と発展の機会によって、柔軟性をポジティブに経験している。<br>・不安な人々は、客観的には良い位置にいる：期間の定めのない雇用であり、税引前2000ユーロ以上の月給を得ており、仕事をポジティブに捉えている。しかし、職場に不安を抱いている。<br>・降格に脅かされる人々は、税引前2000ユーロ未満を稼ぎ、期間の定めのない地位が脅かされていると感じている。社会的脱落についての不安を持っている。大きなグループであり、3人に1人の労働者層が所属している。 |
| **不安定のゾーン** |
| ・希望を持つ人々は、月当たり税引前2000ユーロ未満の非典型的な雇用関係で働く。安定した雇用に飛躍することを期待している。<br>・現実的な人々は、頻繁にフラストレーションを感じてはいるが、不安定なゾーンから離脱できないことに甘んじさせられている。しばしば、非典型雇用と失業との間で揺れ動いている。<br>・満足させられた人々は、非典型雇用者として働き、月当たり税引前2000ユーロからほど遠い所得を得ている。家計内で更に所得を得ており当該労働を優先的に定義していないため、ほとんど不安を持っていない。 |
| **分断のゾーン** |
| ・変化に服する人々は、失業の長期局面を通過し、不安定な仕事によって幾度も引き裂かれている。しかしこの状況を克服したいと思っている。<br>・依存する人々は、希望を断念し、自身を下位社会に置いている。 |

向けた改善運動に参加する。本章の議論との関係では、組合員のみならず非組合員をも対象とする「良い仕事」に基づく運動は、第二節で述べた「労働の人間化」と比べると、参加と闘争の性格がより強いという点が重要である。参加と闘争を通じた連帯の経験は、組合や事業所委員会への帰属感を醸成しやすく、非組合員の組織化につながるものであり、アメリカ型の組織化戦術とも親和的なものであった。

この「良い仕事」の下には、以下の三つの目的が設定されている。第一に「健康についての基準を設定すること、業績を向上させなければならないという重圧を軽減すること」、第二に「高齢者に配慮した仕事や、学習に役立つ仕事をデザインすること」、第三に「不安定雇用を食い止めること——負担とリスクの軽減」である。派遣労働問題は、これらの目的のうち、特に第三の「不安定雇用を食い止める」という目的に関連するものとして議論されていた。

ここまでの検討をまとめると、IGメタルにおけるアメリカ型の組織化戦術の位置づけが浮かび上がってくる（検討③）。すなわち、派遣労働問題は、「良い仕事」構想に関連して議論されていたところ、この「良い仕事」構想は、労働者自身の参加に基づく自発的な「問題発見・問題解決」という性格を有しているがゆえに、参加や闘争を志向するアメリカ型の組織化戦術と親和的なものであった。ＩＧメタルは、アメリカ型の組織化戦術を、「不安定雇用を食い止める」という社会的に望ましい目的を達成する手段として、ＩＧメタルの大きな活動構想のなかに位置づけたのである（Niemann-Findeisen et al. 2013）。

アメリカ型の組織化戦術が「良い仕事」というＩＧメタルが独自に練り上げた活動構想のなかに位置づけられたことの意義は、次の点にある。すなわち、闘争志向のボトム・アップ型戦術の実施により組合活動の社会的正当性や組織内秩序が毀損されることを、極力回避できる点である。アメリカ型の組織化戦術は、アメリカにおいて、使用者との妥協を強く志向する既存の組合体制に囚われず、より労働者側に有利な協約の締結や組合員獲得を目指す少数派の動きの中で形成されたという経緯をもつ。ドイツの労働組合は、事業所委員会などの労働参加を支える制度に根ざした、アメリカの労働組合とは比較にならないほど巨大な組織であり、アメリカと比べてトップ・ダウンで組織を運営する傾向が強い。それゆえに、ドイツでは当初、アメリカ型の組織化戦術は、「無秩序」をもたらす可能性があるものとして警戒されていた（第三節参照）。しかし、ＩＧメタルは、アメリカ型の組織化が「良い仕事」という、各人が地位を問わず良い仕事を目指すことを組合が支援するという活動構想を実現する手段として位置づけることによって、対外的にも対内的にも、アメリカ型の組織化戦術の採用を上手く正当化した。しかも、ＩＧメタルは、アメリカ型の組織化戦術に、この大きな活動構想に含まれる目標の一つ（派遣労働問題の改善）を実現する手段という意味づけを与えることによって、あくまでも使用者との協調・妥協志向を補足する戦術であるという、限定的な役割を与えることに成功している。

## 七　ＩＧメタルの組織化戦術の新展開

第三節から第六節まで、ＩＧメタルが、認知資本主義レジームの問題系に対応した組合員獲得の方法を創造・発展させるべく、新しい組織化戦術を模索してきた過程を検討してきた。この検討によって明らかになったの

（28）「良い仕事」という活動構想を練り上げ、また、良い仕事を実現するための活動方法を模索していくための全組合的なプロジェクトは、二〇〇三年一〇月のＩＧメタル組合大会において採択された。このコンセプトは、欧州委員会（二〇〇七年）や政府の連立協定（二〇一三年）で表題に採用されるほど、人口に膾炙したものとなっている（Pickshaus 2007, CDU et al. 2013: 48）。

は、ＩＧメタルはアメリカ型の組織化戦術を取り込む際に、それを自らの過去の経験と結び付け、かつ、その手法を「良い仕事」という活動構想を実現するための一手段として位置づけたという経緯である。この経緯を踏まえると、ＩＧメタルの組織化手法には、以下のような新しい展開を見い出すことができる。

第一に、従業員自らの「問題発見・問題解決」という自己参加型の活動に、組合員獲得の契機を求める傾向である。労働者の改善運動へのコミットメント自体が、ＩＧメタルへの帰属感をもたらす。ここでＩＧメタルが練り上げてきた「良い仕事」という議論の枠組みは、雇用形態の相違など、認知的分業のもとでの分断を前景化させにくいため、労働者間の緩やかな紐帯の基盤となりうるものであった。

第二に、伝統的な組合員獲得の場である職場が縮小または細分化していく状況下で、組織化の新しい場として、デモンストレーションやキャンペーンに注目し、これらを活用する傾向である。ＩＧメタルは、組合員の連帯感や組合への帰属意識が醸成される場であるデモンストレーションに未組織の派遣労働者を巻き込むという手法を用いて、派遣労働者を組織化することに一定の成功を収めた。もちろん、個々の派遣先の職場が組織化の場であることに変わりはない。しかし、特定の職場での就労時間が少ない、あるいは、特定の職場に根差すことのない労働者の割合がますます増加していくなかで、それを補完する機会を提供するものとして、デモンストレーションやキャンペーンが位置づけられつつあるのである[29]。

第三に、これら二点に共通するのは、あえて「闘争志向」の姿勢をとることによって、既存の組合員及び潜在的組合員の連帯感や組合への帰属感を醸成するという手法である[30]。しかし、このことは、ＩＧメタルが決して従前の産業画一的な政策を放棄したことを意味しない。そうではなく、ＩＧメタルは、フォーディズム期に確立した「協調・妥協志向」に根差す政策の有効性の低下を補完するために、「問題発見・問題解決」という自己参加型の手法や、事業所に留まらない、広く社会一般に向けられたデモンストレーション・キャンペーンといった手法に焦点を当て、かつ、それらを戦略的に組合内に普及させようと試みているのである。

これらの取組みの成否を現時点で評価するのは早計であろう。ただ、ＩＧメタルの組合員数は、二〇一〇年まで二二年間続いてきた減少傾向から転じて、二〇一一年から三年間、微増を続けている（前年比で二〇一一年約六千人増、二〇一二年約一万八千人増、二〇一三年約二千人増）。

## 八　認知資本主義論からの解釈

最後に、認知資本主義論の立場から、ここまでみてきたＩＧメタルの組織化戦術の新展開に対して、以下の三つの解釈を与えたい。

第一に、ＩＧメタルが、労働運動に対する組合員の自発性や主体性を、組織を再び活性化し、新たな組合員を獲得するためのエネルギーとして積極的に活用しつつあるという解釈である。本書六章において述べられているように、人的資源管理においても、コーチングが「主体化の装置」となっている。「良い仕事」という主体的な問題解決を重視する構想をみると、労働者組織の側でも同様に、内発的な力が活用されつつあること、及び、内発的な力を継続的に引き出す方法を新たに考察する必要性が生じてきたことがわかる。

第二に、資本の雇用戦略のネットワーク化に対応するために、ドイツの労働運動もまたネットワーク化していったという解釈である。ＩＧメタルは、職場に根ざした

(29) 統一サービス産業労組ヴェルディ組合員の論文を読むと、ヴェルディにおいても同様の傾向がみられることがわかる（Dribbusch 2013）。ヴェルディ組合員のドリップブシュ（Dribbusch）は、ストライキを連帯と組織化の契機として再解釈している。「ストライキの第一の目的は、（どちらかといえば小さな）経済的損害を企業に与えることではなく、むしろ、ストライキにおいて文字通り「一緒に踏みとどまること」によって自らの強さを視覚化し、かつ、連帯の経験を通してその信念を強固なものにすることである。（Dribbusch 2013: 213）」

限定的なデータに基づいているとはいえ、ドリップブシュ（Dribbusch 2013: 224–8）は、ストライキの有無や強度と、加入者の増加率及び脱退者の減少率とが相関していることを示した。

ところで、２０１３年新書大賞を受賞した小熊（二〇一二）もまた、一体感の醸成にデモンストレーションの意味を見出している。「運動のおもしろさは、自分たちで「作っていく」ことにあります。楽しいこと、盛り上がることも、けっこう重要です。／「楽しい」という言い方に違和感があるなら、「生き生きとしている」と表現してもよい」。（小熊 二〇一二：四九七）

こうした言論をもとにデモンストレーションやストライキの意義を安易に一般化することは厳に慎まなければならないが、デモンストレーションに紐帯をみる傾向は、あるいはドイツ一国に限らず、労働運動や社会運動の近年の傾向なのかもしれない。

(30) ヴェルディもまた、組織化キャンペーンを、特定の事業所、企業、地域の特性に合わせて個別に調製している（Wohland 2013）。しかも、ヴェルディが「闘争志向」を戦略的に採用していることは、ヴェルディが企画した書籍の表題『闘争の中での組織化』から明らかである。詳しくは所収論文（Wohland 2013, Dribbusch 2013）を参照のこと。

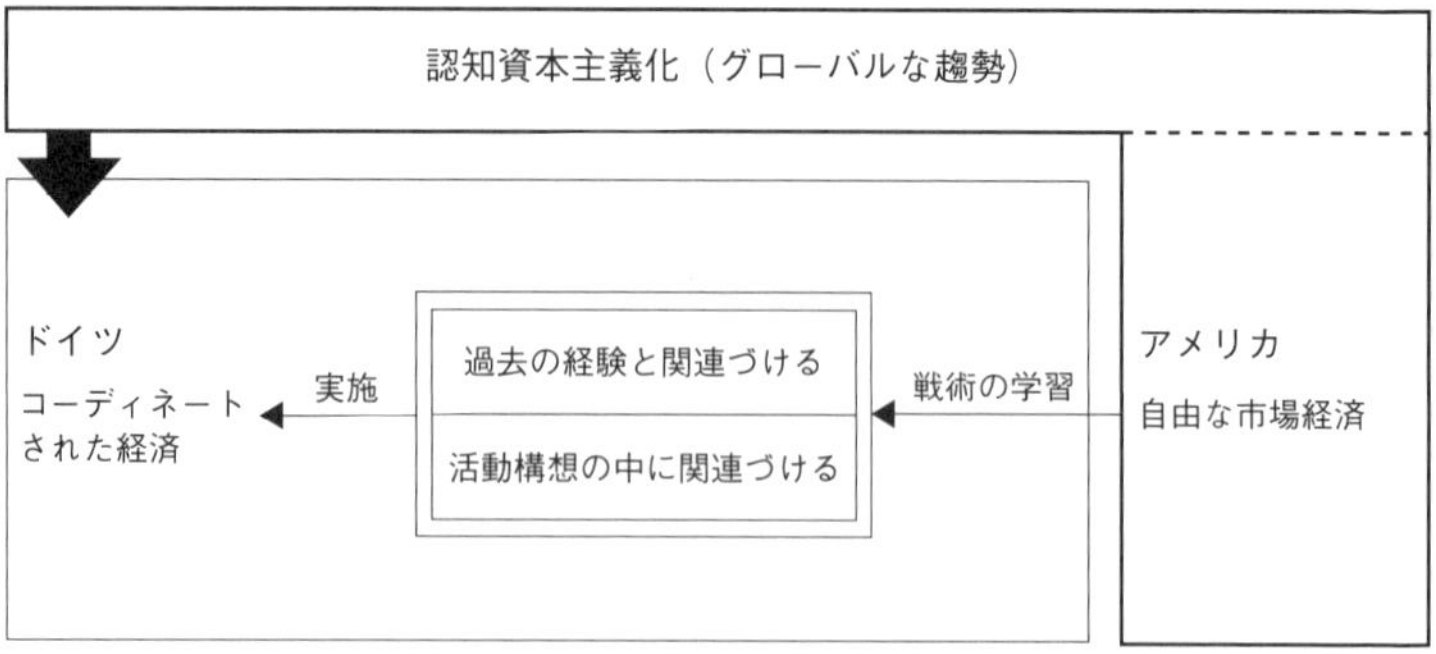


図 8-2　一般的趨勢と各国制度の固有性

労働運動の有効性の低下を補うために、デモンストレーションや全国規模のキャンペーンなど、より広範な運動を積極的に活用するようになった。本章第五節において確認したように、IGメタルは、自らの主張をより強く公に示すための戦術の一つとして、さまざまな地域共同体との緩やかな連携を重要視した。活動方針や利害の異なるさまざまな組織が、それらの違いを一旦棚上げして、その主張に与して暫定的な連合を形成する。デモンストレーションやキャンペーンは、そういった機会となる可能性を有している。本章の検討から示唆されるのは、組織間ネットワークのハブとなるようなデモンストレーション・キャンペーン企画を練ることの重要性である。

第三に、認知資本主義化というグローバルな趨勢に新しい戦術で対処する必要性があったと同時に、その新しい手法を組織固有の経験や構想に落とし込む必要性もあったという解釈である。IGメタルは、認知資本主義の色彩が強いアメリカで発展した戦術をドイツ固有の経験、言説、制度的文脈に落とし込むことによって、ドイツでは有効に機能しないと思われていたアメリカ型の組織化戦術を円滑に遂行できたと解釈することができる（図8-2を参照）。本章の検討からは、グローバルな趨勢を捉える観点と、各国の制度や組織の固有性を捉える観点とをバランスよくもちながら分析を進めることの重要性が浮かび上がってくる。

【付　記】

本研究は、ＪＳＰＳ科研費253386、15H06303及び15K16939の助成を受けたものである。資料収集においてAndré Mompour氏（ＩＧメタル中央図書室）及びMartin Krämer氏（ＩＧメタル本部）、資料読解において岡手雅代氏（Japan Concept & Communication）の協力を受けた。草稿段階において、黒澤悠氏（大阪市立大学）から有益なコメントを受けた。ここに記して深く感謝する。

**【引用・参考文献】**

岩佐卓也（二〇一三）「ver.di（ドイツ統一サービス産業労働組合）におけるストライキの再構築」『神戸大学大学院人間発達環境学研究科研究紀要』七（一）、一六七–七九

ヴェルチェッローネ・Ｃ（二〇一〇）「価値法則の危機と利潤のレント化—認知資本主義のシステム危機に関する覚書き」フマガッリ・Ａ&メッザードラ・Ｓ［編］／朝比奈佳尉・長谷川若枝［訳］『金融危機をめぐる10のテーゼ—金融市場・社会闘争・政治的シナリオ』以文社、七五–一〇五

小熊英二（二〇一二）『社会を変えるには』講談社

風間信隆（一九九七）『ドイツ的生産モデルとフレキシビリティー—ドイツ自動車産業の生産合理化』中央経済社

北川亘太（二〇一一）「資本主義の多様性アプローチの制度変化論における近年の展開—制度と制度補完性理解の修正を中心に」『季刊経済理論』四八（三）、六九–七四

北川亘太・植村　新・高坂博史・徳丸夏歌（二〇一四）「ドイツ金属労組IG Metall の派遣労働問題への対応—規制緩和後の妥協点とアイデンティティーの模索」『大原社会問題研究所雑誌』六七一・六七二合併号、七一–八九

熊谷　徹（二〇〇六）『ドイツ病に学べ』新潮社

熊谷　徹（二〇一四）『ドイツ中興の祖ゲアハルト・シュレーダー』日経ＢＰ社

新川敏光・井戸正伸・宮本太郎・眞柄秀子（二〇〇四）『比較政治経済学』有斐閣

鈴木　玲（二〇〇五）「社会運動的労働運動とは何か—先行研究に基づいた概念と形成条件の検討」『大原社会問題研究所雑誌』五六二・五六三合併号、一–一六

高須裕彦（二〇〇五）「アメリカの社会運動ユニオニズム—ロサンゼルスの新しい社会運動に見る」『大原社会問題研究所雑誌』五六二・五六三合併号、二九–四八

所　伸之（一九九九）『ドイツにおける労働の人間化の展開』白桃書房

ピオリ・Ｍ・Ｊ&セーブル・Ｃ・Ｆ／山之内靖・永易浩一・石田あつみ［訳］（一九九三）『第二の産業分水嶺』筑摩書房

ホール・Ｐ・Ａ&ソスキス・Ｄ（二〇〇七）「資本主義の多様性論・序説」ホール・Ｐ・Ａ&ソスキス・Ｄ［編］／遠山弘徳・安孫子誠男・山田鋭夫・宇仁宏幸・藤田菜々子［訳］『資本主義の多様性—比較優位の制度的基礎』ナカニシヤ出版、一–七八

ホフマン・Ｊ（二〇〇四）「第四章　ドイツ—ドイツにおける労使関係と労働組合：現代化とグローバル化の圧力」ワデ

イントン・J&ホフマン・R［編］／小川正浩［訳］『ヨーロッパの労働組合―グローバル化と構造変化のなかで』生活経済政策研究所、一三八-六五
星乃治彦（二〇一四）『台頭するドイツ左翼―共同と自己変革の力で』かもがわ出版
ホリングスワース・J&ボワイエ・R（二〇〇〇）「経済主体の調整メカニズムと社会的生産システムの重要性」ホリングスワース・R他／長尾伸一・長岡延孝［編監訳］『制度の政治経済学』木鐸社、九-六一
ボルタンスキー・L&シャペロ・E／三浦直希・海老塚明・川野英二・白鳥義彦・須田文明・立見淳哉［訳］（二〇一三）『資本主義の新たな精神』［上・下］ナカニシヤ出版
ネグリ・A&ヴェルチェッローネ・C／長原　豊［訳］（二〇一一）「認知資本主義における〈資本－労働〉関係」『現代思想』三九（三）、四〇-九
マラッツィ・C／多賀健太郎［訳］（二〇〇九）『現代経済の大転換―コミュニケーションが仕事になるとき』青土社
マラッツィ・C／柱本元彦［訳］水嶋一憲［監修］（二〇一〇）『資本と言語―ニューエコノミーのサイクルと危機』人文書院
労働政策研究・研修機構（二〇〇六）『労働政策研究報告書No. 69　ドイツにおける労働市場改革―その評価と展望』http://www.jil.go.jp/institute/reports/2006/documents/069.pdf
労働政策研究・研修機構（二〇〇七）『労働政策研究報告書No. 84　ドイツ、フランスの労働・雇用政策と社会保障』http://www.jil.go.jp/institute/reports/2007/documents/084.pdf
ロート・K・H（二〇一〇）「グローバル危機、グローバルなプロレタリア化、対抗パースペクティヴ」フマガッリ・A&メッザードラ・S［編］／朝比奈佳尉・長谷川若枝［訳『金融危機をめぐる10のテーゼ―金融市場・社会闘争・政治的シナリオ』以文社、一九一-二二三
ワディントン・J&ホフマン・R（二〇〇四）「第1章　ヨーロッパの労働組合―改革組織化および再編成」ジェレワディントン・J&ホフマン・R［編］／小川正浩［訳］『ヨーロッパの労働組合―グローバル化と構造変化のなかで』生活経済政策研究所、八-六一

Böhm, M. (2012). Die IG Metall will mehr Gure Arbeit im Büro. L. Schröder, & H. Urban (Hrsg.). *Gute Arbeit: Zeitbombe Arbeitsstress: Befunde, Strategien, Regelungsbedarf*, Frankfurt am Main: Bund Verlag pp.324-9.
Brinkmann, U., Hae-Lin C., Richard D., Klaus D., Hajo H., Serhat, K.,& Catharina, S. (2008). *Stragegic Unionism: Aus der Krise yur Erneuerung? Umrisse eines Forschungsprogramms*. Wiesbaden: Springer.
CDU (2013). *Eckpunkte der AG der CDU Bundestagsfraktion zur Regelung einer allgemein verbindlichen Lohnuntergrenze*, 〈http://www.sozialpolitik-aktuell.de/tl_files/sozialpolitik-aktuell/_Kontrovers/Mindestlohn/CDU%202012_04_25_Eckpunkte-Mindestlohn.pdf〉
DESTATIS (2013). *Statistisches Jahrbuch 2013*. Wiesbaden: Statistisches Bundesamt.

Dörre, K., Hajo H. & Nachtwey, O. (2009). Organising: A Strategic Option for Trade Union Renewal? *International Journal of Action Research*, **5** (1), 33–67.

Dribbusch, H. (2013). Organisieren am Konflikt: Zum Verhältnis von Streik und Mitgliederentwicklung in A. Kocsis, G. Sterkel, & J. Wiedemuth (Hrsg.) *Organisieren am Konflikt: Tarifauseinandersetzungen und Mitgliederentwicklung im Dienstleistungssektor*. Hamburg: VSA, pp.202–34.

Gumbrell-McCormick, R. & Hyman, R. (2013). *Trade unions in western europe: hard times, hard choices*, Oxford: Oxford University Press.

Heery, E., & Adler, L. (2004). Organizing and Unorganized, in Carola M. Frege & J. Kelly (eds.). *Varieties of Unionism: Strategies for Union Revitalization in a globalizing economy*, New York: Oxford University Press, pp.45–69.

IG Metall (2009). *IG Metall: Gewerkschaft zwischen Tradition und Moderne* (IG Metall: Trade Union between Tradition and modern Times), 〈http://www.igmetall.de/〉

Kasch, G. (2007). Prekäre Beschäftigung Eindämmen Belastungen und Risiken Verringern in IG Metall Projekt Gute Arbeit (Hrsg.) *Handbuch "Gute Arbeit" Handlungshilfen und Materialien für die betriebliche Praxis*, Hamburg: VSA, pp.249–324.

Kocsis, A., Sterkel, G., & Wiedemuth, J. (Hrsg.). (2013). *Organisieren am Konflikt: Tarifauseinandersetzungen und Mitgliederentwicklung im Dienstleistungssektor*. Hamburg: VSA.

Niemann-Findeisen, S., Berhe J. & Kim, S. (2013). Organizing in der IG Metall: Eine Begriffsbestimmung. D. Wetzel (Hrsg.) *Organizing: Die Veränderung der gewerkschaftlichen Praxis durch das Prinzip Beteiligung*. Hamburg: VSA, pp.67–91.

OECD (2014). *Economic Policy Reforms 2014*. Paris: OECD Publishing.

Palier, B. & Thelen, K. (2010). Institutionalizing dualism: complementarities and change in France and Germany. *Politics & Society*, **38** (1), 119-48.

Pickshaus, K. (2007). Was ist gute Arbeit?, in IG Metall Projekt Gute Arbeit (Hrsg.). *Handbuch "Gute Arbeit" Handlungshilfen und Materialien für die betriebliche Praxis*. Hamburg: VSA, pp.16–31.

Rehder, B. (2008). Revitalisierung der Gewerkschaften? Die Grundlagen amerikanischer Organisierungserfolge und ihre Übertragbarkeit auf deutsche Verhältnisse, *Berliner Journal für Soziologie*, **18** (3), 432-56.

Roth, S. (1996). Produktionskonzepte in Japan und Deutschland, K. Zwickel, (Hrsg.). *Vorbild Japan? : Stärken und Schwächen der Industriestandorte Deutschland und Japan, Schriftenreihe der Otto Brenner Stiftung*. Köln: Bund-Verlag, pp.102–74.

Streeck, W. (2009). *Re-forming capitalism*. New York; Oxford University Press.

Urban, H. (2013). *Der Tiger und seine Dompteure: Wohlfahrtsstaat und Gewerkschaften im Gegenwartskapitalismus*. Hamburg: VSA.

Wetzel, D. (2014). 'Gleiche Arbeit-Gleiches Geld' Eine Kampagne der IG Metall in L. Schröder & H. J. Urban (Hrsg.). *Gute Arbeit Profile prekärer Arbeit-Arbeitspolitik von unte*. Frankfurt am Main: Bund, pp.63–83.

Wetzel, D., Weigand J., Niemann-Findeisen, S. & Lankau, T. (2013). Organizing in der IG Metall: Eine Begriffsbestimmung in D. Wetzel, (Hrsg.). *Organizing: Die Veränderung der gewerkschaftlichen Praxis durch das Prinzip Beteiligung*, Hamburg: VSA, pp.47–63.

Wohland, U. (2013). Kampagnen, Organizing und mitgliederorientierte Tarifpolitik Konzepte und Praxis in A. Kocsis, G. Sterkel, & J. Wiedemuth (Hrsg.). *Organisieren am Konflikt: Tarifauseinandersetzungen und Mitgliederentwicklung im Dienstleistungssektor*, Hamburg: VSA, pp.65–76.

Yamamoto, T. (2013). Cognitive capitalism and the new spirit of capitalism: An attempt of brief comparison, *European Association for Evolutionary Political Economy*, 25th Annual EAEPE Conference Paper, November 7–9.

## 【コラム8】フーコーにおける生権力・生政治とマルクスにおける包摂

山本泰三

広範な分野にインパクトを与えたフーコーの権力論は、認知資本主義論にとっても大きな意味をもっている。その権力論の特徴として、以下の諸点を挙げることができる。まず、国家や支配階級といったマクロな制度や主体ではなく、ミクロな次元における装置と戦略に焦点を当てること。所有される「もの」や道具としてではなく、関係として権力を考えること。近代の権力を、殺す権力から生かす権力への移行と捉えること。権力と知の具体的かつ緊密な関係を分析すること。主体の構成を、権力の中心的な働きとして位置づけること。これがいわゆる規律型権力（監獄、工場、学校）の分析として結実する。だが、さらにフーコーは、個々人の身体をこえて、人口としての住民の総体とその再生産――保健、衛生、性など――に向けられる権力のテクノロジーを論じた（その後、「統治性」という語のもとに探究されることになる領野）。それが生権力あるいは生政治と呼ばれているが、この二つの用語の関係はフーコーにあってはさほど明確ではない。

これをネグリは、①「生」を管理する権力の構造が考えられる場合は生権力が、②逆に権力の関係および闘争の展開が下からの主体化の観点から語られる場合は生政治が語られる、と解釈する。さらにネグリは、「生権力は社会諸関係の資本主義的近代化を最高度に特徴づけたもの」（ネグリ 二〇〇四）と捉える。ここで生権力は、マルクスのいう実質的包摂と重ね合わされる。

形式的包摂とは、すでにある生産システムがそのままのかたちで、収益を追求する資本の循環運動に取り込まれることである。これは、商人的資本から農村の家内工業が生産を請け負う場合や、生産現場を熟練労働者がとりしきる場合などである。それに対して実質的包摂とは、生産・労働過程が分解・再編成され、資本の運動の中に統合されることを意味する。たとえば機械化の発展によって労働は従属的になり、経営側が生産を指揮するようになる。ネグリはこの包摂の段階的深化を、生産の場面だけでなく、社会の、そして生の全体に資本の支配が及ぶに至る過程にまで拡張した。こうしてネグリは、フーコー自身が述べていたマルクスの分析との結びつきをより直接的に押し進めることで、工業生産の枠を越えて展開される資本主義の様相を捉え、かつそこに生政治という動態的・能産的モメントを見い出そうとしている。

【引用・参考文献】

ネグリ・A／小原耕一・吉澤　明［訳］（二〇〇四）『〈帝国〉をめぐる五つの講義』青土社
フーコー・M／田村　俶［訳］（一九七七）『監獄の誕生―監視と処罰』新潮社
フーコー・M／渡辺守章［訳］（一九八六）『知への意志』新潮社
フーコー・M／高桑和巳［訳］（二〇〇七）『安全・領土・人口―コレージュ・ド・フランス講義1977-1978年度』筑摩書房

# 第九章　「継続的本源的蓄積」としての研究開発

——ネオコロニアリズムと研究者のプレカリアート化の関係について

春日　匠　*KASUGA Sho*

## 一　「寿命が延びること」の意味を問い直す

一九九〇年代初頭にインド洋に浮かぶアフリカの島ザンジバルを訪れたことがある。現在でこそ、同地の東海岸側は立派なリゾート地になっているようだが、当時はまだ電気もきておらず、夜になるとランプの明かりだけがたよりの民宿が村々に一、二軒あるだけの田舎であった。昼間も、エメラルドブルーに輝く遠浅の海を見ながら清涼飲料水を飲む（イスラム圏でもあり、酒のたぐいは必ずしも入手しやすいわけではなかったと記憶する）ぐらいしかすることがないのだが、ヨーロッパから訪れた観光客たちは大量のペーパーバックを持ち込んで読むために来ているようで、なにもない場所でのバカンスを楽しんでいるようだった。日本人が珍しいのか、ヨーロッパ人よりは気安いのか、地元の人から話しかけられたが、ある日散歩に出かけた先の民宿の庭で清涼飲料水を飲みながら海風に吹かれていると、ライチの枝を抱えながら帰ってきた宿の主人との会話が今でも心に残っている。

彼は私にライチを勧めながら「日本は機械が発達しているから、人間はなにもしないでもどんどん製品ができてくるので、みんな働かなくてよいんじゃないか？」と訪ねた。私は「いや、日本人は一日に十時間以上働いて、都市が大きいから通勤にも一時間以上かかって、それで今のような経済的成功を収めたんだ」というようなことを答えたと思う。すると彼はまじめな表情で、「そうか。私は一日数時間しか働いていないから金持ちではないが民宿と土地と、三人の妻をもっていて満足だから、日本にいくより今の暮らしの方がよいなぁ」というようなことを述べた。

もちろん、ここにはいくつかの前提があって、タンザニアは、所得こそ高くないもののアフリカの中では独立後、比較的安定した政情が続いており、また広い自治権をもっていたザンジバルはタンザニア本土以上に経済状態は良かった、ということがある。これが飢えや内戦に苦しむ国であったらまた別の話であろう。また、この人物が特にずば抜けた金持ちではないにしても、土地を所有しているということは、アフリカ全体を見渡せば（そしておそらくザンジバル島の中だけに限った場合でも）それなりに安定した層に属するであろう。また、ザンジバル島が政治的、経済的に安定しているとはいっても、最初に述べたように電気も満足に無いという状況では、高度な医療を提供することは困難であり、例えばこの人の家族がそういった医療を必要とするような重篤な病気や怪我等に見舞われたとしても「日本よりアフリカのほうがいい」と言えるか、ということは大きな疑問であろう。

例えば、健康や福祉の度合いを測る指標としてしばしば使われるのが乳幼児の死亡率である。統計の取り方にはいくつか種類があるが、ここでは五歳になる前に亡くなる子どもの数を比較してみよう。タンザニアの場合は一九九〇年の段階で「五歳までに亡くなる子どもの比率」は千人あたり一六六人であり、これが国連ミレニアム開発目標などの成果もあり、二〇一二年には五四人と、三分の一になっている。[1] 日本は一九九〇年の段階では一二・三人（小数点二位以下四捨五入）であり、これが二〇一〇年の段階では六・四人と、ほぼ半減したといえる。[2] この、ほぼ一桁の違いが、工業化した社会とそうでない社会の違いであるともいえる。

一方、日本において多くの方が感じているように（そして後で論じるように、実はグローバルに見ても）これほど「生活の質」の改善が顕著ではないか、逆に少なくとも実感の領域において状況は悪化しているであろう領域も存在する。一例としてあげれば、キャリアパスの崩壊と雇用の流動化である。

雇用の流動性モデルは日本を含めた先進国における大学のあり方をも大きく変えた。詳細を述べる余裕はないが、特に若年層の生活にとってそれが大きな脅威になっているという批判は広く行われている。これは、大学の研究者にとっても同様である。いや、むしろ雇用の流動化は大学によってまず実験的に推進されたといってもよい。しかし、この大学の変化について検討する前に、まず最初の論点に戻って「生活の質」という観点からはどうだろう、という所に戻ろう。つまり、我々は科学技術及びそれと密接に関係した社会ないし経済の発展によって、高いレベルの「健康」を達成しており、これはグローバルに進行しつつあるといっても過言ではない。一方で、我々の生活基盤を支える（例えば医療サービスを享受するにもお金は必要な訳であるが）雇用や福祉という面では、我々は、例えば二〇年前に比べて希望をもてなくなっている、という面は否定しがたいように思われる。これは、果たして独立の事象であろうか、というのが本章で検討する内容である。

## 二　経済成長を！　そのために知識を財産に！

### 一　生-権力

さて、我々の社会は「科学によって進歩しており、我々の健康管理に関する技術は年々向上をみせる一方で、それが健康で文化的な生活を維持することを容易にしているということには必ずしもつながらず、人々は年々、労働して十分な給与を得ることや家族との生活を営むことに困難を感じるようになっている」という意見に妥当性があるとすれば、結局のところ「進歩」というのは個々人に取って総体としての生活の満足感の問題ではなく、ある特定の領域の問題であるということになる。我々は（望むと望まざるとに関わらず／「それを望まない人はいない」という前提のもと）ますます健康にされていくのであるが、それは必ずしも生活の質的な満足感をともなうとは限らない。健康は政策決定者、あるいは企業のような経済主体、そして諸々の専門家によってある程度統計的な数字として扱え、経済的な評価軸に乗りやすい。乗りやすいことによって、ますます健康な「規格化された労働力」にされた個人は生産に投入され、そのことによって力を増した「健康化させる社会」はさらに人々を健康な労働力として扱っていく、という正のフィードバックが働く。

しかしそのことによって、逆説的に病気が増える、ということも指摘されなければいけない。例えば、かつては問題にならなかったような「マニュアル通りに分刻みで動く能力」、さらには「状況の変化に柔軟に対応し、労働力としての自分を管理する能力」のようなものがますます要求されるようになり、その規格に沿う労働力になれない個人は「注意欠陥多動性障害」のような形でラベリングされていく。かつては特殊な地位に就くか、そ

（1）http://www.childinfo.org/files/Child_Mortality_Report_2013.pdf p.24
（2）http://www.mhlw.go.jp/toukei/saikin/hw/jinkou/suii10/dl/s03.pdf 第四表

れを想定するようなテストをわざわざ課さなければ顕在化しなかったような「障害」が、産業社会によって労働者に要求される動きや、それを想定した教育プログラムによって、社会のより広い立場の人間を対象に、検査がなされ、顕在化していくのである。これらは「病気の社会構築」の一種である。

これらの仕組みは政策決定者、科学者や医療に携わる専門家、そして企業の経営者たちによって強固に推進されていくが、これらの人々が必ずしもそれを望んで行っている、というわけではないという点に注意が必要である。個人としてそれらを望むと望まざるとに関わらず、それらは社会のプログラムとして遂行され、仮にそれらに従わないことを意識的に選択するならば、そのプロセスから単純に除外されるような仕組みがある。ここで我々は（ミシェル・フーコーのいう）生‐権力（あるいはそれが機能する状況としての「生‐政治」）について議論している。古典的な権力は断罪の権力であり、それは単に「罪人」から命を奪うことができるだけだが、生‐権力はむしろ人々を生かすこと、生産することに追い立てるのである。

フーコーはいくつかの著作でこの概念を用いているが、前者の概念は『知への意志』（フーコー 一九八六：性の歴史シリーズの第一巻）のなかで、後者の概念は「社会は防衛されなければならない」と題されて一九七五年から一九七六年の間に行われたコレージュ・ド・フランスにおける講義（『ミシェル・フーコー講義集成』六巻（フーコー 二〇〇七）に収録）で示されたとされている。これは、実は極めて象徴的であり微妙な時期である。というのも、フーコーは、性の歴史シリーズ一巻を七六年に出版した後、著作としては第二巻『快楽の活用』（フーコー 一九八七：原著 一九八四年）、第三巻『自己への配慮』（フーコー 一九八六：原著 一九八四年）を出版するまで、長い沈黙の時期に入り、そして第四巻『肉の告白』の完成直前にエイズ（後天性免疫不全症候群）によって死去する。一方、この時期をグローバルにみれば、資本主義に生命科学と情報科学が密接に絡み付き、まさに新しい資本主義の形態が急速な発展を遂げようとしていた時期である。こういった世界経済の展開の青写真となったのは、例えばダニエル・ベル（一九七五）の『脱工業社会の到来』の出版（原著 一九七三年）などであろう。また、本章で述べるような事態が急激に進むきっかけになったバイ・ドール法の成立やチャクラバーティ特許が一九八〇年、知的財産の保護強化などを提唱したヤング・レポートが一九八五年（これらについては後述）、と、フーコーが議論を展開した時期に、同時に大きく制度が転換しているのである。一九七〇年代にベルやフーコーのなかで（前者にとっては肯定的な、後者にとっては否定的な見方で）予見された未来社

表 9-1　年表

| | |
|---|---|
| 1953 | ＤＮＡの二重らせん構造の発見（ワトソン＆クリック） |
| 1973 | ダニエル・ベル『脱工業社会の到来』出版 |
| | フーコー『言葉と物』出版 |
| 1975 | ハーバード大、モンサント社から 2300 万ドルの研究費を提供される |
| | フーコー「社会は防衛されなければならない」講義 |
| 1976 | フーコー『知への意志』出版 |
| 1980 | バイ・ドール法成立 |
| | 米最高裁、チャクラバーティ特許（バクテリアに対する特許）を認める |
| | コーエン・ボイヤーの遺伝子組み換え技術、特許成立 |
| 1982 | 合衆国連邦巡回区控訴裁判所設置 |
| 1983 | メリルリンチ社のビジネスモデル特許、認められる |
| 1984 | フーコー『快楽の活用』『自己への配慮』出版 |
| 1985 | 米最高裁、カーマーカーのアルゴリズム特許を認める |
| 1985 | 『国際競争：あたらしいリアリティ』（ヤング・レポート）出版 |
| 1990 | ヒトゲノム計画開始 |
| 1992 | WR グレース社、ニーム特許の取得（バイオパイラシーの初期の例） |
| 1995 | 世界貿易機関を設立するマラケシュ協定（ＷＴＯ設置） |
| 1998 | セレラ社設立、ヒトゲノム解析に乗り出す |

会の像は、一九八〇年頃には科学と技術の発展やそれにともなう法律や社会の制度改革のなかで、徐々に実現されるようになってきた、というふうにみることもできる。本章では、人々の認知と社会構造の変化が一体のものとして起こった過程について検討していきたい。

## 二　認知の変換

ベルの著作と同じ一九七三年に出版された『言葉と物』のなかで、フーコーは一八世紀後半に認知（エピステーメー）の制度が古典的なものから近代のそれへと大きく変更されたのであり、そこで原理となったのは「労働、生命、言語」であると述べている。フーコーは、こうした認知の代表的な人物としてリカードやキュビエを挙げている。キュビエにとって鰓《えら》と肺が似ているのは、純粋にその呼吸という機能によってであり、古典時代に重視されたような「形態、大きさ、数のうえでいくつかの可変要素を共有」（フーコー 一九七四：二八四）していることは重要ではないのである。であれば、例えば消化管や歯の形態などは「四肢の形態（とりわけ爪の形態）から独立して変化すること」はできず、「その動物が食物をつかみ引き裂くか否かによって」変わってくるだろう、と論じるわけである（フーコー 一九七四：二八五）。ここで見い出されているのは、個々の臓器は生命を維持するための機能をもつのであり、またそのために他の臓器との関連で決められる「特徴」をもつ、ということである。またフーコーはリカードを、古典時代的に、労働が一定量の商品を表象し、また逆に商品も一定量の労働を表象することによると考える（そのことによって、経済を基本的には物々交換の延長として考える）ことをやめ、労働を優越的な価値の尺度として、またそれによって生産の理論を（それまでの重商主義的な議論にみられたような）流通の理論に優越させることをした最初の経済学者であると述べている。また、ボップの言語論に関しても同様の認識の転換をみている。ここで鍵になっているのは「生産、生命、言語」といったものだが、これらが相互に関連して近代的な認知を作り上げた、という認識は重要である。

同様に、一九八〇年ごろに始まった認知の変換も、生産、生命、言語（実際には「情報」といったほうが正しい）に関連しており、フーコーの「生権力」に関する議論はこれを正しく予見していたが、フーコー自身には、その分析の時間があまり多くは残されていなかった。もちろん、実際にはこのわずか二〇年ですべてが変わった、というわけではない。生命科学と情報科学を密接に結びつけるための諸概念は、例えばノーバート・ウィナーやクロード・シャノンといった情報科学の先駆者によってすでに第二次世界大戦前に用意されていたし、そういった「情報」として生命を取り扱うために欠かせない遺伝に関する科学も戦後急速に発達していった[3]。また逆に、ヒトゲノムの解析は一九八〇年代には提唱されていたが、技術的・予算的な制約から実際に開始されたのは一九九〇年になってからである。このヒトゲノム解析計画は各国の大学や公的研究機関が協力する公的なプロジェクトとして開始されたが、一九九八年に設立されたヴェンチャー企業であるセレラ社が解析に参入し、公的なヒトゲノム計画と激しい解析合戦を繰り広げるとともに、ヒトゲノム情報の公共性や公開性に関する大きな議論を引き起こした[4]。

## 三　プロパテント政策の時代

特に、一九八〇年は非常に重要な転換点になっている。この年、先に述べたバイ・ドール法が成立し、連邦政府の資金によって研究された成果に関して、各大学や研究者が特許を取得することを認めた（それまでは資金源によってバラバラな対応がされていた）。また、連邦最高裁はジェネラル・エレクトリック社の研究者アナンド・チャクラバーティに対して、彼らの研究成果であるバクテリアに特許を認めた。これは、生物種そのものには知的所有権を認めないというそれまでの決定を覆すものであり、最高裁判事たちの結論も五対四で割れるという、極めて大きな議論を呼び起こすものだった。また同年、「バイオテクノロジー」が一つの産業として成立するために最も重要であったといってもよい研究、すなわちコーエンとボイヤーによる遺伝子組換え技術に対して特許が与えられた。この特許はスタンフォード大学に莫大な利益をもたらし、産学連携モデルの理想的な成功例としても知られるようになった。コーエン・ボイヤー特許は直接的には組換え「技術」に関わるものであるが、申請された特許は付随的に新しく生成された生物種にも及んでおり、チャクラバーティ判決の恩恵を受けていないわけではない。

同様に、一九八三年にはメリルリンチ社のビジネスモデルに対して特許が認められ、一九八五年にはAT&Tのナレンドラ・カーマーカーが研究していたアルゴリズムに特許が認められた。一九八二年には、それまでは各地の控訴裁判所で扱われ、必ずしも十分な知識を有するとはいえない判事によって扱われていた特許などの問題を専門に処理する裁判所として、合衆国連邦巡回区控訴裁判所（United States Court of Appeals for the Federal Circuit, CAFC）が組織された。これらの流れをもって、一九八〇年代以降のアメリカ合衆国が「プロパテント政策」の時代に入った、と見なすことができる。それまでは、幅広く特許を認めることは、市場の独占を防止し、適切な競争が行われることを社会の原理とするアメリカの風土に合わないとされ、どちらかといえば特許が取得できる範囲を狭く設定する、アンチパテント政策が取られていたのである。この政策的な転換の理由は、先に述べたヤング・レポートなどに明らかである。一九八五年、レーガン大統領が設置し、当時ヒューレット・パッカード社の社長であったジョン・A・ヤングが議長を務めた「産業競争力に関する大統領委員会」による答申として、Global Competition: The New Reality（国際競争―あたらしいリアリティ）と題されたレポートが発表されたが、これを、議長をつとめたヤングの名前から、ヤング・レポートと呼ぶ（Young 1986）。同レポートは、政策提言として「テクノロジーは我々の国際競争における優位性であるので、それを創りだし、応用し、保護する」ことを目標にすべきだとしている。これは、第二次世界大戦後頂点を極め

（3）最も重要なターニング・ポイントは一九五三年にジェームズ・ワトソンとフランシス・クリックらによって発見されたＤＮＡの二重らせん構造である。

（4）全ての生物は対になったＤＮＡがいくつか連なった形で遺伝情報を蓄えている。このなかで、遺伝的に意味のある塩基配列の固まりを遺伝子と呼び、遺伝子情報の総体をゲノムと呼ぶ。

たアメリカの競争力が、一九七〇年代には欧州、そして日本に押されて、国際競争力が低下してきていた、という認識に基づいている。しかし、低下したとはいえその研究開発能力は他国を凌駕しており、その優位性をプロパテント政策という形で保護できれば、アメリカの経済力の基盤は揺るがない、と考えられたのである。

そのため、アメリカは知財制度の国際的な協調（ハーモナイゼーション）を強く求めていくことになる。その顕著な事例が、一九九五年に発効した「世界貿易機関を設立するマラケシュ協定」の付属書1c、「知的所有権の貿易関連の側面に関する協定」（TRIPS協定）である。TRIPS協定は、特許や著作権について国際基準に基づいた強力な保護を世界貿易機関（WTO）参加国に求めている。WTOへの加入は国際貿易という観点から極めて大きな利益を各国にもたらすと考えられる一方で、プロパテント政策を進めることは、世界貿易を研究開発能力に優れた先進国が支配するという体制を強化するということでもあり、さまざまな議論が巻き起こったマラケシュ協定のなかでも、TRIPS協定は第三世界の市民社会組織などからの反発が最も大きかった論点である。この反発の経緯については次節でもう少し述べる。

その前に、アメリカ国内の状況について少し見直しておくと、このプロパテント政策がそもそもアメリカ国内においても相当に矛盾をはらんだものであった。すでに述べたヤング委員会は、一九八一年から八九年まで大統領を務めたロナルド・レーガンによって任命された。レーガンは、当時英国の首相を務めていたサッチャーとともに、政府による、市場への介入は少なければ少ないほど好ましい、という方針で支持を集めたからである。これは一般に、「ネオリベラリズム」と呼ばれる立場である。しかし、知財の保護に関しては強力な国家の介入を求めたのである。哲学的な基盤としては、これらネオリベラリズムはリバータリアニズムと呼ばれる思想的立場に立脚し、リバータリアニズムは個人の「所有権」に特権的な地位を与える思想でもある。リバータリアニズムを要約する言葉として、「夜警国家」というものがあるが、これは国家の役割を最終的には警察権にまで縮小させる、というものであり、個々の所有権を守るというのが、社会を機能させる上で最低限必要なものである、という思想が表れている。

しかし、警察権は当然のことながらすでに多く所有する者により有益な社会制度であり、持たざる者にとって、「すでに確定された所有権を維持する」ことだけが国家の機能であるというのは承服しがたいところであろう。これは、先に述べた知財の問題についても適応できる。つまり、WTOなどにより知財に関する制度を国際的に標準化することは、この「すでに持てる者」の保護を国際的に強化するということであり、すでに持てる者、というのはこの場合当然のことながら、大学や研究開発能力をもった企業を多く抱えた先進国、特に基礎研究において圧倒的な優位性をもっているとされるアメリカ合衆国である。一方、持たざる者は研究開発能力をもたない第三世界の大半の国々である。特に、知財制度は、それまで公開され、共有されるのが当たり前であった「知識」を所有される「財」に変えてしまうということと合わせて、このことは第三世界諸国の大きな反発を受けた。ただし、それが顕在化するのは一九九〇年代のことであり、当初はこの問題は、アメリカと他の先進諸国、特に日本との摩擦である、と認識されていた。

また、こうしたプロパテント政策は、アメリカの諸大学の積極的な協力の下に行われたことも注意しておく必要がある。戦後から一九六〇年代にかけて、大学の研究の主要な資金源は政府、特にNASA（アメリカ航空宇宙局）や国防総省であり、それらは主に軍事技術や、それらと密接に結びついた航空宇宙や原子力技術のために支出されていた。もちろん、多くの研究者が兵器開発に携わっていたわけではない。むしろ軍事予算は高い説明責任が課されず、議会も冷戦構造を背景としてそれらの支出に細かい注文を付けなかったため、これらの予算の多くが比較的自由な、研究者たち自信の自主性に基づいた研究に費やされた、とみる方が実情に合っているだろう。ところが、いくつかの事情がこういった構造に変革をもたらしてくる。一つには、八〇年代に急速に進んだ米ソ間の「緊張緩和」によって、軍事費がもはや聖域ではなく、議会による予算削減のターゲットとなったことである。もう一つは、それにも関わらず、研究者の数も、科学研究の予算も年々、増加を続けてきた、ということである。アメリカにおいて科学研究を担う主要な大学（これを特に「研究大学」と呼び、主に教育を担う教育大学と区別することがある。ただし、その定義や両者の区別は必ずしも明確ではない）は、基本的に私立大学である。[5]

そして、一九七〇年代後半から、これらの（基金や政府

（5）ただし、これを日本のいわゆる「私立大学」と同列のものと考えるのは間違いである。アメリカの私立大学の予算規模は極めて大きい。比較の仕方は単純ではないが、学生数や学部構成が同じようであれば、日本の私立大学の一〇倍ほどになると考えてよい。またその収入源も、巨大な基金収入を軸として、寄付や公的資金等、多岐にわたっており、学生個人が納める授業料収入への依存度は通常、低い。したがって、ほぼ全てを授業料収入と、政府からの私学助成金にたよる日本の多くの私学とは財政構造が違うのであり、それにともなって社会から付託されたミッションも大きく違っている、と考えられる。

からの助成といった、どちらかといえば公益性が要求される）資金に加えて、企業からのお金を受け入れるようになっていく。例えば、その最初期のものとして、ハーバード大学医学大学院に対して、モンサント社から二三〇〇万ドルという巨額の研究費が提供された一九七五年の契約がある（The Harvard Crimson 1975）。モンサントは二〇世紀後半のＳＴＳ（科学技術と社会）に関する問題を考える上でなんども登場する企業である。この社名は現在、遺伝子組換え作物と分ち難く結びついて認識されているが、この時の助成金は主に血管のガンと白血病に関する研究に支出された。また、重要な点は、この時点では、モンサント側は大学が行われる「基礎研究」に対して、なんら口出しする権利はもたず、産業利用が可能な場合にはじめてその権利を有する、という契約になっていた、ということである。つまり、この段階では大学の研究の自主性、というのは極めて高いレベルで維持されるべきであると考えられており、また企業側もそういった状況に相当の配慮をしていた、ということでもある。

しかし、一度企業の資金が入ってしまえば、そういった原理は徐々に、しかし着実に変質を迫られることになり、一九九〇年代ごろには、自身も高名な物理学者であり、科学論の研究者でもあったジョン・ザイマンが請負仕事的と呼んだように、大学の研究はより企業のニーズに基づいたものになっていくのである（ザイマン 一九九五）。

## 三　暗黙知に対する海賊行為《パイラシー》

### 一　バイオパイラシー

さて、プロパテント政策、特にアメリカが第三世界に知財制度の国際協調（ハーモナイゼーション）を強く求め、ＷＴＯ協定の一部としてTRIPS協定が組み込まれたことが、第三世界の反発を招いた、と述べた。一つには、知財が基本的に先取者総取りのシステムである以上、知財制度の強化は、原則として後発国に極めて不利だからである。一般に研究開発に費やされる予算や人員は先進国の方が潤沢であり、またそれまでの積み上げもある。また仮に新奇性のある技術を開発したとしても、それによって特許を取得するためには各国の知財制度に精通したチームが必要である。

しかし、九〇年代以降、それ以上に問題になっているのが、先進国の企業が、第三世界で伝統的に知られているような知識を科学的な手法で解明、それによって特許を取得するという行為である。先進国は、例えばハリウッド映画などが違法にコピーされて第三世界の路上で数ドルで売られている状況を「パイラシー」（海賊行為）と呼ぶことがある。一方、第三世界の知識人や市民活動家らは、先進国の企業が第三世界の伝統文化で共有されている植物等に関する知識を、先に述べたように営利企業が特許化してコントロール下におこうとすることを「バイオパイラシー」と呼んできた。この分野で先進的な論者であり、また同時に活動家としても知られるインドのエコフェミニストであるヴァンダナ・シヴァによるニーム（インドセンダン）についての事例が、その初期の、かつ典型的な事例である（シヴァ二〇〇二）。一九九二年にニームを利用するパテントがアメリカの化学大手、WRグレース社に売却された。インドではニームは極めてありふれた木であり、また同時に除虫材や洗剤などとして古来一般的に使われてきたが、だれもそれを特許化しようとは思いつきもしなかったのである。しかし、グレース社はインドですでにニームを使った製品を製造していた企業に、同社にパテント料を払うか、（主に先進国に向けた製品を生産するために）製品の生産をやめて原料としてニームを創るように迫り、この提案が多くのインド企業に拒否されると、同社自身がニームを原料として加工するための会社をインドに設立もした。このことにより、原料としてのニームの実の値段は高騰し、かつては一トン三〇〇ルピーほどで取引されていたのが、八〇〇〇ルピーほどにまで高騰した。このことを、グレース社側であれば、インド経済が活性化し、ニームを有用な経済資源として活用できるようになったと解釈するだろう。一方で、インドの社会運動側からすれば、それまで生活必需品としてインド国内で使われていたニームが、主に先進国の消費者のための製品に加工され、相対的に貧しい現地消費者の手に入り難くなった、という問題と捉えることもできるだろう。これは、単に知的所有権が先進国企業に所有されることだけでなく、その付随効果としてさまざまなレベルでの「パイラシー／収奪」がありうる、ということも示しているだろう。知財は、新たな形で植民地主義を復活させるのである（これを「ネオコロニアリズム」と呼ぶ）。

## 二　ローカル・ノレッジの移植

バイオパイラシーと呼ばれる状況には、他にもいくつかの重層的な問題が隠されているが、特に重要なのは、それが構造的に第三世界の小規模農家から「知識」を収奪することである。現在でも、世界の農業生産の多くは家族経営かそれに準じる規模の中小の農家によって担われており、そういった農家はそれぞれが種や土地、そして地域の気候風土に関する知識をそれぞれ有している。通常は、農家は例えば数十品種程度の穀物や豆類を所有し、これを天候（雨が見込めるか否か、など）や市場の動向（高く売れそうな品種はどれか）などを見極めながら、作付けしていくわけである。また、農家は、例えば干ばつに強かった種子を取り分けたり、近隣の農家や親戚同士で共有する、といった手法で自然に育種をすると同時に、その品種に対する知識も獲得していくだろう。重要な点は、こうした知識は必ずしも顕示的な（論文化可能な）知識としては保持されていないということである。

これを人類学者は「ローカル・ノレッジ」と呼んできた。ところが、徐々に農業の「合理化」が行われるようになってくる。この合理化はさまざまなレベルで行われるが、例えば先進国の種苗会社が実験室で（伝統的な育種法を使う場合もあるし、遺伝子組み換え手法を使う場合もあるが）つくった、例えばより面積あたりの生産量の多い品種を導入する、ということが行われる。

しかし、その場合はもはや農家はそれぞれの種子に対する、先祖代々培われた（干ばつに強い、といった）知識を利用することができず、種苗会社が作成したマニュアルに従って作付けや世話を行うことになる。その場合、以前であれば「研究開発」（育種）と作物の生産は同一の場所で、同一の農家によって担われてきたのが、前者（研究開発）は先進国の種苗会社によって主に担われることになるのであり、農家は同時に研究者でもある存在から、一気に単なる生産者へと変換させられてしまう。これが、バイオパイラシーの最も深刻な問題である。つまり、バイオパイラシーは特許に関する法的な、また生産制度のなかの経済的な、そしてローカル・ノレッジを先進国の研究室に移植させてしまうという社会制度的な意味でのパイラシーを含むのである。また、こうして開発された新しい（遺伝子組み換えであったり、その他の手法に基づいていたりするが）品種やその生産のための支援ツールは、それまで利用されてきた伝統的な品種と技術を廃棄し、これらを利用するようにという圧力をともなって、現地に帰ってゆく。これらの圧力は、ある場合には輸出産業やそれを消費する先進国の企業に有利であるという理由であるだろうし、ある場合には「生産力を上げることによって第三世界の飢餓や貧困を少しでも解決しよう」という善意に基づいている場合もある（実際は、こういった活動には多様なアクターが絡むため、その混合物になっていることが多い）。しかし、いずれの場合にせよ政治的／経済的に弱い立場にある第三世界の小規模農家の自発性が発揮される余地が徐々に狭められていく結果になるのである。

国際連合食糧農業機関（FAO）やNGOによれば、近代化された大規模な生産者が生産している食料は、世界の食料の三〇%程度にすぎず、七〇%は小規模農家や狩猟採集などの手段で獲得されているという[6]（ETC. Group 2009, Wolfenson 2012）。また、これらの団体は通常、これら小規模農業が、環境に対して持続的であり、また貧しい人々への食料供給という観点からも重要だ、と主張する。ところが、すでに述べたようにバイオパイラシーは、これら小規模農家から、伝統的な手法で（暗黙知的に）維持されてきた知識を、先進国の企業が科学的および法的に顕示的な知識に転換し、保有することを許すのである。

### 三　再編成立されるサブシステンス生産

ここで、我々は戦間期のドイツで活躍した（ただし、ポーランドに生まれ、民族としてはユダヤ系であった）社会主義者、ローザ・ルクセンブルクによる「継続的本源的蓄積」という議論を思い起こす必要がある。本源的蓄積 Primtive Accumulation はマルクスに由来する用語だが、アダム・スミスもほぼ同様のものを先行的蓄積 Previous Accumulation と呼んでいる。いずれにせよ、彼らは資本主義経済の先駆状況として、生産手段と生産者が分離され、生産手段がそれを管理するもの（それが「資本家」になる）の手に移管されるプロセスをみている。具体的には、共有地が農園主の所有に一元化され、独立の農民がそれら農園主の元で働く小作農になる、といったプロセスである。マルクスやA・スミスはこれを資本主義が開始されるまでの特殊な状況とみていたが、ルクセンブルクはこれが資本主義下においても継続している、と考えた。マルクスの用語では、資本主義が始まるまでの準備的な蓄積なので、これを本源的 Primtive と呼ぶが、これが継続的であるというのがルクセンブルクの主張の主眼である。このルクセンブルクの主張を現代に引き取って展開させたのが、「エコフェミニズム」あるいは「ビーレフエルト学派」と呼ばれるグループ、特にそのなかでもクラウディア・フォン・ヴェールホフである。ヴェールホフは、この二人を経由して発展させられた「継続的本源的蓄積」を、現代社会に当てはめ、資本主義が発展したとしても多くの主婦や小規模農家が（マルクスが予想したような形で）労働者としての主体と権利を獲得しえず、周縁的な「サブシステンス生産」（市場化されていないが、人間の生命活動や生活全般を支えるのに必須の生産活動）にとどめ置かれるのか、ということを分析している。

ヴェールホフらが述べているのはつまり、資本主義経済には家父長制（つまり主婦労働に対してなんらかの強制力を働かせるような力）が欠かせないのであり、それは資本化あるいは商品化できないもの、つまり主婦労働や再生産を資本主義に接合させる必要があるからである、ということである。また、ヴェールホフは「通常アシエンダ（中

（6）国ごとに統計の違いがあるが、おおむね二ヘクタール以下の土地を所有しており、家族経営やそれに準じる手法で運営されている農家。

南米の大規模農場）が発展してプランテーションになったと言われている。しかし実際はその逆」であると述べて、主婦化の議論を農民の議論に拡張している（ヴェールホフ 二〇〇四：六二）。つまり、プランテーションは農奴を、経済力や、場合によっては半ば強制的に周辺から徴収する。これらの農奴が解放された後、地域に小規模な自作農家（ミニフンディオ）を形成することによって、大農場（ラティフンディオ）と衛星的に広がるミニフンディオから構成されるアシエンダが完成するのである。ミニフンディオの農家は自分の農地で自分たちが消費する（市場化されない）作物を生産すると同時に、経済的にはラティフンディオで生産される換金作物（カカオ、タバコ、砂糖キビなどの、所謂「プランテーション作物」）の生産から得られる賃金に依存することになる。この時、重要なのは農奴制からの解放がプランテーション経営者にとっても有利であるということである。つまり、プランテーション農家は通常主たる食物にはならない換金作物を生産している農奴を使役している限りは、彼らが食べるものは農園主が金銭を使って供給するか、あるいは給与をそのぶん出すことによって得られるようにしなければならない。しかし、自作農にすることによって、サブシステンス部分の経済活動は主婦化される、つまり給与を払わなくてもよい女性たちによって担われるようになる。都合のよいことに、プランテーションの農奴が組織化され、組合として経営者に待遇改善を要求することはあり、また多くの国でそれは権利として認められ支援されるとしても、「農業労働者の主婦」であることでの団結は一般に困難であり、主婦労働の待遇改善運動はどちらかといえば夫と妻との闘争ということに落ち着きがちである。つまり、プランテーション経営者は農奴を解放することで、サブシステンスにかかる費用を切り下げることができるだけでなく、公的な労使対立を各家庭ごとのジェンダー対立に転換することさえ可能なのである。こうして、ミニフンディオはサブシステンス経済を、グローバルな資本主義に接合するための道具として機能する。したがって、ミニフンディオ（やその他の形式の「小規模農家」）がさまざまな形で、生産形態を変容させ、グローバル資本主義を下支えせよという圧力がかかることは容易に想像がつくであろう。

すでに述べたような、生産と育種を切り離し、後者を先進国の企業に委託し、先進国企業の成果物を生産せよ、というのもその一形態である。サブシステンスなものを再編成し、資本主義に縫合可能なものを回収し、回収できないが生命活動の維持に必要なものは資本主義に従属的な形で再編成して利用する、というのがヴェールホフのいう継続的本源的蓄積であるとすれば、それはバイオパイラシーの本質的な要素である。

## 四　イノベーションのための「継続的本源的蓄積」を問う

第二節において、我々は資本主義の発展がイノベーションを要求しており、そのために大学などで行われる研究が、以前のように公開を旨とした公的なものから、知的所有権の強化によって私企業の活動に従属したものに変容してきている、ということを確認した。また、第三節においては、知的所有権の強化がバイオパイラシーという形で、周縁の人々から知識を収奪しているという批判について検討し、これを資本主義の発達に必須の「継続的本源的蓄積」という議論のなかに位置づけた。最後に問題になるのは、大学（主に先進国の大学であるが、最近はインドやシンガポールなどの大学も無視できない力をもっている）で行われる科学や研究開発全般が、どの程度バイオパイラシーや継続的本源的蓄積と関係づけて議論されるべきか、ということである。これは、現代社会における科学技術倫理を論じる上で、極めて重要であるがこれまで多くの場合無視されてきた問題である。

## 一　イノベーションとネオコロニアリズム

全ての場合において研究活動が継続的本源的蓄積の問題と関わるというわけではない。例えば、もし、研究活動が（知的）所有権と無縁のものとして行われていれば（「所有」が生じない以上）、問題がないということになるだろう。また逆に、知的所有権を生じるようなイノベーションがまったくの無から生み出されていれば、それも問題はないということになろう。しかし、少なくとも現実問題として後者は容易ではない。

一つには、まったく人々の生活に関与しない「イノベーション」というのは考え難いからである。例えば、純粋数学や量子力学といった分野で、当面（例えば少なくとも今世紀中は）人々の生活になんら影響しないであろう発見というのは想像ができないこともないだろうが、それは「イノベーション」とは呼ばれないだろう、ということでもある。一般には、イノベーションというのは、なんらかの形で人々の「生活の改善」と関わっているということになる。ということは当面は、イノベーションは人々の生活のなかに根づくものでしかありえない。

生活のなかからイノベーションが生まれる一連の流れを考えると、そのなかで知的所有権が認められるものは「人々が抱える問題」を改善する最後の一工夫の部分である。バイオパイラシーとして告発される事例の場合、この最後の一工夫の前段階に、直感的には同様に評価されるべきような、無名の人々によるイノベーションの積み重ねがあるものである。例えば、ある植物の汁を傷口に塗り付けると消毒になり、傷のなおりも早い、といった伝統知識が長く知られている場合、それの成分を分析し、必要成分を分離してチューブに詰めて販売できるようする、という工業化の最終段階を開発したものだけにすべての権利が認められる、というのは倫理的とは言い難いだろう。

またこの場合も、我々が先行する（伝統的な社会で徐に行われる育種といった）プロセスを「研究開発」として把握できるのは、それが我々の研究開発と似ているからであり、もっと潜在的な（我々の「科学」に対する理解では把握できていない）暗黙知的な研究開発が潜在している可能性は否定しがたい。

そこで、「継続的本源的蓄積」という概念の導入によって、「伝統的知識にも開発者の権利を（それを保持する主体が必ずしも個人ではないにせよ）認めるべきだ」という解決策を棄却し、問題が研究開発的であるかどうかにあるのではなく、アシエンダの形成と同様、サブシステンス経済を資本主義経済の外部に維持しつつ、そこから「製品化可能なもの」を汲みあげ続けられている、というネオコロニアリズム構造の問題として把握すべきだということである。

つまり、サブシステンスな領域においてはイノベーションであるか、開発主体があるか、といったまなざしによって問題を分節化し、個人やコミュニティを開発の「主体」として名指すことがそぐわないのであり、それを求めるような（WTO体制下の）経済構造こそが第三世界からのバイオパイラシーを可能にするメタ暴力である、という理解が求められている、ということである。

むろん、本章で、「知的所有権」という概念を根絶すべきだ、と主張したいのではない。これは、例えば薬によって薬害や耐性菌による院内感染など、数々の社会的問題が発生していることを理由に「薬を使うべきではない」と主張すべきではないのと同様である。しかし、我々は薬や関連する医療技術の研究開発に際して、その副作用や社会的影響についてより慎重になるべきだ、ということはいわれるべきであり、また実際そうなっている。もちろん、薬の開発や社会実装に際するさまざまなレベルでの安全性要求を挙げることは、薬の開発費用を大きく引き上げるという副作用ももたらしているが、おそらく、研究開発時の負担を理由に、安全性のレベルをさげることに、先進国社会は（エボラ出血熱の大流行といった特別な場合を除けば）もはや同意しないであろう。

これと同レベルの「配慮」を知的所有権と第三世界の

問題に関しても求めるべきあろう。しかし、知的所有権と継続的本源的蓄積を巡る議論は、より複雑であり、また負担を強いられる側が第三世界の小規模農民という「先進国の我々」からすれば遠い立場であることもあって、必ずしも十分に分析され、その安全レベルを高めようという社会圧力が働いているとは言い難いように思われる。最も重要な点は、サブシステンスの領域からグローバル経済の領域へと言語や認識を切り替える時に（あるいはグローバル経済の言語をサブシステンスの領域に当てはめる時に）、継続的本源的蓄積が発生するような権力配分が、不可避に行われてしまうということであり、また通常その権力配分において有利な側は、そのことすら認識できない、ということである。したがって、ここで提唱されるべきは、グローバル経済とサブシステンスなものが接する界面において、どのような力関係が作用しているか、その二つを架橋するような理論を、ケーススタディの蓄積のなかで構築していくことであろう。

## 二　結びにかえて

また、我々が二節と三節でみたことから、重層的な社会問題があり、それが相互理解を阻んでいる可能性も示唆されよう。すなわち、研究開発競争の激化、あるいは大学の競争力強化を理由に、テニュア（終身雇用）の研究者が減らされ、数年契約が更新され、成果が上がらなければ研究を続けていけないポスドクが増えていることは、研究を早く進めることへの懐疑を抱いて検証する余裕を大学から奪っている、ということでもある。これらの若手研究者にしてみれば、強いられた競争のなかで生き抜くことが最大の目標になり、その過程が（個人の研究というよりは研究業界全体として）第三世界の大きな副作用をもたらしているという可能性については、考える余裕もないかもしれないし、「考えたとしてもどうにもならない問題である」と考えたとしても非難することは難しいだろう。

研究者のプレカリアート（不安定労働者）化は、研究者コミュニティ全体を「継続的本源的蓄積」システムに組み込むために行われているといっても過言ではない。

一方で、不安定とはいえ年間数百万円の給与を得、英語も堪能で多くのメディアにアクセスする財力もリテラシーもあるこれらのポスドクは、現金収入が年間数万円、数千円の小規模農家にとっては、グローバルな格差構造の上位におり、その構造の維持に責任のある人々にみえているであろうし、本来の「科学」および「科学者」という役割を考えれば、それはまったく正当な意見であろう。

少なくとも現状においては、グローバルに展開する産学連携型の研究開発は、それ事態がどん欲に世界の他のサブシステムが保有する知識を取り込むだけの即自的なマシンと化しており、そのマシン自体が再帰的に自分の行為を評価し、その評価を自分の行動原理に実装するといったシステムを欠いているのである。

この構造自体に巻き込まれた個々のエージェントとしての研究者（特にポスドク）の責任を問う、という文脈は生産的なものにはならないだろうが、日本あるいは世界のアカデミズム全体としてみれば、国家より巨大なスーパーリヴァイアサンとしての研究者共同体が駆動するとき、世界の周縁領域においてどのようなことが起こっているかに自覚的になるような自省的／批判的回路を組み込むのは喫緊の課題であるように思われる。

この回路に期待される役割は、グローバルに広がる「収奪的な認知資本主義」としての、バイオパイラシーを含む「継続的本源的蓄積」プロセスを顕在化させ、例えば大学においてはそういった問題に対応することを前提とした、より公共性の高い研究開発を行えるような体制を確保するにはどうすればいいか、というような議論である。研究者の労働環境を考えるような運動が現在必要になってきているが、これはこの知財やイノベーションという観点によって収奪の機関と化している大学ないしは研究コミュニティをどう批判していくか、という論点を抜きにして語られるべきではない。

**【引用・参考文献】**


ヴェールホフ・C・V／伊藤明子［訳］（二〇〇四）『女性と経済―主婦化・農民化する世界』日本経済評論社

ザイマン・J／村上陽一郎・三宅　苞・川崎　勝［訳］（一九九五）『縛られたプロメテウス―動的定常状態における科学』シュプリンガー・フェアラーク東京

シヴァ・V／松本丈二［訳］（二〇〇二）『バイオパイラシー―グローバル化による生命と文化の略奪』緑風出版

フーコー・M／渡辺一民・佐々木明［訳］（一九七四）『言葉と物―人文科学の考古学』新潮社

フーコー・M／田村　俶［訳］（一九八六）『快楽の活用』新潮社

フーコー・M／渡辺守章［訳］（一九八六）『知への意志』新潮社

フーコー・M／田村　俶［訳］（一九八七）『自己への配慮』新潮社

フーコー・M／石田英敬・小野正嗣［訳］（二〇〇七）『社会は防衛しなければならない―コレージュ・ド・フランス講義1975-1976年度　六巻』筑摩書房

ベル・D／内田忠夫他［訳］（一九七五）『脱工業社会の到来―社会予測の一つの試み』［上・下］ダイヤモンド社

ETC Group（2009）. *Who will feed us? Questions about the food and climate crisis* 〈http://www.etcgroup.org/content/who-will-feed-us〉

The Harvard Crimson（1975）. *Monsanto to give $23 million for medical school research,* The Harvard Crimson February 7, 1975〈http://www.thecrimson.com/article/1975/2/7/monsanto-to-give-23-million-for/〉

Wolfenson, K. D. M.（2013）. *Coping with the food and agriculture challenge: smallholders: Preparations and outcomes of the 2012 United Nations conference on sustainable development*（*Rio+20*）. agenda FAO〈http://www.fao.org/fileadmin/templates/nr/sustainability_pathways/docs/Coping_with_food_and_agriculture_challenge__Smallholder_s_agenda_Final.pdf〉

Young, J. A.（1986）. Global Competition: The New Reality: Results of the President's Commission on Industrial Competitiveness. R. Landau, N. Rosenberg, & National Academy of Engineering（ed.） *The Positive Sum Strategy: Harnessing Technology for Economic Growth.* Washington, D.C.: National Academies pp.501–9.

UNICEF（2013）. *Levels & trends in child mortality report 2013: Estimates developed by the UN inter-agency group for child mortality estimation* p.24

## 【コラム9】カルチャー・ジャミングの終焉

川邉　雄

ADBUSTERS誌は、オキュパイ・ウォールストリートのキャンペーンを呼びかけたことで、ご存知の方も多いと思う。反グローバリズム／反企業社会／反消費主義（そしてレゲエ用語でいう反バビロン）を広告的手法を使ってカルチャー・ジャミングする雑誌運動体である。カルチャー・ジャミングとは文化的に、破壊、剽窃、撹拌、俳諧、批評するパロディ表現で、それ自体がネオリベラリズムへの抵抗ともいえる行動様式美を備えている。本書の意味からいえば「認知資本主義」(1)を逆さにして刺し違える表現といってもいいだろう。

過日、「ペドロ・イノウエとの対話 デザインと政治—グローバル資本主義を超えて」というトークショウで、現ADBUSTERS誌クリエイティヴ・ディレクターの彼とほんの少し話すことができた。彼のプレゼンにカルチャー・ジャミング的なものが少ないので、その部分を教えてくれ、という客席の声にペドロはひとつの回答を用意していた。

"The incredible co-opting power of capitalism."

何でも取り入れる悪食の資本主義とでも云える、オキュパイ・ウォールストリートを剽窃した銀行のＣＭだった(2)。

機動隊の盾に投石するプロテスター、中国のブレイクダンサー、工業化された食肉工場のグロテスク、氷塊の崩れ落ちる温暖化のイメージと立ち並ぶ風車、義足のアスリート、ビアンのキス、ドル札で口封じのパフォーマンスをするオキュパイの抗議者などなど、今日的なテーマを読み取らせるカットをつなぎ、

A new normal
demands
New Standars
Danske Bank

とメッセージはたったこれだけ。

既に反資本主義的な表現であるカルチャー・ジャミングは、認知資本主義の中で再転倒されまんまと利用される代物になってしまったのだ。文化的混乱は、そのクールな佇まいをスカウトされ、無意味なかっこいい資本主義推進のＰＶを作り上げた。我々の武器であったカルチャー・ジャミングはもう決定的な存在では

なくなったってしまったのだった。認知反資本は認知資本に喰われたのか、もしくは反反認知資本主義の時代がやってきたのか。

（1）マーク・デリーによる美し過ぎる説明文"Culture Jamming: Hacking, Slashing and Sniping in the Empire of Signs."（Open Magazine Pamphlet Series, 1993.）を引用する紙幅はないので、翻訳文をウェブで参照されたい〈http://mixi.jp/view_community.pl?id=181587&_from=search_community_result〉。

（2）Danske Bank: "A new normal demands New Standards"〈https://www.youtube.com/watch?v=n-pZj_cPBvw〉

# 第十章　認知資本主義と統治
## ――貨幣が国家から離れるとき

中山智香子 *NAKAYAMA Chikako*

## 一　はじめに

認知資本主義を分析するおもな論者は、現代とりわけ二〇〇〇年代以降のイタリアで、戦後の労働者主義運動（オペライズモ）の流れを引き継いで活動する経済学者たちである。かれらは学生らに向けたセミナーやカフェでの議論など、日常的な討論の場を社会変革の実践と位置づけ、これを連続的に行っているが、他方で論考、書籍の刊行や学会への参画など、学問的な実践にも力を注いでいる。言語的な障壁は依然としてあるものの、近年では英語圏や独語圏、仏語圏などでも論考が翻訳、刊行され、また協働的プロジェクトも行われて、一定の広がりをみせている。

日本では、マイケル・ハートとともに『帝国』（原著二〇〇〇年、邦訳二〇〇三年）――日本でもよく読まれた――を執筆したアントニオ・ネグリがこのグループに関わっていたことから多少の関心がもたれ、代表的論者の一人であるクリスチャン・マラッツィの著作については一、二冊の邦訳がある。またアンドレア・フマガッリとサンドラ・メッザードラが編著者となってまとめたマニフェストは、『金融危機をめぐる10のテーゼ』（以文社として二〇一〇年に邦訳され、認知資本主義に関する雑誌の特集も組まれた（たとえば『現代思想』二〇一一年三月など）。しかし、その後に起こった東日本大震災と原子力発電所の事故によって、およそあらゆる知的関心とともに認知資本主義への関心も中断され、その後も関心はしばらく局所的なものにとどまった。

そもそも認知資本主義という概念にとって、二〇〇八年九月のいわゆるリーマン・ショック以降の金融危機と、それに続く全般的な世界的な経済危機という経験が重要な意味をもつことを思い起こす必要があるだろう。マニフェストの序文においては、彼らの作業が、「自分たちが経験しているのは新しい種類の危機であり、一九七〇年代の深刻な危機を乗り越えるにあたり、［…］金とドルの兌換停止をはじめとする変化を遂げた資本主義形態の全体を巻き込むものだ」という確信によって導かれてきたことが述べられている。つまり認知資本主義を分析するとは、一九七〇年代のニクソン・ショックから数十年にわたって変化してきた資本主義を、特に二〇〇八年の危機との関係から特徴づけ、システムの限界を明らかにすることで、社会や経済のありかたを見直し、変えていくための手がかりなのである。

一九七〇年代の世界的な不況は、何よりもまず「大きな政府」の失敗、つまり国家による過剰な統治の失敗として認識された。経済活動に対する各種の規制は不必要な障害として徐々に退けられ、民営化・自由化が不況の打開策として強く主張された。とはいえ国家は役割を失ったわけではなかった。一九七一年八月のニクソン・ショックは米ドルと金との突然の兌換停止の宣告であり、アメリカと米ドルを特別な位置におく国際経済体制であるブレトンウッズ体制型の統治の崩壊のはじまりであり、対応の責任は各国の政府にあったからだ。とりわけ、アメリカとの取引関係を軸に自国の経済的統治の方向性を定めてきた諸国は、統治に関する根本的な仕切り直しを迫られた。

二国間の通貨の価値比率が貨幣市場の絶え間ない売買の結果として提示される変動相場制は、貨幣市場のありかたとともに、国家にとっての国定貨幣の意味をも大きく変えた。各国は自国の為替レートを通じて、国際社会における地位をたえず数値として示されるという、連続的な評価にさらされるようになったのである。国家はこの根本的な変動のなかで、本来は従来以上に明確に、経済的統治の方向を定めていく必要に迫られていた。しかし現実に起きたのは、これに対する明確な方針をもたないままのなし崩し的な規制緩和と、租税国家としての責任の放棄であった。

本章では、この時代を含んで「貨幣」に生じた変化と金融化の関係を考察する。それは認知資本主義と統治の関係を明らかにしつつ、リーマン・ショック以降のグローバル経済に対峙するわたしたちの現在と未来にとって、避けて通ることのできない課題である。

## 二　「認知」の意味とその資本主義的構造

フマガッリは、認知資本主義が三本の柱を基盤とする蓄積体制として構造化されていることを指摘した（フマガッリ二〇一〇：五三-四）。その三本の柱とは、金融市場の役割の増大、知識の産出とその普及の意義の増大、労働力の解体の国際的規模での進行である。その蓄積体制においては、第一の柱と第二の柱はたがいに影響をおよぼし合いながら、第三の柱、つまり人びとの労働のあり方に変化を与え、それが国際的にみて労働力、ひいては労働者に影響をもたらす。

### 一　議論の前提としての認知経済学(1)

認知資本主義の「認知 cognitive」という形容詞は、先に確認したような歴史的な時間軸に交差させた理論的枠組である認知経済学 cognitive economics に由来する。これは、フランスのコンヴァンシオン学派のひとりであるアンドレ・オルレアン（Orléan 2004）らの考え方を汲んでいる部分が多分にあると思われる。オルレアンはデヴィット・クレプスやトマス・シェリングらの調整ゲーム分析やこれに関する実験ゲームの成果と、ロバート・シラーによる金融市場分析とを関連づけて「認知」という概念を抽出し、経済学のなかに位置づけた。それは一種の知識経済学と呼ばれるものであり、三本の柱にひきつけていえば、第一の柱と第二の柱に関する前提である。フマガッリはさらに、その「認知」が資本主義の構造を通じて労働力や労働者に影響を及ぼすことを考察した。これが認知資本主義とされる所以である。

オルレアン（Orléan 2004）は、ナッシュ均衡の概念を踏まえた上で、集団的信念 collective belief の概念を定義づけた。ゲーム理論における調整と均衡においては、しばしば共通知識が前提とされる。共通知識とは、人びとが何か共通のことがらを知っているというだけでなく、自分以外の人もそのことがらを知っているということを知っているという位相が、無限段階まで浸透したという理論的想定である。しかしオルレアンによれば、社会における知識や信念を考察するには、この前提をほぐして捉え直すことが必要である。集団的信念の概念において

（1）認知経済学という呼び方は必ずしも広く定着したものではないが、オルレアンや認知資本主義分析の論者たちがしばしば援用するロバート・シラーの金融市場分析は、認知心理学的分析とされることがある。

は、ある集団や社会のなかで意思決定を行う個人が、その集団や社会をどのようなものと信じ、どのように認識しているかが区別される。オルレアンは特に、金融市場において個人が意思決定する際に働く集団的信念を考察した。

集団的信念はときに、ジョン・メイナード・ケインズが『雇用、利子、貨幣の一般理論』のなかで美人投票の例を用いて説明したものと同一視されるが、オルレアンの定義はやや異なっている。たしかにケインズの美人投票の例も専門投資家の意思決定を考えたものであった。百人の写真から六人の美顔が選ばれ、投票した人全体の平均的な嗜好にいちばん近い顔を選んだひとが賞を得るとすれば、ひとは自分がいちばん美顔だと思う顔ではなく「他の参加者たちがよいと思う見込みが高い顔」を選び、その他の参加者たちもみなこの視点で投票するというものであった。オルレアンの定義では、この選び方は集団的信念の定義タイプ1（d1）に近い。d1とは「個人が、みずからの属するある集団（の大多数のメンバー）は……を信じていると信じている」というものである。

一方定義タイプ2（d2）とは、「個人が、自らの属するある集団（の大多数のメンバー）はその集団が……を信じていると信じている、と信じている」というものである。引き続き美人投票の例でいうなら、人が投票に際して、この顔を選べばその集団や社会に固有の信念としてメンバーの全員あるいは大多数が受け入れるだろうと想定する顔に投票するといったことになるだろうか。それは、それぞれのメンバーが美顔だと思う顔を選ぶのとも、その集団や社会で美顔として選ばれるだろう顔を選ぶのとも異なっている。そこではもはや、どのような顔が美顔かという内実はおよそ重要でなくなり、むしろその集団や社会がそれを信じている、その信念を受け入れるだろうという前提自体が中心的課題となる。つまり意思決定が内実の重要性を失って形骸化する。オルレアンが分析するのは、d2タイプの集団的信念である。

ケインズとの比較はともかくとして、オルレアンは金融市場における意思決定の問題に焦点をしぼり、そこでは集団のメンバーが「非協力的ベースで」、つまりお互いの意思や考えを確かめ合うことなく、何か共通の参照点を探し求めるところに「認知的活動」があるとする。その例として、一九八七年に金融市場に参画していた人びとが一九二九年の株価大暴落を共通の参照点としていたというシラーの研究（Shiller 1989）を用いる。

オルレアンによれば、共通の参照点は文化的、歴史的な文脈に規定されており、それが状況に沿った合理性として機能する。たとえば金融市場においてタイプd2の集団的信念が機能している場合、たとえ個々の参加者が株や債券など何らかの金融商品の評価（そのときの価格）が不適切であると考えていても、その評価が市場で受けいれられるだろうと思うならば、その評価を認めるような意思決定や行動を行い、評価が実体化する。

しかし集団的信念のより一般的なメカニズムとして、共通の参照点は文化的、歴史的な文脈に規定されるといえるだろうか。この点についてはもう少し立ち止まって考える必要があるだろう。オルレアンはこれが慣習によるとするが、それだけでは、市場や経済の分析から参加者の非対称性、政治性、権力の問題などを捨象することになってしまう。本章のテーマである統治の問題は、これら非対称性、政治性、権力の問題などを抜きに考えることができない。

この点については、認知資本主義分析のルカレッツリも指摘している。

「慣習の分析は、ビジネスの世界のみを対象にしているだけではすまない。慣習的な評価によって想定される確信の状態を正当化するのは、世論だからだ。世論はビジネスの世界からはみ出し、人々を巻き込み、政治の対象となる。それゆえ、市民社会における統治性の問題（フーコーが論じた）を明るみに出すのに役立つ」。（ルカレッツリ二〇一〇：一一四）

つまり認知資本主義分析はこの点の乗り越えによって、認知経済学と袂をわかつのである。

## 二　資本：賃労働関係から見た「認知」の時代

認知資本主義分析は、資本主義を資本と賃労働関係で捉えるレギュラシオン学派の視点を構造的に組み込むことで、認知経済学の弱点を補強した。フマガッリはオルレアンの分析をふまえつつ、先の第一の柱と第二の柱、つまり金融市場の役割の増大と、知識の産出とその普及の意義の増大の関係を明らかにして、労働への影響を考察したのである。ここでフマガッリが組み込んだのはポスト・フォーディズム、すなわち知識産業の重要性が増大し、より可動性、柔軟性をもつようになった資本蓄積のあり方である。もちろんそれは第二の柱にあたる「知識の産出とその普及」の内実でもある。しかし認知資本主義にとって重要なのは、それが金融主導の経済構造、いわゆる「金融化」をもたらすという点においてである。

知識産業の重要性についてフマガッリは、一九七〇年代終わり頃のイタリアの例を挙げるが、他の諸国でも多少の時代のずれを含んで似たような状況があっただろう。その例とは、労働者を含む大衆への教育が普及し、教育の平均的レヴェルが上昇したことである。知識は個々人がもっていた知恵のようなレヴェルから次第に体系化、成文化、コード化され、そこでは言語的コミュニケーションなどにかかわる技術が次第に重要性をもつことになる。新しい技術や知識の革新には権利や特許が付され、その普及は利潤を生むようになる。各企業は次第に活動の重点を非製造部門へとシフトさせるようになり、知識は投資の対象となる。それはまた情報化と連動しつつ、実物経済から非実物経済、金融経済への重心のシフトをともなうのである[2]。

ここでおもに注目されるのは、金融に関する知識が賃金労働者にもたらした変容である。認知資本主義の蓄積構造においては、経営者、役員らがストック・オプションをもつだけでなく、賃金労働者にもかかわる年金基金や投資信託の基金が運用に供されるようになった(Fumagalli & Lucarelli 2010: 8)。このことが企業活動の資金調達メカニズムだけでなく、労働者の意識や知識に変化をもたらしたことが重要とされる。

アメリカでは一九七〇年代のなかばに年金改革法が成文化され、公的なものも民間企業のものも合わせて年金基金という「資産」が、企業にとっても国家など行政にとっても大きな位置を占めることが意識され始めた[3]。シラー(二〇〇一)もまた、特にアメリカに焦点をあてて一九八〇年代のはじめ以降の金融市場の拡大を分析する中で、年金基金の制度が確定給付型から確定拠出型へと変化したことの影響を指摘している。アメリカではさらにここに免税措置のプランが付加され、年金基金の運用が推奨されていると制度的に明示されていた。多くの労働者は、みずからの年金を将来設計に向けた運用の元手として金融に関する知識を学ぶようになり、やがて年金基金に限らずより一般的な投資目的で、株式や債券など各種の金融商品に関心をもつにいたったという。アメリカではメディア戦略を用いてとりわけミューチュアル・ファンド(オープンエンド型投資信託)が喧伝されたため、多くの労働者がこれに関心をもったそうだ。

このような変化はもちろん、システム全体のマクロ経済的メカニズムに影響をもたらす(この点に関しては本書の第一章で詳しく論じられている)。しかし統治という観点からみれば、それが賃金労働者の存立の土台を切り崩し始めたことの意味が大きい。

ルカレッリは特にアメリカの状況に着目し、金融化がまず何にも増して「家計の貯蓄が株券に移行すること」(ルカレッリ二〇一〇:一一二)であると定義づけている。個人や家計は赤字支出を含んだ投資や消費を行うことで経済を回すことに参画するようになり、「みずからの富が依存するのは、なによりもまず金融市場であり、賃金水準やその他に考えられる要求の形式ではないと信じるよう仕向けられる」ようになった。つまり個人や家計は労働者として稼ぐ賃金よりも、金融市場からもたらされる配当や株などの売買によって、みずからの消費や貯蓄、そして次なる投資の内実を決めるようになった。したがって、賃金水準の上昇を求める要求や、たとえば労働条件の改善を求める要求など待遇の改善への関心や要求の度合いを低くすることになったのである。それは企業や国家など、統治する側にとって重要な変化であっただろう。

そのような変化は、たとえ経済が好況のただなかにある場合でも、賃金水準の圧縮、労働条件の悪化の要因としてはたらくであろう。しかしもちろん、経済状態が悪化し不況や危機に陥った場合、さらに強化される。すでに土台を切り崩されている労働者は、深刻な影響を被ることになるのである。マラッツィはニューヨーク市の破産に際して公務員たちがみずからの年金基金でほとんど価値のない市債を強制的に購入させられ、借金返済の埋め合わせをさせられたことを捉え、システムが危機に陥った際に何が起こるのか、明らかにした先例であると指摘した（マラッツィ二〇一〇：一七-八）。この一例に限らず、バブルが崩壊するたびに繰り返しみられたのは、大規模な債権者や機関に対しては補償を行い、結局は小規模、零細な債権者を切り捨てるという「救済」であった。だからこそ、認知資本主義分析のマニフェストは金融危機の位相を捉え、「労働者は危機のツケを払わない！」と声高に叫んだのである。

社会におけるこのような傾向を、利潤のレント（地代）化という側面からレント資本主義と呼ぶか、所有者社会化と呼ぶか、あるいは「株主主権」（Fumagalli & Lucarelli 2010: 11）とするかはいずれでもよい。ともあれこのような社会において、従来福祉国家という枠内で国家から給付されてきた社会保障もまた削減され、福祉は各人の運用能力による自己責任へと変質する。統治のあり方はそこで根本的に変化しており、しばしばいわれるように、新自由主義と名づけられる政治的、経済的統治のあり方の核心部分に通じている。

---

（2）ベルナール・ポールレは、一九五〇年代から二〇〇〇年代という長期における企業の投資の割合や実物部門と金融部門の蓄積額の変化などから、金融化の実相を分析している。

（3）この点に関しては、ピーター・ドラッカーが詳しい分析を行ったが、その意味と誤算について、かつて詳しく論じたことがある（中山二〇一三）。

## 三 「金融化」における貨幣と統治

前節では認知資本主義分析が捉えた金融化について考察したが、その意味をより明確に位置づけるため、本節ではこれを別の角度から捉えてみたい。すでにみたとおり、認知資本主義の「認知」にとって中心的概念である集団的信念は、市場あるいは企業やビジネスの世界を考えるだけでは十分でなく、問題はむしろ政治の領域とのかかわりに存在する。特に国家による統治と、そのような各国を構成単位とする国際社会におけるガヴァナンスを考える際には、そこでの集団的信念の形成と政策との関係を考察することが重要だろう。

認知資本主義の時代は各国と国際社会における統治の危機の時代であり、それは国際通貨制度の根本的な変化と各種の規制緩和により、金融市場の役割が劇的に拡大したことから生じていた。さらにいえば、実はニクソン・ショックはアメリカの統治の危機の始まりですらなく、危機はユーロダラー(ユーロドル)という、いわゆるオフショア通貨によってすでにもたらされ、かなりの程度進行していたのである。

ユーロダラーは、一九五〇年代後半からヨーロッパなどもっぱらアメリカ以外で短期信用に用いられたドルである。貨幣市場や金融市場にかかわる資本取引に規制を課して各国通貨を基軸通貨ドルとの固定相場で管理していたブレトンウッズ体制の厳格な国際通貨システムとは、相容れない存在といえるだろう。一九五〇年代に生まれ、短期間で膨大な取引量をもつ巨大な市場へ伸長した。つまり認知資本主義の金融化はニクソン・ショック以前からすでに潜在的な傾向として進行していた金融化の延長上にある。ただし金融化は当初、ときの一国的、そして国際的な統治システムによって認められていなかった。より正確に言えば、各国と国際システムは表立ってそれを認めようとしなかった。ところが変動相場制への変化によって事態がいっそう深刻となり、その後、新自由主義的政策が採用されるに至って、ついに統治の側からも認められるようになった。それは統治の側が、金融化の傾向に譲歩せざるを得なくなったことを示していた。

### 一 ユーロダラーの躍進

前節でみた認知資本主義分析の論者たちは、ユーロダラーやユーロカレンシーなどのオフショア通貨にあまり注目していないが[4]、彼らと同じく労働者主義運動の流れを汲むジョヴァンニ・アリギは、これに重要な位置づけを与えていた[5]。認知資本主義分析ではアリギの提示した蓄積システムのサイクルを有効とせず、「実物経済」と「金融経済」の区別そのものがもはや意味を失ったと捉えるが、[6]アメリカのヘゲモニー期の統治の危機について考える際には、アリギによる説明が説得的である。

「アメリカの金融・財政政策は、国家としてのアメリカにもアメリカ資本にもいずれにも利益をもたらさない、世界規模での蓄積のための諸条件を作り出していた。この点について決定的なのは、ユーロダラー市場の［…］金融市場の爆発的な伸びであった。［…］ユーロダラー市場は、共産主義諸国がアメリカにドルを預金するリスクを負うことなく対ドル収支を維持するために、一九五〇年代に確立したのであるが、それは主にアメリカの多国籍企業の預金とニューヨークの銀行のオフショアでの活動を通じて成長した」。（アリギ 二〇一一：二二二）

アメリカ国家にもアメリカ資本にも利益をもたらさない金融・財政政策とは特に、短期預金に利子を払わないという金融保護法に基づいた政策、レギュレーションQのことである。[7]それは一九二九年の株価大暴落から大恐慌に至った苦い経験を経て戦後もアメリカを拘束し、またブレトンウッズ体制の理念にも反映されていた。しかし実際にもっとも強い制約を受け続けたのは、当時のヘゲモニーつまり資本主義的国際社会の統治にもっとも力をもっていたはずのアメリカであった。

もちろんアメリカ資本はその制約下にあったが、多国籍企業やアメリカの銀行の海外支店は、オフショアつまり海外での経済活動において、制約を逃れて活動を展開した。海外の取引でユーロダラーを用いる限りは、アメリカの政策の制約を免れることができたからである。一方ヨーロッパでは短期信用に高い需要があり、高い利子

---

（4）ただしマラッツィは以下に示したアリギの視点を明示的に引き継いでいる（マラッツィ 二〇一〇、一八-九）。とはいえそこで引用されたアリギの著作は、本章で言及している『北京のアダム・スミス』の前の著作、『長い二〇世紀』（原著は一九九四年、邦訳二〇〇九年）である。

（5）アリギはみずからの知的出自について、デイヴィット・ハーヴェイが行ったインタヴューへの回答として詳細に述べており、ここでネグリや労働者主義運動とのかかわりについても語っている（アリギ 二〇一一）。

（6）とはいえそこに付された註では、アリギがユーロダラーを扱った『北京のアダム・スミス』に対して、「革新的なヒントが豊富である」という評価を与えている（フマガッリ&メッザードラ 二〇一〇：一五）。

（7）ストレンジ（一九八九：二〇-二一、二六九-七〇）。フリードマンもこれがユーロダラーを伸長させたもっとも重大な原因であるとしている（Friedman 1969: 4）。

がつけられていた。イギリスの通貨当局は一九五七年に、非ポンド地域での貿易取引に対する資金調達にはポンドを用いるという慣習を止め、顧客はドル（ユーロダラー）を用いるようになったのである（ストレンジ 一九八九：二七〇）。

アリギも指摘したように、当初の顧客は共産主義国であり、彼らは冷戦下の政治的リスクから資産や経済活動を守るための方策としてユーロダラーを用いたのだが、その後は先進国から途上国まで、そしてもちろんアメリカをも含むさまざまな諸国の企業が、一時的な支払いにユーロダラーを用いた。ユーロダラー市場は急成長し、一九七〇年までには三年間で四倍以上などの伸びを示したのである（アリギ 二〇一一：二二三）。

このことを「認知」の集団的信念という観点からみてみるとどうだろうか。オルレアンが依拠したシラーの考察では、大恐慌の際の株価の推移という歴史的経験が共通の参照点として金融市場での意思決定に影響をおよぼし、集団的信念を形成したとのことだったが、ユーロダラー市場においては、大恐慌からの教訓を反映した政策の理念は人びとの意識に浸透しなかった。むしろ人びとはアメリカにおける制約を逃れようとし、理念の象徴的存在であった国定の基軸通貨ドルに対する背信的行為を、何のためらいもなく行ったのである。社会の他の成員がどのような信念を受け入れるのかというような、いわば省察をふくむような認知を反映した意思決定はここになく、あるのはただ統治の目を逃れ隠れて行われた、あけすけなまでの利潤追求――文字通りの利己――であった。

そこには、アメリカ企業とヨーロッパ企業の熾烈な競争という実物経済的な要因も絡んでいただろう。一九六〇年代後半以降は、ベトナム戦争が無視することのできない深刻さに陥っていたことも関係する。いずれにせよ、ここでアメリカ社会の文化的、歴史的文脈は、集団的信念を形成できる共通の参照点となりえなかった。ましてアメリカ国外に目を投じるならば、集団的信念形成の困難さはさらに明白であった。

ユーロダラー市場の爆発的成長はドルを基軸とする固定為替レートの安定性をむしばみ、これもひとつの原因となってニクソン・ショックが起こった。そしてシステムの崩壊後は、さらに大量の流動資金に門戸が開かれ、世界の貨幣と信用の産出が競争状態に入った。今度はすべての貨幣そのものが投機や売買の対象として、市場に出されることになったからである。アリギはここで、資本の金融化に新たなはずみがついたこと、アメリカとドルの信用の大幅な下落とともに産油国その他の第三世界が勢力を増大させ、オイルダラーがユーロダラーをさらに伸長させたことを指摘している。結局アメリカはドルを介してユーロダラーと相互破壊的な競争を行うことでヘゲモニーの危機をいっそう深刻化させ、それが頂点に達した一九八〇年前後、ついに「記録的に高い利子率、税制上の優遇措置、資本主義的生産者および投機家のさらなる活動の自由」（アリギ 二〇一一：二二八）によって競争に終止符を打ったのである。アリギはこれを「マネタリストの反革命」と呼んでいる。通常は新自由主義の始まりとされ、認知資本主義分析が起点に置く「金融化」は、実は国家と国際社会という権威によって裏付けられた通貨のシステムが、いわば権威の裏づけのないユーロダラーに屈したことを意味していた。

## 二　国家の貨幣による統治の破綻

ここでひとたび確認しておきたいのは、貨幣市場そして金融市場が市場のあり方として例外的であるという点である。「貨幣あっての市場だが、その貨幣ゆえに危機が起こる」（ボワイエ 二〇一一：九七）と述べたのは、集団的信念を定義したオルレアンとの共著もあるレギュラシオン学派のロベール・ボワイエである。かれは二〇〇八年からの金融危機を分析し、あえてフリードリヒ・フォン・ハイエクの名を冠しながら、このことを次のように述べた。

「…危機の本質的部分は、アメリカの金融システム内部で展開していた。「誰が誰に対してどれくらい負債をもっているのか」を誰も知らない。財務省も、中央銀行も、当然ウォール街ですら知らない。あえて皮肉をこめていうと、情報の仲介者としての価格という、ハイエク的概念の勝利としてこの危機を見ることもできよう。ウォール街がつねに価格を歪めてきたために、〔…〕不動の覇権者としてのウォール街は崩壊したのである」。（ボワイエ 二〇一一：一九〇‐一）。

ハイエクは市場において価格があらゆる情報を仲介し、調整機能を果たすことを信じていた。しかし金融化すなわち拡大した金融市場での大量かつ巨額の取引において行われてきたことは、まったく別のことだったのである。情報は隠され、価格は情報を仲介しなかった。取引当事者だけが知る取引額をもとにさらなる取引が書き込まれ、ある時点での取引総額は誰にもわからないほどに膨れ上がっていた。ハイエクが信じた価格による長期の調整機能は、それがはたらく前にあまりに多くの短期取引が追加的に行われ、作動が不可能になってしまったのであった。

しかしハイエクの新自由主義の経済思想は、金融化による国家の統治の危機に際してむしろ、利己的に進んでいく人びとの意識を反映しつつ牽引し、最後のタガを外すことに寄与していた。一九七六年に刊行した『貨幣の脱国有化論』（ハイエク二〇一二）がその例である。この本が爆発的に売れ、広く読まれたということではない。この本は、システム変動のただなかで人びとの意識が次第にはっきりと、自らの得る貨幣価値の増殖、平たくいえば金もうけに向かいつつあった時期の世論を体現していた。世論は、政府の仕事が役に立たず過剰な課題を抱え過ぎている、解決できない課題は外注した方がよいという信念へと傾きつつあった。そこで政府や統治の担い手は次第に、こうした批判をかわすためにも、人びとの金儲けに役立つ統治のあり方へと移行する必要に迫られたのである。

ハイエク自ら言及しているように、彼自身も『自由の条件』を執筆していた一九六〇年にはまだ、一国には単一の貨幣があるべきで、政府から発行の権利や貨幣（金融）政策を奪うのは不可能であり望ましくもないと考えていた（ハイエク二〇一二：一二一）。しかしそれから十数年を経て、国家が貨幣を発行する権利を独占していることがむしろ問題であり、発行を競争にゆだねるべきだという考えに変わったのである。ハイエクは、貨幣に関する政策が「望ましくも可能でもない」のだとして政策の無力を述べ、そもそも国家が貨幣を用いて行使する統治や権力のあり方を、批判的に捉えるようになった。

そこには国家そのものに対してというよりは、ときの政府に対する不信の念の増大がある。[8] かつてはハイエク自身、貨幣供給の変化が他の政策にもまして価格や生産に及ぼす影響の大きさ、貨幣システムが「信用」と密接にかかわっていること、そして政府支出の大きさ（Hayek 2011: 451-2）から、政府による貨幣発行を認めていた。しかしここではそれらが逆に批判点へと反転したのである。

ハイエクは歴史を振り返り、支配者の鋳造特権はローマ時代に確立され、近代の主権概念の発展とともに硬貨鋳造、採掘、関税が王室の重要な特権となったときから、「排他的な権利は魅力的な利潤の源泉であると同時に、重要な権力の道具である」（ハイエク二〇一二：二九）と認識されてきたことを確認する。貨幣の独占は国家の力を強化し、法の教義はその貨幣を強制的に受け取らせる装置として機能してきた。やがて政府の仕事が紙幣発行量を決めることになり、権力のあり方が変質した場合でも、国定貨幣の強制力だけは残ったのである。[9]

政府の政策はインフレを引き起こし、価値の安定ではなく価格操作の手段となっている。政府による権力の濫用がいたるところにみられる。ハイエクはそのことを決定的に問題視した。そこで通貨発行を自由として市場の公開性のもとで競争原理にさらし、支払い手段としてもっともよいものを選択させれば、政策の無力から生じる問題を避けることができると考えたのである。貨幣の脱国有化論をとなえ、さまざまな銀行などが自由に貨幣を発行することを構想したのは、市場においてそれぞれの貨幣の価値が絶えず公開され明示されるとして、市場の透明性を信じていたからである。たとえ競争のなかで落伍していく貨幣があっても、究極的には市場の調整力が存在するため、全体は崩れないと、ハイエクは強く信じていた（ハイエク二〇一二：一二八-九）。

結論に近い後半部分では、貨幣・金融の自由な活動を推進する金融政策と、これを規制する財政政策の双方を政府にゆだねることの矛盾を指摘しているが（ハイエク二〇一二：五三）、ハイエク自身、貨幣発行を脱国有化するというアイディアが簡単に実現するとは考えていなかった。貨幣発行が競争にさらされたイメージを提示することで、政府の反省を促すのが意図であった（ハイエク二〇一二：五三）。

ところが他方でハイエクは、その現実的なあらわれとしてユーロダラーを視野に入れていた。フリードマンが貨幣の脱国有化論のアイディアに賛意を示しつつも、現実味がないと批判した（Friedman 1977: 28）のに対し、紙上で議論を交わした際に明らかにしたことである。[10] フリードマンは、他国の通貨を用いるという意味では当時すでに通貨の競争が現実的であったこと、また国定通貨以外との競争では、国定通貨が圧倒的な魅力をもち、駆逐されないであろうことを主張した。ハイエクはこれに反駁し、論拠としてユーロダラーを取り上げたのである。

ハイエクはユーロダラー市場の爆発的伸長について、ヨーロッパ大陸では自国の国定通貨よりもドルが好まれているからだと理解した（ハイエク二〇一二：八五）。そして、ユーロダラーという存在自体には否定的な立場を表明しながらも、[11] もし世界の人びとが人為的に阻まれなければ、そのように国際的に通用する通貨を、次第に、つまりそれを認識した少数者の成功とその模倣という市場プロセ

(8) ハイエクは国家による法定貨幣を論じた章で、政府がただ「聞こえをよくするために通常は「国家」と呼ばれている」として、国家という枠組自体を否定している（ハイエク二〇一二：三七）。

(9) ポンド紙幣の面には「一ポンドの請求に対して支払うことを約束します」という言葉が記されているという。それは発行者が信用を裏付けているとみせつつ、実はこの紙幣を循環させ、貨幣量を増やさないようにするための方法に過ぎない、とハイエクは述べている（ハイエク二〇一二：一一二）。

(10) ハイエク（二〇一二：八四-五）。これは一九七八年の二版で、つまりフリードマンの批判が出た後に追加された部分である。ハイエクはフリードマンを名指しで反批判し、当該の論考を文献として挙げている。

スによって、選ぶだろうと考えたのである。

フリードマンはもちろんハイエクもまた、ユーロダラーや他国の通貨の使用に際して、人びとがなおも国家による権威の裏付け、特にドルという権威に依拠しているのだと確信して疑わなかった。しかしすでにみたとおり、その確信は現実的ではなかった。人びとはドルとアメリカに依拠するよりも、むしろ自らの利益の方を選んだのである。ハイエクの貨幣の脱国有化論のイメージがユーロダラーであったというのは、実に皮肉なことであった。

## 三　貨幣が国家の手を離れるとき

さらにいえばユーロダラーの存在は、そもそも貨幣とは何なのかという根源的な問題を突きつけていた。ユーロダラーは基本的に誰も「感じることも、触れることも、見ることもできない」（ストレンジ 一九八九：二〇）ものであり、フリードマンは、それが帳簿上の操作であり帳簿をつける人のペンであって貨幣ではないという、圧倒的に否定的な立場をとっていた（Friedman 1969）。ハイエクもまた、ユーロダラーに関する同種の議論をもとに、[12]貨幣と貨幣でないものの区別は明確ではなく、「貨幣的なもの」という形容詞のほうが適切で、また「貨幣」というよりも一定の人びとの間で通用する「通貨」と呼ぶ方がふさわしいという議論を展開していた（ハイエク二〇一二：五六）。しかし両者とも、ユーロダラーこそ貨幣にとって本質的な何かを示しているということに、おそらく十分には気づいていなかったのである。

ユーロダラーは取引の際に双方の帳簿に書き込まれるだけの存在であり、物質的な対応物をもたない数値に過ぎない。情報として取引当事者間で共有され、確認される限りにおいてという、下位の「認知」によって貨幣として成立する。しかし実はそれは、あらゆる支払い手段としての貨幣に共通していえることであった。また投機の対象、金融商品としての貨幣は先にみたとおり、集団的信念のメカニズムによって価値を定められるが、そこでの内実、たとえば実質的な価値の重要性は欠落しており、信念そのものだけが重要となる。ユーロダラーはドルの統治を揺るがす存在へと成長したが、根本から揺らいだのは国定通貨による国家の統治とこれを基盤とした国際社会の統治全体であり、揺るがしたのは貨幣の性質だけをそなえて姿をもたない「貨幣（のようなもの）」であった。

政府の肥大化に批判的な立場をとるハイエクとフリードマンが、貨幣の脱国有化論に対して、またユーロダラーに対してねじれた反応を示したことは、新自由主義における国家の統治の位置づけが、実は曖昧であることを示していた。そして認知資本主義分析が明らかにしたのは、金融化による統治の危機の結末としてのシステム全体の破綻である。ボワイエが指摘したとおり、ここからの打開策は容易ではないが、金融のあり方を根本的に見直し、市場の調整能力がはたらくようなシステムにつくりなおすことは必須であろう。

**【引用・参考文献】**

アリギ・G／中山智香子［訳］（二〇一一）「資本の曲がりくねった道」アリギ・G／中山智香子他［訳］『北京のアダム・スミス―21世紀の諸系譜』五四一-八八

アリギ・G／中山智香子他［訳］（二〇一一）『北京のアダム・スミス―21世紀の諸系譜』作品社

江頭　進（一九九五）「ハイエクと貨幣」『経済論叢』一五六（一）、四七-六四

シラー・R／植草一秀［監訳］、沢崎冬日［訳］（二〇〇一）『投機バブル 根拠なき熱狂―アメリカ株式市場、暴落の必然』ダイヤモンド社

ストレンジ・S／本山美彦・矢野修一・高　英求・伊豆久・横山史夫［訳］（一九八九）『国際通貨没落過程の政治学―ポンドとイギリスの政策』三嶺書房

建部正義（二〇一三）「ハイエクの「貨幣の脱国営化論」について」『商学論纂』（中央大学）五四（五）、四二七-四九

中山智香子（二〇一〇）「解説」フマガッリ・A&メッザードラ・S［編］／朝比奈佳尉・長谷川若枝［訳］（二〇一〇）『金融危機をめぐる10のテーゼ―金融市場・社会闘争・政治的シナリオ』以文社、二五五-六〇

中山智香子（二〇一三）『経済ジェノサイド―フリードマンと世界経済の半世紀』平凡社

二階堂達郎（一九八五）「「貨幣の非国有化」論―ハイエクにおける「信頼」と「管理」」『経済論叢』一三五（四）、三〇四-二一

ハイエク・F・A／西部　忠［訳］（二〇一二）「貨幣の脱国営化論」池田幸弘・西部　忠［編訳］『貨幣論集―ハイエク全集Ⅰ-Ⅱ-2』春秋社

フマガッリ・A「グローバル経済危機と経済・社会的〈ガバナンス〉」A・フマガッリ&S・メッザードラ［編］／朝比奈佳尉・長谷川若枝［訳］（二〇一〇）『金融危機をめぐる10のテーゼ―金融市場・社会闘争・政治的シナリオ』以文社、五三-七四

フマッガリ・A&メッザードラ・S［編］／朝比奈佳尉・長谷川若枝［訳］（二〇一〇）『金融危機をめぐる10のテーゼ―金融市場・社会闘争・政治的シナリオ』以文社

ポールレ・B（二〇一〇）「認知資本主義と経済システムの金

(11)「人々は実際、法的に許されていたよりもはるかに大規模にそれ（ヨーロッパ大陸でのドルの使用）を行い、この習慣が急速に普及するのを防ぐためのどんなに厳しい罰則も脅かされるほどであった。説明のつかない何十億ものドル紙幣が世界中で民間の手に保有されていることが、疑いもなくこれを証明している」（ハイエク 二〇一二）。

(12) ここではフリッツ・マハループがユーロダラーを論じた論考を参照している（Machlup 1970）。

融化」フマッガリ・A&メッザードラ・S［編］／朝比奈佳尉・長谷川若枝［訳］（二〇一〇）『金融危機をめぐる10のテーゼ―金融市場・社会闘争・政治的シナリオ』以文社、一六七-一九〇
ボワイエ・R（二〇一一）『金融資本主義の崩壊―市場絶対主義を超えて』山田鋭夫・坂口明義・原田裕字治［監訳］藤原書店
マラッツィ・C（二〇一〇）『資本と言語』柱本元彦［訳］人文書院
ルカレッリ・S（二〇一〇）「生権力の形態としての金融化」A・フマガッリ&S・メッザードラ［編］／朝比奈佳尉・長谷川若枝［訳］（二〇一〇）『金融危機をめぐる10のテーゼ―金融市場・社会闘争・政治的シナリオ』以文社
Coakley, J. & Harris, L. (1983). *The city of capital: London's role as a financial* center. Oxford: Basil Blackwell.
Coggan, P. (1986). *The money machine: How the city works*. London: Penguin Books.
Friedman, M. (1969).The Euro-Dollar market: Some first principles, *Selected Papers*, **34**, Chicago: Graduate School of Business, University of Chicago.
Friedman, M. (1977). Reason interview to Milton Friedman, *Reason*, Augst, 25–9.
Fumagalli, A., & Lucarelli, S. (2010). Cognitive capitalism as a financial economy of production in V. Cvijanovic, A. Fumagalli, & C. Vercellone (eds.). *Cognitive capitalism and its reflection in South-Eastern Europe*, pp.9–40.
Hayek, F. A. (2011). The constitution of liberty, in B. Coldwell (ed.). *The collected works of F. A. Hayek*, **17**, Chicago/ MA: The University of Chicago Press.〔原著 一九六〇年〕
Klein, B. (1974). The competitive supply of money, *Journal of Money, Credit and Banking*, **6**(4), 423–53.
Machlup, F. (1970), Euro-Dollar creation: A mystery story, *Banca Nationale del Lavoro Quarterly Review*, **94**, 219–60.
McKinnon, R. I. (1963). Optimum currency areas, *American Economic Review*, **53**(4), 717–25.
Mundell, R. A. (1961). A theory of optimum currency areas, *American Economic Review*, **51**(4), 657–65.
Orléan, A. (2004). What is a collective belief? in P. Bourgine & J-P. Nadal (ed.). *Cognitive Economics*, Berlin/ Heidelberg/ New York: Springer-Verlag.
Shiller, R. (1989). *Market volatility*, Cambridge, MA: MIT Press.
Swoboda, A. K. (1968). The Euro-Dollar Market: an interpretation, *Essays in International Finance*, **64**, Princeton: Princeton University.

# 人名索引

ナ行



ハ行

### タ行

## 事項索引

## 執筆者紹介（執筆順、＊は編者）

**山本泰三**＊ *YAMAMOTO Taizo*
京都大学大学院経済学研究科博士後期課程修了、博士（経済学）。
四天王寺大学他非常勤講師、阪南大学学習アドバイザー。
担当：序章、第二章、第六章、コラム1、2、3、5、6、8

**内藤敦之** *NAITO Atsushi*
一橋大学大学院経済学研究科博士課程単位取得修了、博士（経済学）。
大月短期大学経済科教授。
担当：第一章

**立見淳哉** *TATEMI Junya*
名古屋大学大学院環境学研究科博士後期課程修了、博士（地理学）
大阪市立大学大学院創造都市研究科准教授。
担当：第三章、コラム4

**須田文明** *SUDA Fumiaki*
京都大学大学院農学研究科博士課程中退、博士（農学）。
農水省農林水産政策研究所上席主任研究官。
担当：第四章

**横田宏樹** *YOKOTA Hiroki*
パリ第一三大学大学院経済学研究科博士後期課程修了、博士（経済学）。
旭川大学経済学部経営経済学科准教授。
担当：第五章

**村越一夫** *MURAKOSHI Kazuo*
京都大学大学院経済学研究科博士後期課程。
駐日バーレーン王国大使館エコノミスト。
担当：第六章

**今岡由季恵** *IMAOKA Yukie*
大阪市立大学大学院創造都市研究科修士課程修了。
ラジオ局勤務を経てゲーム会社に勤務。
担当：第七章

**松井朋子** *MATSUI Tomoko*
京都教育大学大学院教育学研究科社会科教育修了。元京都府府民生活部府民力推進課協働コーディネーター。

二〇一五年度より京都市文化市民局地域自治推進室京都市まちづくりアドバイザー。

美しい祇園祭をつくる会代表。

担当：コラム7

**北川亘太** *KITAGAWA Kota*
京都大学大学院経済学研究科博士後期課程修了、博士（経済学）。
関西大学助教。
担当：第八章

**植村　新** *UEMURA Arata*

京都大学大学院法学研究科博士後期課程修了、博士（法学）。

和歌山大学経済学部講師。

担当：第八章

**春日　匠** *KASUGA Sho*

京都大学大学院人間・環境学研究科博士後期課程満期退学。

大阪大学コミュニケーションデザイン・センター招へい研究員。

担当：第九章

**川邉　雄** *KAWABE Yu*

グラフィックデザイナー。装幀家（最新作『誰が「橋下徹」をつくったか』）。ＲＬＬ（Reading Leaf Lounge）。自家製天然酵母パン Pirate Utopia。
担当：コラム9

**中山智香子** *NAKAYAMA Chikako*

早稲田大学経済学研究科単位取得満期退学、ウィーン大学大学院経済学研究科経済学修了、博士（経済学）。

東京外国語大学大学院総合国際学研究院教授。

担当：第十章

◉執筆者の略歴は二〇一六年四月現在のものである。

# 認知資本主義

21 世紀のポリティカル・エコノミー

---

2016 年 4 月 30 日　初版第 1 刷発行　（定価はカヴァーに表示してあります）
2016 年 8 月 10 日　初版第 2 刷発行

編　者　山本泰三
発行者　中西健夫
発行所　株式会社ナカニシヤ出版
〒606-8161　京都市左京区一乗寺木ノ本町 15 番地
Telephone　075-723-0111
Facsimile　075-723-0095
Website　http://www.nakanishiya.co.jp/
E-mail　iihon-ippai@nakanishiya.co.jp
郵便振替　01030-0-13128

---

装幀＝川邉　雄／印刷・製本＝創栄図書印刷

ISBN978-4-7795-0937-7
日本音楽著作権協会（出）許諾第 1603362-601 号